EXPROPRIAÇÃO INDIRETA
NOS ACORDOS DE INVESTIMENTOS

VIVIAN DANIELE ROCHA GABRIEL

Prefácio
Marilda Rosado de Sá Ribeiro

Apresentação
José Augusto Fontoura Costa

EXPROPRIAÇÃO INDIRETA NOS ACORDOS DE INVESTIMENTOS

Belo Horizonte

FÓRUM
CONHECIMENTO JURÍDICO

2023

© 2023 Editora Fórum Ltda.

É proibida a reprodução total ou parcial desta obra, por qualquer meio eletrônico, inclusive por processos xerográficos, sem autorização expressa do Editor.

Conselho Editorial

Adilson Abreu Dallari
Alécia Paolucci Nogueira Bicalho
Alexandre Coutinho Pagliarini
André Ramos Tavares
Carlos Ayres Britto
Carlos Mário da Silva Velloso
Cármen Lúcia Antunes Rocha
Cesar Augusto Guimarães Pereira
Clovis Beznos
Cristiana Fortini
Dinorá Adelaide Musetti Grotti
Diogo de Figueiredo Moreira Neto (in memoriam)
Egon Bockmann Moreira
Emerson Gabardo
Fabrício Motta
Fernando Rossi
Flávio Henrique Unes Pereira
Floriano de Azevedo Marques Neto
Gustavo Justino de Oliveira
Inês Virgínia Prado Soares
Jorge Ulisses Jacoby Fernandes
Juarez Freitas
Luciano Ferraz
Lúcio Delfino
Marcia Carla Pereira Ribeiro
Márcio Cammarosano
Marcos Ehrhardt Jr.
Maria Sylvia Zanella Di Pietro
Ney José de Freitas
Oswaldo Othon de Pontes Saraiva Filho
Paulo Modesto
Romeu Felipe Bacellar Filho
Sérgio Guerra
Walber de Moura Agra

FÓRUM
CONHECIMENTO JURÍDICO

Luís Cláudio Rodrigues Ferreira
Presidente e Editor

Coordenação editorial: Leonardo Eustáquio Siqueira Araújo
Aline Sobreira de Oliveira

Rua Paulo Ribeiro Bastos, 211 – Jardim Atlântico – CEP 31710-430
Belo Horizonte – Minas Gerais – Tel.: (31) 99412.0131
www.editoraforum.com.br – editoraforum@editoraforum.com.br

Técnica. Empenho. Zelo. Esses foram alguns dos cuidados aplicados na edição desta obra. No entanto, podem ocorrer erros de impressão, digitação ou mesmo restar alguma dúvida conceitual. Caso se constate algo assim, solicitamos a gentileza de nos comunicar através do *e-mail* editorial@editoraforum.com.br para que possamos esclarecer, no que couber. A sua contribuição é muito importante para mantermos a excelência editorial. A Editora Fórum agradece a sua contribuição.

Dados Internacionais de Catalogação na Publicação (CIP) de acordo com ISBD

G118e	Gabriel, Vivian Daniele Rocha
	Expropriação indireta nos acordos de investimentos / Vivian Daniele Rocha Gabriel. - Belo Horizonte : Fórum, 2023.
	294 p. ; 14,5cm x 21,5cm.
	Inclui bibliografia.
	ISBN: 978-65-5518-434-1
	1. Direito Internacional Público. 2. Direito Administrativo. 3. Direito Econômico. 4. Direito Internacional Privado. 5. Negociações Internacionais. 6. Relações Internacionais. 7. Diplomacia. I. Título.
2022-1905	CDD 341
	CDU 341

Elaborado por Odilio Hilario Moreira Junior - CRB-8/9949

Informação bibliográfica deste livro, conforme a NBR 6023:2018 da Associação Brasileira de Normas Técnicas (ABNT):

GABRIEL, Vivian Daniele Rocha. *Expropriação indireta nos acordos de investimentos*. Belo Horizonte: Fórum, 2023. 294 p. ISBN 978-65-5518-434-1.

Dedico este livro a todos os acadêmicos e pesquisadores brasileiros, que geram e difundem conhecimento científico no Brasil e no exterior e que, apesar de todas as dificuldades, inspiram-se a despertar interesses e a construir pontes de conhecimento entre pessoas, em particular as mais jovens.

AGRADECIMENTOS

Agradeço aos meus pais, Terezinha e Dárcio, meus maiores apoiadores em todo o meu percurso acadêmico e meus primeiros exemplos de responsabilidade e dedicação ao ensino e à educação. De forma natural, vocês me influenciaram a seguir esse caminho, sempre mostrando o quão realizador é ensinar e motivar pessoas mais jovens. Este livro, portanto, cristaliza o início de uma nova etapa, que transparece hoje, em sê-lo a mais nova docente de uma família de professores. Também agradeço a minha tia Maria Aparecida da Rocha, que sempre me acolheu com muito amor e me tratou como se sua filha fosse desde o meu nascimento.

Meus agradecimentos também vão para os dois maiores referenciais acadêmicos de minha carreira. Primeiro, o Professor José Augusto Fontoura Costa, meu orientador durante o mestrado e doutorado, cujos ensinamentos, conselhos, parceria e admiração perduram até hoje. Segundo, a Professora Vera Thorstensen, que me acompanha desde a época em que trabalhamos juntas, me estimula a evoluir e me proporciona constantemente sua valiosa mentoria.

Agradeço também aos amigos que me acompanharam ao longo desses quase 10 anos na construção de minha identidade acadêmica, seja me apoiando durante a escrita deste trabalho ou com a presença nas minhas bancas de mestrado e doutorado; seja acrescentando-me algo nos grupos de pesquisa e extensão, nas disciplinas de pós-graduação, no trabalho como pesquisadora e nas parcerias acadêmicas em publicações.

Por fim, agradeço à universidade pública, consubstanciada aqui pela Universidade de São Paulo (USP), cuja estrutura institucional e o capital humano e intelectual proporcionaram-me uma intensa vivência acadêmica e oportunidades ímpares que não teria em outro lugar, e à Coordenação de Aperfeiçoamento de Pessoal de Nível Superior (CAPES), que por meio de bolsa auxiliou-me a realizar parte desta pesquisa no exterior.

LISTA DE QUADROS E TABELAS

Quadro 1 - Conjecturas da teoria do desenho institucional racional 156
Quadro 2 - Conjecturas do Continente do Direito Internacional 180
Quadro 3 - Desenho cooperativo quanto à expropriação indireta 223
Quadro 4 - Precisão 230
Quadro 5 - Exceção de interesse público 231
Quadro 6 - Sobrevivência temporal 232
Quadro 7 - Monitoramento 233
Quadro 8 - Solução de controvérsias 234

Tabela 1 - BITs da China 238
Tabela 2 - BITs do Canadá 243
Tabela 3 - BITs dos Estados Unidos 246
Tabela 4 - BITs da Índia 247
Tabela 5 - BITs da Rússia 252
Tabela 6 - Acordos de cooperação e facilitação de investimento
            do Brasil 256
Tabela 7 - Análise do desenho de CETA e CPTPP 259

LISTA DE ABREVIATURAS E SIGLAS

ACFI	Acordo de Cooperação e Facilitação de Investimentos
AGNU	Assembleia Geral das Nações Unidas
APPRI	Acordo de Promoção e Proteção de Investimentos
BIRD	Banco Internacional para Reconstrução e Desenvolvimento
BIT	*Bilateral Investment Treaty*
BLEU	União Econômica Bélgica-Luxemburgo
CAPES	Coordenação de Aperfeiçoamento de Pessoal de Nível Superior
CCE	Câmara de Comércio de Estocolmo
CCI	Câmara de Comércio Internacional
CEDH	Corte Europeia de Direitos Humanos
CEPA	*Armenia-EU Comprehensive and Enhanced Partnership Agreement*
CETA	*EU-Canada Comprehensive Economic and Trade Agreement*
CIJ	Corte Internacional de Justiça
CIRDI	Centro Internacional para Resolução de Disputas sobre Investimentos
CPA	Corte Permanente de Arbitragem
CPJI	Corte Permanente de Justiça Internacional
CPTPP	*Comprehensive and Progressive Agreement for Trans-Pacific Partnership*
CSNU	Conselho de Segurança das Nações Unidas
CVDT	Convenção de Viena sobre o Direito dos Tratados
ELSI	Elettronica Sicula SpA
EUA	Estados Unidos da América
FMI	Fundo Monetário Internacional
GATT	*General Agreement on Trade and Tariffs*
IC-CEPA	*Chile-Indonesia Comprehensive Economic Partnership Agreement*
ICSID	International Centre for Settlement of Investment Disputes

MAI	Acordo Multilateral de Investimentos
MERCOSUL	Mercado Comum do Sul
MIGA	Multilateral Investment Guarantee Agency
NAAEC	*North American Agreement on Environmental Cooperation*
NAFTA	*North American Free Trade Agreement*
NOEI	Nova Ordem Econômica Internacional
OCDE	Organização para a Cooperação e o Desenvolvimento Econômico
OECD	Organisation for Economic Co-operation and Development
OIC	Organização Internacional do Comércio
OMC	Organização Mundial do Comércio
ONGs	Organizações Não Governamentais
ONU	Organização das Nações Unidas
OPEP	Organização dos Países Exportadores de Petróleo
OPIC	Overseas Private Investment Corporation
PCA	Permanent Court of Arbitration
SADC	Southern African Development Community
TBI	Tratado Bilateral de Investimento
TIFA	*Paraguay-United States Trade and Investment Framework Agreement*
TIPs	*Treaties with Investment Provisions*
TRIPS	*Agreement on Trade-Related Aspects of Intellectual Property Rights*
UERJ	Universidade do Estado do Rio de Janeiro
UNCITRAL	United Nations Commission on International Trade Law
UNCTAD	United Nations Conference on Trade and Development
URSS	União das Repúblicas Socialistas Soviéticas
USMCA	*United States-Mexico-Canada Agreement*
USP	Universidade de São Paulo
USTR	U. S. Office of the Trade Representative

SUMÁRIO

PREFÁCIO
Marilda Rosado de Sá Ribeiro 17

APRESENTAÇÃO
José Augusto Fontoura Costa 21

INTRODUÇÃO 27

CAPÍTULO 1
PROTEÇÃO JURÍDICA INTERNACIONAL DOS INVESTIMENTOS CONTRA EXPROPRIAÇÃO INDIRETA 35

1.1	Precedentes históricos da proteção internacional dos investimentos estrangeiros	36
1.1.1	Direito costumeiro internacional e padrões comportamentais provenientes do Direito Internacional clássico	37
1.1.2	Formação das normas jurídicas de proteção internacional dos investimentos estrangeiros	40
1.1.3	A proliferação expressiva de atentados diretos à propriedade estrangeira no âmbito internacional	46
1.2	O encadeamento de novas formas de intervenção na propriedade dos investidores estrangeiros	56
1.3	Esforços para a multilateralização da proteção internacional dos investimentos	63
1.3.1	As tentativas de regulação multilateral de investimentos	64
1.3.2	Iniciativas de outras áreas que também tratam da proteção da propriedade estrangeira	68
1.4	A escolha natural pela bilateralização	73
1.5	Considerações preliminares	82

CAPÍTULO 2
FUNDAMENTOS TEÓRICOS DA EXPROPRIAÇÃO 85
2.1 Expropriação direta ou clássica 86
2.2 *Regulatory taking* 94
2.3 A exportação da *regulatory taking* para o âmbito internacional ..107
2.4 Expropriação indireta 116
2.5 Considerações preliminares 134

CAPÍTULO 3
CONTINENTE DO DIREITO INTERNACIONAL COMO INSTRUMENTO ANALÍTICO INSTITUCIONAL 137
3.1 Acordos internacionais e cooperação 138
3.2 Antecedentes: a teoria do desenho institucional racional............143
3.2.1 Variáveis dependentes 146
3.2.1.1 Associação 146
3.2.1.2 Escopo ou âmbito material 147
3.2.1.3 Centralização 147
3.2.1.4 Controle 148
3.2.1.5 Flexibilidade 148
3.2.2 Variáveis independentes 149
3.2.2.1 Problema quanto à distribuição 150
3.2.2.2 Problema quanto ao cumprimento 151
3.2.2.3 Problema quanto ao número de atores 151
3.2.2.4 Incerteza quanto ao comportamento 152
3.2.2.5 Incerteza quanto às preferências 153
3.2.2.6 Incerteza quanto ao estado do mundo 153
3.2.2.7 Incidência de problema de distribuição 158
3.2.2.8 Incidência de problema quanto ao cumprimento.........................159
3.2.2.9 Incidência de maior número de Estados 160
3.2.2.10 Incertezas 162
3.2.2.11 Considerações sobre o desenho institucional racional 164
3.3 O Continente do Direito Internacional 164
3.3.1 Problemas de cooperação no Continente do Direito Internacional 167
3.3.1.1 Problemas relacionados aos interesses 167
3.3.1.1.1 Distribuição 167
3.3.1.1.2 Cumprimento 168

3.3.1.1.3	Coordenação	168
3.3.1.1.4	Comprometimento	169
3.3.1.1.5	Exportação da norma	170
3.3.1.2	Problemas relacionados a constrangimentos ou coações	173
3.3.1.2.1	Incertezas	173
3.3.1.2.1.1	Em relação ao comportamento	174
3.3.1.2.1.2	Em relação às preferências	174
3.3.1.2.1.3	Em relação ao estado do mundo	174
3.3.2	Características dos Estados em agregado e sua influência	175
3.3.2.1	Número de Estados	175
3.3.2.2	Assimetria entre os atores (ou assimetria de poder)	176
3.3.2.3	Diferença de regime político	176
3.3.2.4	Heterogeneidade de preferências	177
3.3.3	Dimensões e subdimensões	177
3.3.4	Conjecturas e aprofundamentos	179
3.3.4.1	Flexibilidade	182
3.3.4.1.1	Incerteza em relação ao estado do mundo	183
3.3.4.1.1.1	Cláusulas de duração por tempo determinado	183
3.3.4.1.1.2	Exceções	184
3.3.4.1.2	Problema quanto à distribuição	190
3.3.4.1.2.1	Imprecisão na linguagem	190
3.3.4.1.2.2	Reservas	192
3.3.4.1.3	Problema quanto à coordenação	194
3.3.4.1.4	Número de atores	194
3.3.4.2	Centralização	195
3.3.4.2.1	Problema quanto ao cumprimento	196
3.3.4.2.2	Problema quanto ao comprometimento	197
3.3.4.2.3	Incerteza quanto ao comportamento	197
3.3.4.2.4	Incerteza quanto ao estado do mundo	200
3.3.4.2.5	Número de Estados	200
3.3.4.2.6	Centralização	201
3.3.4.3	Âmbito material	203
3.3.4.3.1	Problema quanto ao cumprimento	204
3.3.4.3.2	Problema quanto ao comprometimento	204
3.3.4.4	Controle	204
3.3.4.5	A opção pelo Continente do Direito Internacional	206
3.4	Considerações preliminares	207

CAPÍTULO 4
A INFLUÊNCIA DO DESENHO DO ACORDO NA QUESTÃO DA EXPROPRIAÇÃO INDIRETA 209

4.1	Aplicação do Continente do Direito Internacional na expropriação indireta 210	
4.2	Expropriação indireta e problemas de cooperação 214	
4.3	Aplicação do desenho extraído aos BITs 225	
4.3.1	Justificativa para a escolha dos acordos a serem analisados 226	
4.3.2	Metodologia de análise 228	
4.3.3	Análise empírica dos acordos 236	
4.3.3.1	Perfil dos Estados selecionados 236	
4.3.3.1.1	China 236	
4.3.3.1.2	Canadá 242	
4.3.3.1.3	EUA 245	
4.3.3.1.4	Índia 247	
4.3.3.1.5	Rússia 251	
4.3.3.1.6	Brasil 255	
4.3.3.2	A influência do desenho dos BITs selecionados nos novos acordos preferenciais de comércio 258	
4.4	Análise crítica 261	
4.5	Considerações preliminares 267	

CONCLUSÕES 271

REFERÊNCIAS 279

PREFÁCIO

Aceitei com muita alegria o convite para fazer uma apresentação sobre a autora da presente obra, a jovem jurista Vivian Daniele Rocha Gabriel. O honroso convite para prefaciar seu livro veio coroar o longo período de seus esforços e a nossa colaboração acadêmica, que trouxe agradáveis surpresas no percurso. O saldo extremamente positivo é a admiração pela sua trajetória de dedicação à pesquisa e produtividade acadêmica. Outra característica marcante que merece registro é a elegância no trato e o carinhoso respeito para com os professores e colegas.

Embora não tenha sido minha orientanda, pois fez seu mestrado e doutorado na Universidade de São Paulo (USP), diversas foram as afinidades que surgiram ao longo do caminho. Conheci Vivian em dezembro de 2015, quando fiz parte de sua banca de mestrado, na Faculdade de Direito da USP. Nessa época, já havia sinalizado em sua banca que se tratava de um resultado acadêmico fora da curva. O tema do trabalho foi a Proteção dos Investimentos Brasileiros no Exterior, em razão do novo Acordo de Cooperação e Facilitação de Investimentos (ACFI), publicado pela editora Aduaneiras em 2017. Guardo com cuidado o exemplar autografado da obra que se tornou importante auxiliar de consultas para o tema.

Seu orientador, José Augusto Fontoura Costa, referência nacional e internacional no Direito dos Investimentos, foi também orientador no doutorado de meu ex-aluno e parceiro Ely Caetano Xavier Junior, que trilhou o mesmo caminho acadêmico que Vivian na USP. Assim, a jovem geração de internacionalistas seguiu uma tradição de integração entre a Universidade do Estado do Rio de Janeiro (UERJ) e a complementação dos estudos na USP. Tive o privilégio de ser uma das pioneiras, dentre os internacionalistas. Naqueles primeiros tempos, na década de noventa do século XX, a Escola do Rio de Janeiro, capitaneada pelo saudoso professor Jacob Dolinger, teve representantes acolhidos pelo Professor João Grandino Rodas, que iniciou o processo de intercâmbio continuado pelos seus sucessores e colegas da USP.

Os interesses temáticos da Vivian muito nos aproximaram, e o entusiasmo natural fortaleceu-se com seu desempenho na defesa de sua dissertação, de alto nível para uma pesquisa de mestrado. De nossa convivência à época pude entrever sua alma internacionalista. Sua participação em projetos comuns com seu orientador nos permitiram uma colaboração maior, que me deixaram entrever sua seriedade e compromisso acadêmico.

Em 2018, houve um estreitamento ainda mais profundo entre USP e UERJ, que resultou na produção da obra coletiva *Energy Law and Regulation in Brazil*, pela editora alemã Springer, em que fui organizadora juntamente com o Prof. José Augusto Fontoura Costa, Ely Caetano Xavier Jr. e Vivian Daniele Rocha Gabriel. O trabalho desenvolvido pela Vivian e pelo Ely para a organização da obra foi muito além do esforço colaborativo de assistentes de pesquisa, e muito justificadamente eles se tornaram proativos coautores, fundamentais para o sucesso da edição.

Criei a expectativa de que Vivian seguisse adiante em sua vida acadêmica. E assim foi quando de seu ingresso no doutorado, ainda sob orientação do Prof. José Augusto Fontoura Costa.

Fiquei muito feliz de receber o convite para participação de sua banca de doutorado, em outubro de 2019. O tema de sua tese versou sobre Expropriação Indireta no Direito Internacional dos Investimentos, que constitui uma das mais relevantes questões nesse ramo do direito. Registre-se que cada vez é mais frequente alusão a esse aspecto por parte dos investidores em controvérsias sobre investimento. Também há previsão de sua eventual ocorrência nos acordos de investimento mais recentes.

Neste trabalho, Vivian realizou, primeiramente, pesquisa para analisar as origens e evoluções do conceito de expropriação até chegar ao conceito de expropriação indireta, que teve origem no Direito americano e foi exportado pelos EUA em seus acordos comerciais e de investimento. Além disso, a pesquisa se destacou por envolver um estudo do design dos acordos de investimento, extraído do institucionalismo racional das Relações Internacionais, mais especificamente da teoria do Continente do Direito Internacional da Professora Bárbara Koremenos. Tais elementos são levados em conta na negociação de acordos internacionais e da aplicação desta teoria ao objeto, por meio de pesquisa empírica sobre como os dispositivos sobre expropriação indireta são dispostos nos acordos de investimento de alguns países de destaque na área e, portanto, se há estímulo para cooperação no âmbito dos acordos de investimentos estudados.

Foi instigante ver a atualização de um tema que já havia despertado meu interesse acadêmico na obra *Direito Internacional dos Investimentos,* de 2014.[1] Eu havia abordado a Expropriação em meu próprio artigo, intitulado: *Expropriação, revisitando o tema no contexto dos estudos sobre investimentos estrangeiros.* No meu caso o estudo era essencialmente ligado à questão da soberania permanente sobre os recursos naturais. O desenvolvimento como um objetivo declarado da cooperação, a noção de desenvolvimento sustentável, a aspiração pela eficiência na produção de riqueza e a noção de "sustentabilidade" ambiental, como uma força motriz da nova ordem internacional, mais justa do ponto de vista político-econômico e ético, permitiram um patamar de confluência com obras diversas de orientandos na UERJ.

Após o doutorado, ainda em 2019, Vivian tomou a decisão de advogar, para adquirir maior conhecimento prático na área do Direito do Comércio Internacional. Sua visão internacionalista certamente se beneficiará de uma análise crítica e da vivência profissional. Sua atividade no magistério também poderá continuar a desabrochar com outras qualidades nesta nova fase, de enfrentamento de novos desafios.

Entendo que esta obra trará uma significativa contribuição aos estudos na seara do Direito dos Investimentos, sendo de muita valia para acadêmicos, e até fonte de inspiração para a nova geração de mestrandos e doutorandos que estudam seja o Direito Internacional dos Investimentos ou temas correlatos. Por outro lado, as informações e pesquisas também serão de grande valia para os operadores do direito que queiram ter uma visão mais abrangente de candentes questões que se apresentam aos países hospedeiros que procuram propiciar um ambiente de segurança jurídica aos investidores.

Marilda Rosado de Sá Ribeiro
Doutora em Direito Internacional – USP.
Professora Associada de Direito Internacional da
Faculdade de Direito da UERJ.

---

[1] RIBEIRO, Marilda Rosado. *Direito Internacional dos Investimentos.* Rio de Janeiro: Renovar, 2014.

APRESENTAÇÃO

Tive a honra e a alegria de orientar a Doutora Vivian Daniele Rocha Gabriel em sua excelente tese de doutorado, origem dessa tempestiva e importante publicação. A rara composição de dedicação, lealdade e inteligência acompanhou a então candidata em toda sua trajetória acadêmica, de modo a semear o campo de onde brotam habilidades para um futuro brilhante na profissão, na docência e na pesquisa.

O trabalho iniciou-se com a escolha de um tema central para a compreensão do tratamento internacional da proteção e promoção do investimento estrangeiro: a expropriação indireta. Igualmente importante a adoção de uma ampla abordagem histórica, dogmática e associada à teoria das relações internacionais, particularmente o modelo de imbricação entre estrutura institucional, eficácia e conteúdo normativo proposto por Barbara Koremenos e seu Continente do Direito Internacional.[2]

Como o presente livro descreve, a noção de expropriação indireta aponta para uma trajetória de resposta conceitual a estratégias de mitigação dos efeitos da expropriação de ativos estrangeiros a partir do uso de políticas estatais com efeitos similares ao de uma desapropriação clássica, mas com a ausência de algum dos seus elementos característicos. É o caso, aliás, da própria noção de nacionalização enquanto "redução ou extinção do campo de exercício de direitos de titularidade diversos do Estado".[3]

No início, destarte, a própria noção de expropriação indireta tendia a flertar com a noção de procedimentos limítrofes à fraude, senão abertamente maliciosos. Daí, inclusive, a noção de expropriação "indireta" (*indirect*), companheira de outras denominações assemelhadas como "disfarçada" (*disguised*), "equivalente" (*tantamount*), "paulatina" (*creeping*) e "*de facto*". Essas denominações, em graus ligeiramente diferentes, sugerem a existência de uma intenção oculta de tomar os ativos,

---

[2] KOREMENOS, Barbara. *The Continent of International Law Explaining Agreement Design*. Cambridge: Cambridge University Press, 2016.

[3] Nesse sentido, ver: BERCOVICI, Gilberto; COSTA, José Augusto Fontoura. *Nacionalização*: necessidade e possibilidades. São Paulo: Contracorrente, 2021, p. 9.

mesmo quando a vontade expressa apontaria para outras finalidades; por exemplo, proíbe-se a ocupação de uma área por razões ambientais, mas o objetivo oculto é impedir o uso pelo seu proprietário.

Não obstante, até em razão da óbvia dificuldade de se comprovar positivamente a existência de uma finalidade oculta, a construção dogmática da expropriação indireta, compreendida como aquela que não resulta da transferência dos ativos do particular estrangeiro para o Estado ou outra pessoa por este designada, é bastante cuidadosa em não incluir como elemento do tipo a identificação de um animus de desapropriar. Com efeito, os tratados de proteção e promoção de investimentos usam incluir uma cláusula em que, além de reconhecer expressamente a modalidade indireta, se define uma expropriação lícita como devendo, *i. a.*, ser realizada com finalidade pública, o que transfere para o Estado o dever de comprovar a existência de um interesse público que se tenha visado satisfazer por meio da medida resultante na perda ou redução do valor da propriedade ou outros ativos do investidor estrangeiro.

Tal construção é bastante eficiente em fechar qualquer caminho pelo qual possa passar incólume uma expropriação indireta. Por outro lado, implica dificuldades para o Estado pôr em prática quaisquer políticas legítimas e necessárias que tenham por efeito reduzir, de algum modo, a utilidade de ativos componentes de investimentos estrangeiros. Isso, como se afirma amiúde, reduz significativamente o espaço de atuação estatal e implica o funcionamento da sistemática de proteção dos investimentos como verdadeira restrição administrativa internacional.

Esse é o cenário observado e avaliado pela autora que, com habilidade e precisão, emprega um modelo de avaliação das instituições internacionais para demonstrar a considerável força presente nos sistemas de proteção de investimentos estrangeiros configurados pela junção dos tratados internacionais com o consentimento estatal *en blanc* para a arbitragem internacional. Daí a importância do uso do modelo de análise empregado, que possibilitou apresentar um quadro bem circunstanciado do estado da arte e as influências e tendências dos novos tratados e do sistema como um todo.

Ao contrário de alguns trabalhos onde abundam inferências de natureza política e um tom quase conspiratório a respeito das relações Norte-Sul, mas faltam considerações de natureza jurídica e uma análise cuidadosa dos textos e contextos relevantes para a institucionalização do sistema internacional de proteção dos investimentos estrangeiros, o trabalho da autora é bastante completo. Isso significa algo extremamente importante e que só pode ser compreendido a partir de uma reflexão prévia.

Como se sabe, a criação do sistema internacional de proteção dos investimentos estrangeiros aparece como uma entre várias estratégias para oferecer segurança em um cenário profundamente diverso daquele existente antes da Primeira Guerra Mundial – preponderância do vínculo metropolitano, forte presença de acordos de capitulação (Turquia, Japão e países da América do Sul *i. a.*) e diplomacia de canhoneira. No interregno das grandes guerras e até avançado nos anos 1950 o substituto não havia sido encontrado. Daí várias possibilidades puseram-se em prática:

(1) A privatização da exploração de recursos naturais, com as concessões de explotação substituídas por contratos de risco e contratos de serviços entre empresas nacionalizadas e multinacionais. Há, aqui, a possibilidade de utilização da arbitragem comercial com padrões jurídicos dos países exportadores de capital;

(2) Conversão dos vínculos de dependência em relações de financiamento e ajuda, colocando travas políticas à atuação dos governos de países descolonizados;

(3) Sistema de seguro público contra riscos referentes a investimentos no exterior (Overseas Private Investment Corporation (OPIC) e Multilateral Investment Guarantee Agency (MIGA) *i. a.*); e

(4) Sistema de tratados bilaterais e adoção de leis nacionais de investimento com elevados padrões de proteção e acesso à arbitragem internacional.

Até os anos 1990 os dois últimos sistemas estavam inoperantes, enquanto o deslocamento das operações para investimento em extração de recursos naturais e implementação de infraestrutura para o campo privado e a captura da capacidade de regulação de políticas econômicas por entidades privadas e públicas, com destaque para o Fundo Monetário Internacional (FMI) e os bancos regionais, funcionavam muito bem. Apenas a crise do petróleo e a atuação da Organização dos Países Exportadores de Petróleo (OPEP) nos anos 1970 apresentaram suficiente vigor para vencer os limites dessa sistemática. O que importa, porém, é destacar que o sistema *Bilateral Investment Treaties* (BITs)/ International Centre for Settlement of Investment Disputes (ICSID) seguiu dormente até os anos 1990, quando o triunfo neoliberal abriu as portas para sua expansão, mediante a multiplicação e o aprofundamento dos acordos de investimento e a ativação do sistema de arbitragens de investimento.

O curioso é que, já a essa altura, a função original do sistema já não precisava ser desempenhada pelos acordos e pela arbitragem. As formas jurídicas, econômicas e políticas do binômio privatização/dependência financeira já se mostravam suficientes para evitar nacionalizações, socializações ou quaisquer outras formas de tomada governamental de ativos estrangeiros, inclusive as indiretas.

O sistema existente, porém, passou a ser utilizado para outras finalidades, inexistentes ou pouco relevantes no contexto de sua formulação original. Tais finalidades aparecem, porém, na estruturação do BIT Model americano de 1984 e outros acordos inspirados por esta matriz. De um modo bastante resumido, pode-se falar, por exemplo, em (1) proteção de invisíveis, com a inclusão de ativos financeiros e direitos intelectuais no conjunto de investimentos protegidos; (2) liberalização para o investimento estrangeiro, com a adoção de formas de proteção pré-entrada, (3) estabelecimento de padrões mínimos de políticas internas para evitar *race to the bottom* ambiental e social, inclusive com o claro objetivo de proteger os setores produtivos dos países avançados da mão de obra e dos recursos estrangeiros mais baratos.

Por outro lado, a existência de um sistema arbitral potencialmente eficiente foi percebido, com grande impulso inicial do *North American Free Trade Agreement* (NAFTA) e dos casos argentinos, como uma forma de obter alavancagem de negociação e efetiva proteção jurídica em padrões superiores aos de qualquer Direito interno. Os acordos muito favoráveis aos investidores colocavam parâmetros tão altos de proteção que se tornaram atrativos para a obtenção de vantagens em inúmeras circunstâncias nas quais políticas públicas perfeitamente legítimas e razoáveis implicavam condenações dos Estados em razão da violação de um padrão de tratamento justo e equitativo (*fair and equitable treatment*) obviamente superdimensionado.

Nesse contexto a literatura sobre o sistema internacional de proteção dos investimentos se bifurca. Desenvolve-se, por um lado, uma doutrina jurídica referente aos aspectos jurisdicionais e procedimentais da arbitragem, bem como alguma discussão de matéria de fato. Por outro lado, especialmente a partir de casos emblemáticos, como Maffezini, Metalclad e os referentes a água na Argentina, desenvolveu-se uma literatura crítica, muitas vezes pautada por teorias de Relações Internacionais e perspectivas ambientalistas. São, porém, posições tendentes a se relacionar por meio da cristalização de acusações predeterminadas. Em outros termos, um lado tende a ignorar as críticas ou, no máximo, desqualificar a literatura contraposta, ao passo que o outro tende a demonizar os adversários.

O presente livro tem a virtude de não se colocar inteiramente em nenhum desses campos, mas de buscar uma análise jurídica consistente para compreender dogmaticamente as expropriações indiretas e, em um segundo momento, avaliar as possibilidades e alternativas de desenvolvimento do campo prático e profissional do tratamento jurídico internacional do investimento estrangeiro com o emprego de critérios claros e objetivos extraídos das Relações Internacionais sem se basear em juízos previamente concebidos.

Os trabalhos detalhados e informativos são muito característicos da autora, cuja capacidade de avaliar instituições internacionais e analisar institutos jurídicos próprios do campo econômico se mostra plenamente desabrochada, amadurecida pela longa reflexão e cuidadosa trajetória. Fruto do esforço e dedicação notáveis, o livro aparece como um importante marco não apenas para a carreira da autora, de quem se esperam grandes realizações profissionais e acadêmicas, mas para a compreensão do Direito internacional do investimento estrangeiro.

24 de fevereiro de 2022.

José Augusto Fontoura Costa
Professor de Direito do Comércio Internacional da Faculdade de Direito da Universidade de São Paulo (USP). Professor da Faculdade de Direito de Sorocaba e da Universidade CEUMA (São Luís). Bolsista de Produtividade em Pesquisa do CNPq. Advogado.

INTRODUÇÃO

A interferência estatal nos direitos de propriedade dos investidores estrangeiros trata-se de assunto recorrentemente discutido no Direito Internacional dos Investimentos desde os seus primórdios. De início, englobava essencialmente a questão da transferência direta da propriedade do ente privado para o Estado sem o pagamento da devida compensação. Em reação aos efeitos negativos dessas medidas, foi criado um arcabouço jurídico protetivo para resguardar o investidor. Nesse primeiro momento, as normas costumeiras forneciam os subsídios protetivos para lidar com a questão; contudo, com a proliferação dos tratados internacionais, essas diretrizes foram sendo incorporadas, primeiro nos tratados de comércio, amizade e navegação e, depois, difundiram-se nos Acordos de Promoção e Proteção de Investimentos (APPRIs).

Com o tempo, as interferências na propriedade estrangeira tornaram-se cada vez mais frequentes. Na primeira metade do século XX, ganharam grande repercussão em nível mundial, diante das grandes expropriações e nacionalizações realizadas contra empreendimentos transnacionais, símbolos do poder econômico de várias nações, tais como a Inglaterra ou a França. Diante disso, as expropriações passaram a ser vistas como situações extremas realizadas por governos que não estavam mais dispostos a comprometer-se com o capital estrangeiro em seu território e, por isso, efetuavam a apreensão física dos empreendimentos dos investidores, sem qualquer indenização que pudesse tentar mitigar tal ofensa aos seus direitos de propriedade. Nesse sentido, foram desenvolvidas normas internacionais para tentar coibir esse tipo de situação, surgindo, inclusive, diversas demandas jurídicas no âmbito adjudicatório internacional, o que deu visibilidade ao tema.

Paralelamente, surgiam também outros tipos de interferências à propriedade estrangeira. Essas não eram facilmente identificáveis, tampouco consistiam na transferência de posse dos direitos de propriedade estrangeira ao Estado. Entretanto, por meio de ações regulatórias estatais, ingeria-se no uso, no gozo, no valor e na condução dos investimentos de forma a surtir efeitos tão negativos ao investidor que esses se equiparavam a uma expropriação clássica. A consequência dessas ações era clara: elas tornavam a permanência do investimento ou a sua lucratividade impossível, forçando o investidor a encerrar suas operações.

Esse tipo distinto de ameaça aos direitos de propriedade dos investidores estrangeiros foi sendo, aos poucos, estudado com maior frequência pela doutrina internacional, até ser denominado, por Ben Atkinson Wortley e outros autores,[1] na década de 1940, como expropriação indireta. No entanto, apesar desse reconhecimento doutrinário, o Direito Internacional resistiu a considerá-la e demorou ainda mais tempo para normatizá-la. Dentre os exemplos de resistência, destacam-se o afastamento da International Court of Justice (ICJ)[2] em se manifestar sobre a responsabilidade internacional dos Estados quanto a intervenções regulatórias nos direitos de propriedade de investidores estrangeiros, e a falha em se alcançar um acordo multilateral sobre investimentos, onde seria positivada norma protetiva a respeito desse novo tipo de interferência.

Apesar disso, conforme prosseguia a evolução do Direito Internacional dos Investimentos, por meio da proliferação de *Tratados Bilaterais de Investimento* (TBIs) ou, pela nomenclatura mais utilizada internacionalmente – *Bilateral Investment Treaties* (BITs) –, e da criação de um mecanismo de solução de controvérsias especializado, que dava acesso direto à adjudicação internacional aos investidores por meio da arbitragem investidor-Estado, novas tentativas de inclusão da expropriação indireta no arcabouço protetivo internacional surgim. A partir do final da década de 1950, com a criação dos primeiros BITs, esses instrumentos passaram a conter diversas proteções materiais e procedimentais aos investidores estrangeiros. De início, somente foi prescrita a proteção contra expropriação direta e estabelecido o dever de compensação pronta, adequada e efetiva aos investidores.

---

[1] WORTLEY, Ben Atkinson *et al*. Expropriation in International Law. *Transactions of the Grotius Society*, [Cambridge], v. 33: Problems of Public and Private International Law, p. 25–48, 1947.

[2] Em português: Corte Internacional de Justiça (CIJ).

Contudo, a partir da exportação da *regulatory taking* americana para o plano externo, realizada, principalmente, pelos BITs americanos e pelo Acordo de Livre Comércio da América do Norte (*North American Free Trade Agreement* – NAFTA), na década de 1980 e no início da década de 1990, essa nova forma de interferência na propriedade foi positivada internacionalmente, trazendo maior visibilidade. Isso ocorreu devido às diversas arbitragens de investimento envolvendo expropriação indireta e as políticas públicas estatais contestadas no âmbito dessa iniciativa regional, as quais abrangiam desde restrições a exportações e acesso a mercados até medidas de proteção ambiental.

A partir de então, a cláusula de expropriação indireta passou a proliferar também globalmente, em diversos tratados internacionais. Salienta-se que os primeiros acordos internacionais a possuírem cláusulas de expropriação indireta consistiam em arcabouços jurídicos extremamente protetivos, com uma linguagem ampla e vaga, que abria margem para questionamentos de toda e qualquer medida, desde que, comprovadamente, ela possuísse efeitos semelhantes aos da expropriação direta. Esses instrumentos jurídicos internacionais referiam-se às medidas violadoras como atos com efeitos equivalentes ou similares à expropriação tradicional, sem nomear diretamente o instituto. Além disso, não eram especificados os fatores a serem examinados para auxiliar na diferenciação entre uma expropriação indireta compensável e uma medida regulatória legítima não compensável, nem quais tipos de norma poderiam se caracterizar como expropriação indireta. Este último item tornava-se problemático. Primeiro, porque abria uma margem protetiva muito grande ao investidor, que poderia contestar qualquer tipo de norma estatal. Segundo, pois os Estados se encontravam em posição de vulnerabilidade, já que poderiam ter suas medidas domésticas legítimas questionadas, tanto as que ofendiam o interesse dos investidores quanto as que se desenvolviam sem essa característica, em razão da obrigação internacional assumida.

Em função das diversas incertezas resultantes da falta de clareza normativa e da ausência de previsibilidade nas normas sobre expropriação indireta, a melhor opção para lidar com as incompletudes deixadas por uma redação imperfeita de um tema que se tornava cada vez mais complexo era a delegação[3] de sua interpretação aos tribunais arbitrais de investimento. Assim sendo, por meio da análise reiterada da matéria,

---

[3] ABBOTT, Kenneth W.; SNIDAL, Duncan. Hard and Soft Law in International Governance. *International Organization*, Cambridge, v. 54, nº 3, p. 421–456, 2000, p. 433.

esses tribunais passaram a consolidar alguns fatores comuns úteis para examinar se a medida governamental discutida consistia mesmo em expropriação indireta. Dentre eles, destacam-se a verificação dos efeitos da medida no controle do investimento, o exame das características da ação governamental e os seus efeitos na busca do interesse público e/ou a intensidade da interferência nas expectativas legítimas do investidor. No entanto, apesar do desenvolvimento dessas diretrizes, cada tribunal ainda teria que decidir por si próprio onde alocar mais ênfase na sua decisão de impor uma linha divisória entre a regulação legítima não compensável e a expropriação indireta.[4]

Desse modo, a prática variável dos tribunais arbitrais de investimento, com decisões contendo diretrizes que poderiam se alterar, conforme o entendimento de cada tribunal, causava certo grau de insegurança jurídica internacional. Adicionalmente, o fato de muitas das decisões terem exposto diversos Estados perante a comunidade internacional em decorrência de severas condenações em arbitragens de investimento fruto da contestação de suas regulações estatais legítimas e de várias políticas públicas terem sido avaliadas em seu mérito pelos árbitros, os quais, muitas, vezes deixavam de lado o conjunto de direitos e valores embutidos nessas medidas,[5] também ocasionava a apreensão dos Estados soberanos. Por fim, considerando que as decisões nem sempre eram favoráveis aos investidores devido às correntes interpretativas distintas e à subjetividade de cada árbitro, a forma como o assunto era conduzido pelas autoridades delegadas começou a causar um incômodo entre Estados e investidores.

Nesse diapasão, quanto mais indeterminado ou impreciso o termo estabelecido no tratado ou, ainda, quanto mais próximo de um princípio geral, maior era a delegação do legislador internacional aos árbitros. Isso passou a causar um fenômeno de "adjudicação legislativa"[6] na questão da expropriação indireta. À medida que os tratados de investimento possuíam menor densidade normativa, os árbitros passavam a usurpar a função legislativa estatal e a agir com grande

---

[4] SCHEFER, Krista Nadakavukaren. *International Investment Law*: Text, Cases and Materials. 2. ed. Cheltenham: Elgar, 2016, p. 241.
[5] ORTINO, Federico. Refining the Content and Role of Investment 'Rules' and 'Standards': A New Approach to International Investment Treaty Making. *ICSID Review*, Washington, v. 28, nº 1, p. 152–168, 2013, p. 162.
[6] ALVAREZ, José E. *International Organizations as Law Makers*. New York: Oxford University Press, 2005, p. 531. Tradução nossa.

extensão de competência ao esclarecer os termos, os limites e a aplicação dos tratados internacionais.

Nesse panorama, a questão figurava em um ambiente de incerteza e imprecisão, o que acarretou sucessivas críticas, descumprimentos ou, até mesmo, em situações mais drásticas, a denúncia dos acordos, prejudicando a disposição das partes para cooperação.[7] Entretanto, a partir do final do século XX e início do século XXI, aproveitando o ímpeto de mudanças no cenário global, iniciou-se a revisão de modelos de acordos internacionais de investimento, além da negociação de novos tratados.[8] O que se vivencia desde então é um movimento de mudança *ex ante* dos tratados internacionais de investimento e de reconfiguração dos acordos de investimento, de modo a tornar os acordos mais claros e cooperativos e, consequentemente, diminuir o papel normativo dos árbitros na condução da interpretação da expropriação indireta.

Contudo, a principal indagação que se coloca é se esses novos acordos são cooperativos quanto à questão da expropriação indireta. Essa dúvida se torna importante, pois, a partir de um novo arranjo de cláusulas incluído nos acordos internacionais de investimento, se as partes aumentarem a sua disposição em colaborar na potencialização de ganhos recíprocos, deixarão de lado uma possível abdicação dos compromissos assumidos, que acarretariam a violação do acordo. Isso faz com que se limitem mais as hipóteses de arbitrabilidade das regulações estatais e, por conseguinte, que os árbitros tenham um papel mais restrito e concentrado, haja vista que a norma estará mais completa e clara.

Desse modo, o objetivo central da presente obra será analisar o fenômeno da mudança *ex ante* nos arranjos dos acordos de investi-

---

[7] Segundo Jonathan Bonnitcha, Lauge N. S. Poulsen e Michael Waibel, o fato de os tribunais arbitrais de investimento interpretarem questões centrais de forma fragmentada faz com que, apesar de haver algum grau de consenso na interpretação, a jurisprudência permaneça incompleta e, ocasionalmente, inconsistente. Isso pode dificultar o comportamento dos Estados em identificarem se estão em conformidade com as obrigações do acordo, reduzindo a previsibilidade também para os investidores (BONNITCHA, Jonathan; POULSEN, Lauge N. Skovgaard; WAIBEL, Michael. *The Political Economy of the Investment Treaty Regime*. Oxford: Oxford University Press, 2017, p. 6).

[8] Segundo a UNCTAD, apesar de ainda ser pequeno, esse movimento de renegociação e novas negociações é crescente. Ele abrange a substituição de acordos antigos, além de promover iniciativas de interpretações conjuntas, abandono de acordos antigos não ratificados, denúncia de velhos acordos, dentre outras descritas no *World Investment Report 2018*, documento elaborado pela instituição (UNITED NATIONS (UN). United Nations Conference on Trade and Development (UNCTAD). *World Investment Report 2018*: Investment and New Industrial Policies. Geneva: United Nations, 2018, p. 96-103).

mento no século XXI, em particular quanto à questão da expropriação indireta e quanto a se tais acordos têm ensejado a cooperação. Essa análise mostra-se relevante, visto que os impactos dessa mudança refletir-se-ão diretamente no cumprimento da norma e, também, em seu exame posterior pelos tribunais arbitrais de investimento. Caso mostrem-se cooperativos, em função da inclusão, exclusão ou adaptação de determinado conjunto de cláusulas – e, para tanto, será necessário identificar quais são essas normas –, as mudanças poderão contribuir para o reforço da cooperação mútua entre as partes, para que o acordo não seja violado.

A metodologia empregada para a realização da pesquisa consistirá, em um primeiro momento, na aplicação do método histórico para que se possa compreender o contexto em que surgiram as primeiras manifestações da expropriação indireta no plano internacional e como essas foram tratadas pelo Direito Internacional. O intuito é compreender a evolução do regime internacional de proteção dos investimentos contra a expropriação, que teve de se moldar a partir de um novo tipo de interferência na propriedade. Isso será realizado com base no exame doutrinário, perpassando, também, a análise de jurisprudência internacional relevante sobre o assunto.

Por fim, um dos pontos mais importantes do trabalho será o emprego do método empírico para que se possa efetuar uma análise qualitativa de fontes primárias de Direito Internacional. A intenção dessa pesquisa é a busca de dados relevantes, por meio da observação da experiência de celebração dos mais recentes BITs, para que se possa analisar se os acordos desenvolvidos, a partir de cláusulas específicas dispostas, ensejam a cooperação.

Assim sendo, ao se descrever resumidamente o escopo dos capítulos da presente obra, esclarece-se que o capítulo inicial descreverá a evolução histórica da proteção internacional da propriedade no Direito Internacional. Serão abordadas desde as mais relevantes expropriações diretas ou nacionalizações ocorridas no século XX, que ameaçavam de forma visível a propriedade dos investidores estrangeiros haja vista a transferência da posse ao Estado, até a emergência da expropriação indireta, nova espécie de ingerência nos direitos de propriedade dos investidores que se instrumentalizou a partir do arcabouço regulatório estatal.

O segundo capítulo abordará os pressupostos jurídicos do instituto da expropriação, inicialmente de forma geral e, depois, de forma específica, focada na expropriação indireta. Um dos principais pontos a serem analisados será o estudo da *regulatory taking*, instituto oriundo do Direito americano que se desenvolveu a partir da atuação dos tribunais domésticos para a resolução de casos complexos envolvendo a diminuição do uso economicamente viável de propriedades em razão de regulações estatais deletérias. Após a compreensão de sua aplicação em âmbito doméstico, será analisado como tal instituto foi transposto para o plano internacional pelos Estados Unidos, com foco especial no modelo de BIT americano da época e das disposições estabelecidas no âmbito do NAFTA.

No terceiro capítulo, será realizado um estudo interdisciplinar da teoria do Continente do Direito Internacional, inserida no âmbito do institucionalismo racional, corrente teórica proveniente da área das Relações Internacionais. Essa teoria será aplicada como suporte teórico da presente obra, ao passo que auxiliará na compreensão e instrumentalização da variação dos desenhos dos acordos internacionais de forma geral, para que se possa, posteriormente, entender as mudanças no recorte específico do Direito Internacional dos Investimentos e, especialmente, na questão da expropriação indireta.

Finalmente, no último capítulo será efetuada a aplicação da teoria ao objeto de pesquisa e serão extraídos os pressupostos teóricos para a análise do desenho dos novos acordos de investimentos e das cláusulas relacionadas à expropriação indireta através de pesquisa empírica. Esta será realizada, a partir de um recorte selecionado de tratados de investimento, em um lapso temporal determinado, para que se possa observar, a partir das informações encontradas, se os arranjos dos acordos assinados implicam maior cooperação.

A partir da aplicação da teoria do Continente do Direito Internacional – com a seleção de variáveis independentes, quais sejam, os problemas de cooperação e as incertezas verificados na questão da expropriação indireta, e de variáveis dependentes, representadas pelas cláusulas específicas dos tratados que visam mitigar ou dissuadir esses problemas –, será elaborado um arranjo ideal de cláusulas que, teoricamente, seria o mais apropriado para fomentar a cooperação em um acordo internacional de investimento. Serão selecionadas as variáveis dependentes (ou cláusulas) a serem analisadas durante a pesquisa de cada BIT selecionado, e será estabelecida uma gradação para que, no momento do exame, seja possível classificá-las como mais ou menos cooperativas e, depois, seja possível realizar um exame mais apurado sobre as características da rede de tratados de cada país.

Serão analisados, a partir de um recorte específico, os BITs de Brasil, Canadá, China, Estados Unidos, Índia e Rússia, firmados de 1º de janeiro de 2001 a 1º de janeiro de 2019. A limitação da amostra dos países a serem estudados foi realizada, primeiramente, porque o universo de acordos de investimento assinados chega, atualmente, a mais de 3.000 BITs, por isso a necessidade de se focar em um número específico de acordos, para que o exame qualitativo seja mais profícuo. Além disso, a seleção desses países em específico se deu em função de uma mescla de fatores individuais que, basicamente, consideram a sua importância para o cenário econômico internacional e, em uma primeira leitura, sua atuação destacada no atual cenário do Direito Internacional dos Investimentos. Também serão examinados o *Comprehensive and Progressive Agreement for Trans-Pacific Partnership* (CPTPP) e o *EU-Canadá Comprehensive Economic and Trade Agreement* (CETA), devido à influência sofrida por alguns modelos de BITs estudados.

Ademais, o lapso temporal selecionado foi escolhido pensando nos tratados assinados ou renegociados no século XXI, e que, teoricamente, já são vetores da reforma em andamento e contêm alterações importantes a serem estudadas.

Ao final da obra, será avaliado qual é o modelo que enseja mais cooperação no âmbito da expropriação indireta, dentre os padrões de proteção internacional empiricamente examinados. Essa análise final se torna importante na medida em que, para fins práticos, o modelo selecionado poderá se tornar um paradigma a ser seguido nas mudanças em curso, para que se possa trazer maior estabilidade tanto para Estados quanto para investidores e, ao final, tentar-se recuperar o papel principal dos Estados na elaboração de diretrizes normativas a respeito da expropriação indireta.

CAPÍTULO 1

PROTEÇÃO JURÍDICA INTERNACIONAL DOS INVESTIMENTOS CONTRA EXPROPRIAÇÃO INDIRETA

O Direito Internacional dos Investimentos é o principal arcabouço jurídico internacional no resguardo dos direitos dos investidores no exterior. Desenvolvido com mais intensidade após a Segunda Guerra Mundial, esse sub-ramo do Direito Internacional é responsável pela formação de direitos substantivos e processuais para se fazer cumprir os direitos dos investidores em face das ações estatais discriminatórias ou arbitrárias,[9] que podem prejudicar os investimentos.

No que diz respeito à proteção da propriedade dos investidores no exterior, esta foi mais bem explorada, principalmente, quando da ocorrência de diversos episódios de expropriação e nacionalização[10] sem o pagamento de devida compensação. Com a considerável diminuição desse tipo de ocorrência, o que se verifica desde meados do século XX é um processo evolutivo lógico em que os Estados soberanos passaram a empregar outras estratégias de interferências nos investimentos, como subterfúgio mais sofisticado, porém igualmente impactante para

---

[9] KOLO, Abba; WAELDE, Thomas. Capital Transfer Restrictions under Modern Investment Treaties. *In*: REINISCH, August (org.).*Standards of Investment Protection*. Oxford: Oxford University Press, 2008, p. 205–243, p. 213; RIBEIRO, Marilda Rosado de Sá; XAVIER JÚNIOR, Ely Caetano. Introdução. *In*: RIBEIRO, Marilda Rosado de Sá (org.).*Direito internacional dos investimentos*. Rio de Janeiro: Renovar, 2014, p. 1–7, p. 7.

[10] TRUITT, John Frederick. *Expropriation of Private Foreign Investment*. Bloomington: Graduate School of Business Division of Research University of Indiana, 1974, p. 19; WORTLEY, Ben Atkinson. *Expropriation in Public International Law*. Cambridge: Cambridge University Press, 1959, p. 12; 19.

ingerir-se na propriedade estrangeira.[11] Essas estratégias referem-se à expropriação indireta, que, por seu caráter menos evidente, muitas vezes se confunde com políticas públicas legítimas implementadas pelos Estados, desencadeando conflitos, em certa medida, em razão de sua fluidez normativa.

Desse modo, para que se possa compreender como esse conceito instalou-se no cenário internacional e, atualmente, ocupa uma das posições mais relevantes no debate contemporâneo do Direito Internacional dos Investimentos, faz-se necessário estudar primeiro as raízes da proteção internacional dos investimentos e da propriedade estrangeira. Assim sendo, o presente capítulo propõe-se a analisar os antecedentes da proteção internacional dos investimentos e da propriedade estrangeira, iniciados com o resguardo costumeiro dos direitos de propriedade contra a expropriação direta, até chegar às regras de expropriação indireta e suas modalidades, proliferadas por um regime amplo e exponencial de BITs.

1.1 Precedentes históricos da proteção internacional dos investimentos estrangeiros

A evolução histórica da proteção dos investimentos no exterior está intimamente ligada ao modo como os Estados tratam os estrangeiros em seu território e, também, suas propriedades.[12] Ressalta-se que indivíduos provenientes de outros territórios, ao adentrar novas fronteiras, nem sempre foram tratados com cortesia pelos governos estrangeiros,[13] sendo constantemente alvos de discriminação, arbitrariedade[14] e, por vezes, abusos. Em reação a esse tipo de tratamento surgiram as primeiras iniciativas da comunidade internacional ligadas

---

[11] XAVIER JÚNIOR, Ely Caetano. *A crise do direito internacional dos investimentos*: análise empírica e soluções possíveis. 2018. Tese (Doutorado em Direito Internacional) – Faculdade de Direito, Universidade de São Paulo, São Paulo, 2018, p. 52.

[12] SCHWARZENBERGER, Georg. *Foreign Investments and International Law*. New York: Frederick A. Praeger Publishers, 1969, p. 4.

[13] TIBURCIO, Carmen. *The Human Rights of Aliens under International and Comparative Law*. The Hague; Boston: Martinus Nijhoff Publishers, 2001, p. xv.

[14] Segundo a CIJ, no caso Elettronica Sicula SpA (ELSI), "arbitrariedade" pode ser definida como "um desrespeito intencional do devido processo legal, um ato que choca, ou pelo menos surpreende, um senso de propriedade jurídica". Tradução livre do original: *"a willful disregard of due process of law, an act which shocks, or at least surprises, a sense of juridical propriety"* (INTERNATIONAL COURT OF JUSTICE (ICJ). *Elettronica Sicula SpA (ELSI), United States v Italy*. Judgement 20 jul. 1989. ICJ Reports 1989, parágrafo 128).

à criação de padrões comportamentais comuns para evitar prejuízos, violações e constrangimentos aos estrangeiros, os quais foram difundidos por meio da prática reiterada dos atores internacionais.[15]

Além da abordagem costumeira, o padrão de proteção conferido aos estrangeiros também foi abordado por alguns expoentes da doutrina clássica do Direito Internacional até, finalmente, ser positivado, mesmo que ainda de forma precária, pelos tratados de amizade, comércio e navegação. A partir de então, com o aumento dos atentados à propriedade estrangeira – verificados, primeiramente, na forma direta e, depois, progressivamente, de modo indireto –, o cenário normativo internacional foi passando por mutações lentas e graduais, ao mesmo tempo que se davam importantes alterações no contexto político e econômico internacionais.

1.1.1 Direito costumeiro internacional e padrões comportamentais provenientes do Direito Internacional clássico

Dentre as mais importantes regras costumeiras criadas para nortearem o tratamento dos Estados em relação aos estrangeiros estão: (i) respeito a um padrão mínimo de proteção, que deveria ser seguido quando sua lei doméstica apresentasse diretrizes de tratamento inferior àquele prescrito pelo costume internacional;[16] (ii) proteção e segurança plenas e inteiras, aplicadas na ausência de disposições convencionais a respeito; (iii) dever de esgotamento dos recursos internos antes que se institua a demanda na esfera internacional; e (iv) obrigação de garantia do devido processo legal e acesso às cortes internas. Essas diretrizes são relevantes para a evolução do Direito Internacional dos Investimentos e são praticadas até hoje; contudo, à medida que os costumes internacionais se consolidavam, tais práticas começaram a ser mais específicas e convencionadas por escrito, de modo a prover mais estabilidade e maior probabilidade de cumprimento do Direito aos estrangeiros em território alienígena.

---

[15] DOLINGER, Jacob; TIBURCIO, Carmen. *Direito internacional privado*. 13. ed. Rio de Janeiro: Forense, 2017, p. 169.

[16] XAVIER JÚNIOR, Ely Caetano. *A crise do direito internacional dos investimentos*: análise empírica e soluções possíveis. 2018. Tese (Doutorado em Direito Internacional) – Faculdade de Direito, Universidade de São Paulo, São Paulo, 2018, p. 8–9; WORTLEY, Ben Atkinson. *Expropriation in Public International Law*. Cambridge: Cambridge University Press, 1959, p. 128.

Os primeiros indícios de normas que visavam proteger os estrangeiros remontam à Grécia Antiga e ao Império Romano. À época, arranjos embrionários, na forma de tratados bilaterais, foram criados para protegerem negociantes estrangeiros e garantirem a reciprocidade no tratamento dos cidadãos de ambas as partes. Algumas dessas disposições não somente envolviam procedimentos judiciais para assegurar a execução de contratos comerciais, mas também se aproximavam do que se entende atualmente por princípio do tratamento nacional, diretriz que visa afastar o tratamento menos favorável ao estrangeiro em relação ao nacional.[17]

A proteção do estrangeiro e de sua propriedade também foi abordada por alguns dos mais célebres teóricos do Direito Internacional, tais como Francisco de Vitória e Emer de Vattel, os quais defendiam que todas as pessoas, incluindo estrangeiros, eram titulares de certos direitos naturais pertencentes a qualquer ser humano. Isso não significava que os forasteiros compartilhavam dos mesmos direitos dos nacionais de um Estado.[18] Eles não eram equiparados aos nacionais, porém, não podiam ser extirpados de direitos naturais inerentes ao homem. Cada um desses autores clássicos tinha uma abordagem específica em relação ao estrangeiro.

No contexto das grandes navegações e da descoberta da América, no século XVII, Francisco de Vitória focou-se no debate acerca do direito dos espanhóis de adentrarem e explorarem as terras do Novo Mundo. O teórico introduziu a ideia de igualdade entre os próprios estrangeiros e o dever de não discriminação entre eles, aduzindo que os índios, ao permitirem a exploração de suas terras por outros estrangeiros, não poderiam impedir os espanhóis de também fazê-lo, devendo estender tal benefício, sem discriminação.[19]

---

[17] SCHEFER, Krista Nadakavukaren. *International Investment Law*: Text, Cases and Materials. 2. ed. Cheltenham: Elgar, 2016, p. 4.

[18] Ocorre que logo após a Revolução Francesa, quando a Declaração dos Direitos do Homem e do Cidadão foi aprovada em 1789, foi realizada uma distinção entre os direitos do homem e os direitos do cidadão. Os direitos do homem são aqueles que pertencem ao indivíduo independentemente de seu *status* e são naturais e inerentes à natureza humana. Já os direitos do cidadão são aqueles criados pelo Estado para os cidadãos nacionais dele.

[19] Conforme expôs Francisco de Vitoria: "se há, entre os bárbaros, coisas comuns tanto aos cidadãos quanto aos hóspedes, não é lícito impedir aos espanhóis o acesso e a participação nelas. Por exemplo: se é lícito a outros peregrinos extrair ouro num território comum ou de rios, ou pescar pérolas no mar ou num rio, não podem impedir os espanhóis, do mesmo modo, pura e simplesmente, já que é lícito aos outros fazer coisas assim e do gênero, contanto que aos cidadãos e aos habitantes nativos isso não seja um peso" (VITORIA, Francisco de. *Relectiones*: sobre os índios e sobre o poder civil. Brasília: FUNAG, 2016, p. 147–148).

Já no século XVIII, Emer de Vattel trouxe, juntamente com a ideia de proteção ao estrangeiro, a premissa de que todo Estado seria livre para conceder ou recusar aos indivíduos alienígenas a faculdade de terem terras ou outros bens imóveis em seu território. No entanto, uma vez que fossem proprietários dessas terras, sua propriedade deveria ser respeitada. Isso, pois, segundo o autor, o "soberano não pode conceder a estrangeiros o ingresso em seu território para fazê-los caírem em armadilha. Ao recebê-los, compromete-se a protegê-los como se fossem seus próprios súditos, a fazê-los usufruir, na medida do possível, de perfeita segurança".[20]

Apesar de não igualar em sua integralidade os direitos dos estrangeiros com os dos cidadãos, o autor ressalta o dever de cortesia do Estado com o estrangeiro[21] e do estrangeiro com o Estado. O estrangeiro deverá, por seu turno, se submeter às leis gerais estabelecidas em prol da manutenção da boa ordem e da segurança pública. Além disso, para ele, "as pretensões que o senhor do território queira ter sobre os bens de um estrangeiro são igualmente contrárias aos direitos do proprietário e aos da Nação de que ele é membro",[22] visto que, apesar de se localizarem em território estrangeiro, os bens de um particular fazem parte da totalidade dos bens de sua nação.[23] Assim, por mais que resida no estrangeiro, o indivíduo ainda deve ser considerado cidadão de seu Estado de origem e tratado como tal.[24] O Estado, portanto, é obrigado a respeitar os direitos das outras nações e dos homens em geral, não podendo arrogar-se nenhum direito sobre a pessoa de um estrangeiro, porquanto a mera entrada em seu território não o torna seu súdito.[25]

---

[20] VATTEL, Emer de. *O direito das gentes*. Prefácio e tradução de Vicente Marotta Rangel. Brasília: Editora Universidade de Brasília; Instituto de Pesquisa de Relações Internacionais, 2004, p. 266, parágrafo 104.

[21] VATTEL, Emer de. *O direito das gentes*. Prefácio e tradução de Vicente Marotta Rangel. Brasília: Editora Universidade de Brasília; Instituto de Pesquisa de Relações Internacionais, 2004, p. 266, parágrafo 139.

[22] VATTEL, Emer de. *O direito das gentes*. Prefácio e tradução de Vicente Marotta Rangel. Brasília: Editora Universidade de Brasília; Instituto de Pesquisa de Relações Internacionais, 2004, p. 266, parágrafo 109.

[23] VATTEL, Emer de. *O direito das gentes*. Prefácio e tradução de Vicente Marotta Rangel. Brasília: Editora Universidade de Brasília; Instituto de Pesquisa de Relações Internacionais, 2004, p. 266, parágrafo 109.

[24] VATTEL, Emer de. *O direito das gentes*. Prefácio e tradução de Vicente Marotta Rangel. Brasília: Editora Universidade de Brasília; Instituto de Pesquisa de Relações Internacionais, 2004, p. 266, parágrafo 107.

[25] VATTEL, Emer de. *O direito das gentes*. Prefácio e tradução de Vicente Marotta Rangel. Brasília: Editora Universidade de Brasília; Instituto de Pesquisa de Relações Internacionais, 2004, p. 266, parágrafo 108.

Esse ponto de vista faz sentido uma vez que Vattel introduz a ideia de que os estrangeiros são extensões de seus Estados de origem. Por isso, respeitar os estrangeiros e seus direitos de propriedade no território do Estado receptor seria um sinal de cortesia entre Estados. Por outro lado, a violação dos direitos de propriedade dos estrangeiros seria considerada uma transgressão dos direitos de seu Estado de origem, desencadeando a responsabilidade internacional do Estado violador. Logo, a construção teórica do autor, ao abordar as infrações cometidas por um Estado a um estrangeiro, remonta a uma moldura próxima dos elementos caracterizadores da proteção diplomática. Por meio desta última, em que o estrangeiro reclama ao seu Estado de origem uma violação aos seus direitos cometida pelo Estado que o recebe. O Estado de origem decidirá se o amparará ou não e, ao escolher proteger seu nacional, tomará a demanda internacional para si, agindo em nome do particular. Por conseguinte, isso elevará a disputa para uma solução de controvérsias entre Estados.[26]

No entanto, ao mesmo tempo que a temática do estrangeiro e de sua propriedade estrangeira ganhava espaço nos debates teóricos, o desenvolvimento de convenções internacionais sobre o tema seguia adiante, com a concepção dos tratados de amizade, comércio e navegação e demais instrumentos jurídicos internacionais que se sucediam na tentativa de trazer à baila mais segurança jurídica internacional aos investidores estrangeiros.

1.1.2 Formação das normas jurídicas de proteção internacional dos investimentos estrangeiros

Os tratados de amizade, comércio e navegação representam antecedentes relevantes na construção do Direito Internacional dos Investimentos, porquanto simbolizam um estágio já mais elaborado na escala evolutiva dos arranjos formais de proteção. Suas premissas baseiam-se nas relações comerciais entre os nacionais das partes envolvidas, prevendo garantias para o combate à discriminação por meio de cláusulas fundadas nos princípios do tratamento nacional e da nação mais favorecida.

---

[26] BISHOP, R. Doak; CRAWFORD, James; REISMAN, William Michael (org.). *Foreign Investment Disputes*: Cases, Materials and Commentary. The Hague: Kluwer Law International, 2005, p. 2; FRIEDMAN, Samy. *Expropriation in International Law*. London: Stevens & Sons, 1953, p. 137; SCHEFER, Krista Nadakavukaren. *International Investment Law*: Text, Cases and Materials. 2. ed. Cheltenham: Elgar, 2016, p. 5.

O princípio da nação mais favorecida visa obstar tratamento menos favorável entre os estrangeiros em questão e terceiros. O propósito é garantir que, além de não haver tratamento menos favorável ao estrangeiro em relação ao nacional, tampouco seja permitido o tratamento menos favorável em relação ao concedido a estrangeiro de outra nacionalidade. Além disso, também são previstas garantias para a proteção da propriedade privada, comissões de reclamação[27] e disposições sobre segurança internacional.[28] Dentre esses acordos recíprocos firmados destacam-se aqueles realizados tanto entre Estados europeus quanto entre estes e os recém-independentes Estados Unidos da América (EUA) – por exemplo: o Acordo de Amizade, Comércio e Navegação entre Grã-Bretanha e Espanha, de 1667; o Tratado de Amizade, Comércio e Navegação entre França e EUA, de 1778; e o Tratado de Amizade, Comércio e Navegação celebrado entre Grã-Bretanha e EUA (*The Jay Treaty*), de 1794.

A partir do século XIX, o arcabouço jurídico de acordos internacionais que protegiam os estrangeiros em suas relações econômicas em território estrangeiro começou a ser incrementado. Foram desenvolvidos os acordos de capitulação, em que se introduziu o elemento da extraterritorialidade. Eles eram firmados, em sua essência, entre Estados ocidentais e orientais[29] e criavam uma estrutura de privilégios para os nacionais ocidentais no território da outra parte, sem contrapartida para o outro lado. A principal característica desse regime consiste na criação de áreas especiais dentro do território oriental para que a proteção do estrangeiro e de sua propriedade fossem garantidas e executadas por meio da diplomacia, da força militar ou, então, da extraterritorialidade na aplicação da lei de nacionalidade do estrangeiro, o que, por consequência, reduzia a soberania do Estado receptor.[30] Logo, caso houvesse

---

[27] Ressalta-se que a sistemática das comissões de reclamação na seara dos investimentos evoluiu até a instalação das comissões mistas de reclamação, as quais eram um modo popular de resolução de disputas até 1940, apesar de vigorarem até os dias de hoje. Foram identificadas 80 comissões mistas de reclamação no século XIX e 30 entre 1900 e 1918 (RIPINSKY, Sergey; WILLIAMS, Kevin. *Damages in International Investment Law*. London: British Institute of International and Comparative Law, 2008, p. 17).

[28] BROWN, Chester. Introduction: The Development and Importance of the Model Bilateral Investment Treaty. *In:* BROWN, Chester. *Commentaries on Selected Model Investment Treaties*. Oxford: Oxford University Press, 2013b, p. 1–13, p. 3–6.

[29] Dentre os territórios orientais que se inseriram no regime de capitulações, destacam-se, por exemplo: a) China; b) Egito; c) Império Turco-Otomano; d) Japão; e) Pérsia, dentre outros.

[30] CASSESE, Antonio. *International Law*. 2. ed. Oxford: Oxford University Press, 2005, p. 26-28.

desacordo ou controvérsia, seria aplicado o Direito do Estado de origem do estrangeiro, afastando sua submissão às leis nacionais, que poderiam ser-lhe menos favoráveis, desconhecidas e de difícil compreensão. Complementarmente, o estrangeiro ainda seria julgado por juízes de seu Estado de origem, em vez de se subordinar às cortes nacionais.[31]

Contudo, salienta-se que, devido à condição de domínio, dependência e exclusividade presente na relação entre metrópoles e colônias, ainda não era adequado pronunciar-se com exatidão sobre a proteção de investidores internacionais e de seus direitos de propriedade.[32] Foi somente a partir do século XIX, em razão dos desenvolvimentos tecnológicos da época, que se iniciou a expansão do que se pode considerar investimento estrangeiro mundo afora.[33]

Esses investimentos estrangeiros propiciaram o avanço de projetos de larga escala nas áreas de mineração, agricultura orientada para exportação e novos meios de transporte e comunicação. Nesse sentido, como a exploração de recursos naturais no exterior e, em menor medida à época, a instalação e a prestação de serviços públicos eram projetos de grande porte, fazia-se necessária uma infraestrutura mais complexa. Para que esta fosse possível, os empresários encontraram amparo nas instituições financeiras especializadas, as mais relevantes fontes de capital estrangeiro. Também exerceram influência a centralização da praça bancária londrina e a adoção do padrão-ouro como sistema monetário internacional vigente. Com essas garantias, paulatinamente os empresários dos setores supracitados foram expandindo os negócios de sua sede, predominantemente nos países industrializados, para os locais de exploração em países menos desenvolvidos ou mesmo na condição de colônias, onde o capital privado nacional ainda era frágil para promover tais negócios.[34]

---

[31] Segundo José Augusto Fontoura Costa, um importante regime de capitulações pode ser encontrado na Convenção Anglo-Turca, de 1839, que possibilitou investimentos ingleses em território do Império Turco Otomano (COSTA, José Augusto Fontoura. *Direito internacional do investimento estrangeiro*. Curitiba: Juruá, 2010, p. 41).

[32] COSTA, José Augusto Fontoura. *Direito internacional do investimento estrangeiro*. Curitiba: Juruá, 2010, p. 41.

[33] COSTA, José Augusto Fontoura. *Direito internacional do investimento estrangeiro*. Curitiba: Juruá, 2010, p. 41.

[34] Nesse sentido, o termo "investimento estrangeiro" será empregado neste trabalho como o investimento externo direto, destinado a atividades produtivas duradouras ou de longo prazo no território do Estado receptor de ativos. A Organisation for Economic Co-operation and Development (OECD – em português: Organização para a Cooperação e o Desenvolvimento Econômico – OCDE) assim define o termo "investimento estrangeiro direto": "*Foreign direct investment reflects the objective of establishing a lasting interest by a*

O capital, portanto, passou a propagar-se globalmente e de forma mais expressiva na forma de investimentos estrangeiros diretos e, intrinsicamente ligados a isso, vieram também riscos e incertezas[35] diante da instalação de negócios que antes eram locais e se tornavam mais complexos, passando a envolver custos de transação por migrarem para outra jurisdição e sob a soberania de outros Estados. Como atributo inerente à sua soberania, os Estados continuavam a deter autoridade sobre pessoas, propriedades e eventos dentro de seu território.[36] Por esse motivo, existia o temor da interferência estatal, a qual se baseava na supressão das atividades de particulares e na transferência direta dos direitos de propriedade. Segundo Samy Friedman,[37] essa interferência ocorria, em primeiro lugar, porque a atividade era considerada prejudicial, embora fosse perfeitamente legal. Em segundo lugar, por razões administrativas ou fiscais, para impedir o exercício de uma atividade lucrativa por particulares e colocá-la nas mãos do Estado sob a forma de um monopólio. Em terceiro lugar, para excluir empresas estrangeiras de certos setores da economia por meio de uma política de nacionalizações.

Esses fatores, portanto, levavam o Estado a promover atos expropriatórios ou nacionalizações. Esses institutos são parecidos e utilizados normalmente como se sinônimos fossem – porém, não são exatamente idênticos. A expropriação tem caráter mais individualista, específico e imediato; já a nacionalização abrange transformações em longo prazo e está inserida no planejamento de desenvolvimento econômico de

---

resident enterprise in one economy (direct investor) in an enterprise (direct investment enterprise) that is resident in an economy other than that of the direct investor. The lasting interest implies the existence of a long-term relationship between the direct investor and the direct investment enterprise and a significant degree of influence on the management of the enterprise" (ORGANISATION FOR ECONOMIC CO-OPERATION AND DEVELOPMENT (OECD). *OECD Benchmark Definition of Foreign Direct Investment*. 4. ed. Paris: OECD, 2008, p. 48. Disponível em: http://www.oecd.org/daf/inv/investmentstatisticsandanalysis/40193734.pdf. Acesso em: 2 fev. 2019).

[35] O conceito de "risco" refere-se ao conjunto de variáveis conhecidas sobre um determinado evento. Isso faz com que se consiga mensurar a sua ocorrência e possíveis hipóteses. Já o conceito de "incerteza" engloba uma ou mais variáveis que não podem ser calculadas, de forma que o tomador de decisões não terá como mensurar a proporção do impacto de sua escolha. No entanto, grande parte da doutrina neoliberal institucional, tratada no próximo capítulo, não dá atenção a essa separação (GONÇALVES, Alcindo; COSTA, José Augusto Fontoura. *Governança global e regimes internacionais*. São Paulo: Almedina, 2011, p. 209).

[36] HIGGINS, Rosalyn. The Taking of Property by the State: Recent Developments in International Law. *Recueil des Cours de l'Académie de Droit International*, The Hague, v. III, t. 176, p. 263-392, 1982, p. 280.

[37] FRIEDMAN, Samy. *Expropriation in International Law*. London: Stevens & Sons, 1953, p. 50.

caráter nacional.³⁸ Para o presente estudo, ambas as terminologias são utilizadas com alto grau de similaridade, tendo em conta que se apresentam normalmente juntas nos textos de vários APPRIs.

Nesse ínterim, o cenário geopolítico global também passava por um momento de mudanças, as quais refletiram diretamente na proteção dos investidores. Com o esfacelamento dos regimes coloniais, a recusa em cumprir dívidas contraídas com países europeus e a ânsia por autonomia política e econômica, muitos Estados, em especial sul-americanos, iniciaram a obstrução das remessas de valores dos investidores para o exterior e, também, a tomada de controle dos investimentos estrangeiros nas áreas de infraestrutura e recursos naturais por meio de uma maciça onda de expropriações sem o pagamento de compensações. Isso desafiou o sistema em vigor, acarretando tensões políticas graves que, em alguns casos, escalaram para a seara militar e para o uso da força.

Considerando as concretas ameaças à propriedade dos investidores internacionais e os casos que eclodiram na segunda metade do século XIX e início do século XX, tornara-se comum a prática da proteção diplomática, uma vez que o nacional lesado não seria apto a acionar o Estado violador,³⁹ devendo o Estado de origem do investidor assumir a reclamação como se sua fosse.⁴⁰ No entanto, a proteção diplomática foi utilizada diversas vezes com abusos e violência, por meio da prática comumente denominada "diplomacia das canhoneiras", ou *gunboat diplomacy*, fazendo com que fosse altamente criticada. Nesse prisma, Estados credores, por meio de suas marinhas de guerra, adentravam portos do Estado devedor, bloqueando-os e ameaçando-os com seu poder naval, até que eles pagassem dívidas aos seus nacionais. O Estado de origem do investidor, portanto, encampava a disputa do particular e, por meio dessas ações abusivas, optava pelo uso da força em vez do Direito para fazer cumprir o pleito de seus nacionais.⁴¹

---

[38] HUCK, Hermes Marcelo. *Contratos com o Estado*: aspectos de Direito Internacional. São Paulo: Aquarela, 1989, p. 86.

[39] GABRIEL, Vivian Daniele Rocha; COSTA, José Augusto Fontoura. O Mercosul e as controvérsias sobre investimentos. *Revista do Tribunal Permanente de Revisão*, Assunción, v. 3, nº 5, p. 267–284, 2015, p. 269.

[40] Ressalta-se que essa noção foi afirmada no caso Mavrommatis, perante a Corte Permanente de Justiça Internacional (CPJI), em 1924, sendo reiterada também nos casos Nottebohn e Barcelona Traction.

[41] O caso mais famoso envolvendo a diplomacia das canhoneiras foi o Incidente de Caracas, de 1902-1903. Nesse, o presidente venezuelano Cipriano Castro negou-se a pagar as dívidas contraídas por seu país com investidores estrangeiros europeus fora da jurisdição

Essa prática foi muito criticada à época, em particular pelas doutrinas Drago-Porter e Calvo. Luís Maria Drago, ex-ministro das Relações Exteriores da Argentina, e Horace Porter, ex-general norte-americano, formuladores da doutrina Drago-Porter, argumentavam que as dívidas ou questões relacionadas à propriedade privada não poderiam ser reavidas por ingerências externas realizadas sob o uso da força, condenando tais ações.

Já Carlos Calvo, intelectual argentino, criou em 1868 uma corrente doutrinária que criticava os abusos resultantes da proteção diplomática, alegando que eram exigidos montantes desproporcionais à reparação de prejuízos causados em violação à propriedade de seus investidores nacionais, sendo utilizadas, em alguns casos, retaliações econômicas e medidas coercitivas como forma de pressão.[42] Todavia, a doutrina Calvo defendia também a igualdade jurídica entre nacionais e estrangeiros e a ideia de que estes deveriam seguir, em condições iguais aos nacionais, o Direito doméstico do Estado receptor de investimentos, sem quaisquer privilégios. Essa premissa visava afastar o que considerava como privilégios exercidos pelos estrangeiros ao direcionarem a disputa para a esfera interestatal internacional, o que em sua visão remontaria a proteção mais elevada que aquela detida pelos nacionais em sua jurisdição local. Por isso, propugnava que os estrangeiros renunciassem à proteção diplomática e à utilização de tribunais estrangeiros e arbitrais.[43]

---

venezuelana. Em razão disso, Alemanha, Grã-Bretanha e Itália bloquearam o Porto de Caracas com suas frotas armadas, impedindo que qualquer navio ingressasse no referido porto. Caso algum navio desobedecesse, estaria sujeito a sequestro e julgamento em tribunal de presas marítimas. O caso somente foi resolvido após a interferência dos EUA e o estabelecimento de comissões mistas de arbitragem, para reestruturar as dívidas correspondentes, sendo acordado que a Venezuela destinaria 30% da arrecadação dos portos de La Guaira e Puerto Cabello para quitar o débito.

[42] CALVO, Carlos. *Derecho internacional teórico y práctico de Europa y América*. Paris: Durand et Pedone-Lauriel, 1868. t. 1. Disponível em: https://books.google.com.br/books?id=KsBB AAAAYAAJ&printsec=frontcover&hl=pt-BR&source=gbs_ge_summary_r&cad=0#v=one page&q&f=false. Acesso em: 4 out. 2015; LEVY, Daniel de Andrade; MOREIRA, Rodrigo. ICSID in Latin America: Where Does Brazil Stand? *In*: LEVY, Daniel de Andrade; BORJA, Ana Gerdau de; PUCCI, Adriana Noemi (ed.). *Investment Protection in Brazil*. Alphen aan de Rijn: Wolters Kluwer, 2013, p. 17–36, p. 17-18; XAVIER JÚNIOR, Ely Caetano. *Direito internacional dos investimentos e o Brasil*: uma perspectiva a partir do padrão de tratamento justo e equitativo. 2014. 279 f. Dissertação (Mestrado em Direito) – Faculdade de Direito, Universidade Estadual do Rio de Janeiro, Rio de Janeiro, 2014, p. 110.

[43] COSTA, José Augusto Fontoura. *Direito internacional do investimento estrangeiro*. Curitiba: Juruá, 2010, p. 62; RIBEIRO, Marilda Rosado de Sá. As empresas transnacionais e os novos paradigmas do comércio internacional. *In*: DIREITO, Carlos Alberto Menezes; TRINDADE, Antonio Augusto Cançado; PEREIRA, Antonio Celso Alves (org.).*Novas perspectivas do direito internacional contemporâneo*: estudos em homenagem ao professor Celso D. de Albuquerque Mello. Rio de Janeiro: Renovar, 2008, p. 455–492, p. 488.

Outrossim, os Estados soberanos também deveriam afastar a ingerência de outros governos (como ocorre na diplomacia das canhoneiras) e se abster do pagamento de compensações a investidores estrangeiros por danos sofridos em guerras civis ou distúrbios internos, exceto se houvesse disposição doméstica a respeito.[44]

Apesar de ter sido desenvolvida ainda no século XIX, ressalta-se que a doutrina Calvo somente ganhou mais espaço nos foros de discussão internacional no início do século XX, após a Revolução Mexicana, de 1910, e a Revolução Russa, de 1917. Isso se deve ao fato de que ambas as revoluções preconizavam a transferência das propriedades privadas para o Estado por intermédio de impactantes nacionalizações em massa, gerando grande instabilidade no ambiente internacional e busca por reparações. Essas nacionalizações focavam, particularmente, em medidas de reforma no setor agrário e petrolífero e normalmente não eram seguidas do pagamento de compensações. A partir de então, algumas das premissas comumente aceitas pela comunidade internacional à época foram colocadas em xeque, tais como o direito à propriedade, o dever do Estado de compensar o proprietário caso houvesse expropriação para uso público e a proteção das propriedades dos estrangeiros com base no princípio do tratamento nacional.[45]

1.1.3 A proliferação expressiva de atentados diretos à propriedade estrangeira no âmbito internacional

A Revolução Mexicana foi conduzida como reação às medidas do ex-presidente Porfírio Diaz, que, dentre outras matérias, privilegiava a entrada de capital estrangeiro no país, porém sem que a qualidade de vida da população mexicana fosse incrementada na mesma proporção. Com o novo governo revolucionário veio à tona a nova Constituição de 1917, seguida por leis infraconstitucionais, as quais estabeleciam flexibilizações ao direito de propriedade, se necessário, para garantir o bem-estar da população, bem como restrições aos proprietários estrangeiros. Algumas delas, como a Lei de Terras, de 31 de dezembro de 1925, englobavam a proibição de propriedades por estrangeiros a cem

---

[44] SCHRIJVER, Nico. *Sovereignty Over Natural Resources*: Balancing Rights and Duties. Cambridge: Cambridge University Press, 1997, p. 178.
[45] LOWENFELD, Andreas F. *International Economic Law*. 2. ed. Oxford: Oxford University Press, 2008, p. 470; SCHEFER, Krista Nadakavukaren. *International Investment Law*: Text, Cases and Materials. 2. ed. Cheltenham: Elgar, 2016, p. 7.

quilômetros da fronteira ou a cinquenta quilômetros do mar ou, ainda, restringiam a participação de estrangeiros em companhias mexicanas, a qual seria limitada a 50%.[46] Essas medidas possuíam uma dupla aspiração: (i) a nacionalização do setor do petróleo e (ii) a reforma agrária.[47]

Diversos investidores estrangeiros, em especial americanos, franceses e ingleses, criticaram tais medidas, principalmente no que concerne às compensações oferecidas. Os EUA, por exemplo, conduzidos pelo secretário de Estado à época, Cordell Hull, reconheceram o exercício do direito soberano do governo mexicano de efetuar as expropriações. Porém, questionaram as compensações devidas em razão de expropriações realizadas após 30 de agosto de 1927, que afetaram empresas petrolíferas americanas em território mexicano. Após a instalação de uma comissão mista contendo representantes americanos e mexicanos, em uma troca de notas oficial, o secretário de Estado americano questionou se não existiria um princípio de Direito Internacional que requeresse o exercício do direito de expropriação da propriedade privada acompanhado de compensação pronta, adequada e efetiva. Essa troca de notas tornou-se célebre para o Direito Internacional posteriormente, pois estabeleceu padrão de compensação proliferado até os dias de hoje e cristalizado nos APPRIs. De acordo com Hull, as compensações deveriam ser prontas, ou seja, sem atrasos indevidos; adequadas, havendo o ressarcimento integral do valor dos ativos expropriados, considerando o valor de mercado do investimento no momento de expropriação; e efetivas, isto é, realizadas em moeda livremente conversível.[48] Ao final, houve acordo entre as partes para o recebimento de compensação, porém os valores recebidos representaram apenas um terço do real valor das propriedades petrolíferas expropriadas.[49]

---

[46] HERZ, John H. Expropriation of Foreign Property. *The American Journal of International Law*, [s.l.], v. 35, nº 2, p. 243–262, 1941, p. 258.

[47] FRIEDMAN, Samy. *Expropriation in International Law*. London: Stevens & Sons, 1953, p. 137; SCHEFER, Krista Nadakavukaren. *International Investment Law*: Text, Cases and Materials. 2. ed. Cheltenham: Elgar, 2016, p. 23.

[48] Ressalta-se que "Atualmente há um elevado grau de convergência entre os APPRIs quanto ao padrão de compensação, que deve seguir o valor de justo mercado ou o valor genuíno dos ativos adquiridos. Há cláusulas sobre compensação que abrangem também o valor da compensação, a moeda em que esta deverá ser paga e o período para pagamento, entretanto, segundo a UNCTAD, há o questionamento se essas cláusulas deverão prever ou não juros e qual o critério para determiná-los" (GABRIEL, Vivian Daniele Rocha. *A proteção jurídica dos investimentos brasileiros no exterior*. São Paulo: Lex Editora: Aduaneiras, 2017, p. 65).

[49] FRIEDMAN, Samy. *Expropriation in International Law*. London: Stevens & Sons, 1953, p. 26.

Já quanto à Revolução Russa, dentre as mudanças políticas estruturais do novo governo bolchevique, uma das mais importantes foi o Decreto de 26 de outubro de 1917, que abolia a propriedade privada sem qualquer previsão de compensação. Nesse caso, no entanto, não foi realizada diferenciação entre propriedades de nacionais e estrangeiros no momento das nacionalizações, tendo a medida sido aplicada indistintamente. Bancos foram nacionalizados, e seus ativos e passivos consolidados em um novo banco estatal; minas, fábricas, indústrias petrolíferas e, eventualmente, todos os outros tipos de indústria foram transferidos para o Estado, e os débitos públicos, por sua vez, foram repudiados. Todas essas ações foram realizadas sem que nenhuma compensação fosse provida em razão das medidas de nacionalização, o que motivou dura reação dos países ocidentais, haja vista que muitos deles possuíam investimentos em território russo. Contudo, apesar de não se conformarem à época, as potências ocidentais gradualmente chegaram a acordos com a União das Repúblicas Socialistas Soviéticas (URSS) posteriormente.[50]

Nota-se, a partir de então, um escalonamento para um cenário politicamente mais complexo, inseguro e incerto no que concerne à proteção dos investidores no exterior.[51] A propriedade estrangeira era frequentemente alvo de medidas reativas à ordem vigente até então. No entanto, essa tendência se arrefeceu em razão das circunstâncias atinentes à Segunda Guerra Mundial,[52] sendo retomada após o seu término. Conforme assevera Schwarzenberger,[53] após 1945 o padrão clássico de proteção da propriedade estrangeira foi exposto a uma maior erosão em razão de alguns fatores, tais como: (i) a ascendência das duas superpotências, EUA e URSS, e a diminuição de poder das potências europeias; (ii) a mudança nos padrões de conflito, tensão e coexistência em razão da Guerra Fria, com a disputa por alinhamento das antigas e das novas nações em todas as regiões do globo; (iii) o desrespeito às normas de Direito Internacional pela URSS e seus aliados da Europa

---

[50] Mesmo os EUA, que não reconheceram a União Soviética até 1933, realizaram posteriormente o denominado Acordo Litvinov.
[51] COSTA, José Augusto Fontoura. *Direito internacional do investimento estrangeiro*. Curitiba: Juruá, 2010, p. 43.
[52] XAVIER JÚNIOR, Ely Caetano. *A crise do direito internacional dos investimentos*: análise empírica e soluções possíveis. 2018. Tese (Doutorado em Direito Internacional) – Faculdade de Direito, Universidade de São Paulo, São Paulo, 2018, p. 11.
[53] SCHWARZENBERGER, Georg. *Foreign Investments and International Law*. New York: Frederick A. Praeger Publishers, 1969, p. 25.

oriental;⁵⁴ e, finalmente, (iv) os grandes movimentos nacionalistas e anticolonialistas que eclodiram com as descolonizações afro-asiáticas.⁵⁵

Nos anos de 1950, dois episódios paradigmáticos ocorreram e ficaram mundialmente conhecidos, o da nacionalização da Companhia de Petróleo Anglo-Iraniana pelo Irã, em 1953, e o da nacionalização da Companhia Canal de Suez, em 1956, pelo Egito. Esses casos são relevantes uma vez que os empreendimentos internacionais em questão eram vistos como símbolos de uma estrutura de poder com resquícios neocoloniais que vigorava até então e que começava a perder força para as novas potências hegemônicas. A resolução de ambos os casos foi complexa e com diversas nuances tanto do ponto de vista político quanto do jurídico, envolvendo várias instituições internacionais, muitas delas recém-criadas, colocando-as em teste. Além disso, ambos sedimentam a ideia de que expropriações e nacionalizações de investimentos estrangeiros ligados à exploração de recursos naturais continuaram se proliferando no globo como parte de uma política estratégica na busca de autonomia.

No primeiro caso, a Companhia de Petróleo Anglo-Iraniana constituía o principal investimento do Reino Unido no exterior à época, tendo sido formalizada por meio de contrato de concessão em 1933. No entanto, as desavenças iniciaram-se quando o Irã tentou alterar o documento a seu favor. Em 1945, um acordo suplementar ao contrato de concessão original foi assinado e previa expressamente concessões realizadas pela empresa em relação ao recebimento de *royalties* pelo governo iraniano. Contudo, esse documento não foi aprovado pela câmara dos deputados iraniana. Nessa toada, prosseguiram-se as pressões no início da década de 1950 para a nacionalização da indústria petrolífera do Irã, que, de fato, consistia basicamente na Companhia de Petróleo Anglo-Iraniana.⁵⁶

Ressalta-se que os investimentos britânicos eram protegidos juridicamente não somente pelo Direito costumeiro internacional, mas também por tratados bilaterais de comércio, uma declaração iraniana sob a cláusula opcional do Estatuto da CIJ e pelo acordo de concessão que respaldava a relação jurídica em questão, com salvaguardas em

---

⁵⁴ SHAW, Malcolm N. *International Law*. 6. ed. Cambridge: Cambridge University Press, 2008, p. 31-38.
⁵⁵ COSTA, José Augusto Fontoura. *Direito internacional do investimento estrangeiro*. Curitiba: Juruá, 2010, p. 44.
⁵⁶ SCHWARZENBERGER, Georg. *Foreign Investments and International Law*. New York: Frederick A. Praeger Publishers, 1969, p. 66–69.

favor da Companhia.⁵⁷ Mesmo assim, em março de 1951 houve a sua nacionalização. Os direitos de propriedade da Companhia Anglo-Iraniana foram transferidos diretamente ao governo iraniano, tendo o governo britânico considerado a transferência ilegal. Em maio de 1951 entrou em vigor no Reino Unido a lei de nacionalização do petróleo e, no dia seguinte à sua promulgação, a Companhia notificou o Irã de que iniciaria uma arbitragem sob o respaldo do acordo de concessão de 1933. O Irã recusou o requerimento à arbitragem, e o Reino Unido, por sua vez, endereçou reclamação à CIJ. Em reação a isso, em 9 de julho de 1951, o Irã denegou a jurisdição da corte, denunciando a declaração que reconhecia sua jurisdição, sob o fundamento do artigo 36 do Estatuto da CIJ. Quase simultaneamente, o presidente norte-americano Harry S. Truman ofereceu ao primeiro ministro iraniano os préstimos de seu conselheiro sobre política externa, Averell Harriman, que o aceitou, tendo este se tornado mediador no conflito.⁵⁸

Enquanto isso, o conflito se estendia no campo geopolítico. Em 31 de julho de 1951, o Reino Unido posicionou suas tropas no mar iraquiano e tomou uma série de medidas com o intuito de pressionar mais fortemente o Irã. Primeiramente, ameaçou adotar ações legais contra quaisquer compradores do petróleo iraniano, além de cancelar privilégios especiais de convertibilidade da Iranian Sterling em Londres, privando o Irã de grande parte de seu câmbio com o dólar, e, por fim, ameaçou também retirar todas as licenças para a exportação de produtos britânicos ao Irã, como forma de isolá-lo e desabastecê-lo. Em reação a isso, em setembro de 1951, o Irã firmou acordo com a URSS na busca de suprimentos de produtos primários, os quais antes eram comprados do Reino Unido – por exemplo, o açúcar.⁵⁹

Em 28 de setembro de 1951, o Reino Unido requereu ao Conselho de Segurança das Nações Unidas (CSNU) que o Irã cumprisse com as medidas provisórias concedidas pela CIJ. O Irã, contestando a jurisdição do Conselho, alegava que se tratava de uma questão de jurisdição interna. Após diversas intervenções e tentativas de resolver a disputa em vários organismos internacionais, o Banco Internacional

---

[57] Posteriormente, essa relação foi juridicamente complementada pelo Acordo do Governo Iraniano de 1954 e suas emendas de 1965 e 1967 (SCHWARZENBERGER, Georg. *Foreign Investments and International Law*. New York: Frederick A. Praeger Publishers, 1969, p. 71).

[58] SCHWARZENBERGER, Georg. *Foreign Investments and International Law*. New York: Frederick A. Praeger Publishers, 1969, p. 69.

[59] SCHWARZENBERGER, Georg. *Foreign Investments and International Law*. New York: Frederick A. Praeger Publishers, 1969, p. 69.

para Reconstrução e Desenvolvimento (BIRD) enviou representantes ao Irã aconselhando que o país retomasse a produção de petróleo sob um comando executivo neutro; todavia, falhou em seu papel como mediador. Tudo isso culminou no corte de relações diplomáticas entre Irã e Reino Unido em julho de 1952.[60] Somente em 5 de agosto de 1954 a situação parecia chegar a um fim, haja vista o alcance de um acordo entre as partes, com apoio dos EUA. Foi acordado o pagamento de compensação pelo Irã à Companhia por meio de um consórcio de companhias petrolíferas, o Consórcio Petrolífero Iraniano, de 1954, e foi estabelecida a restauração da indústria petrolífera iraniana no sul do país. A Iranian Oil Consortium foi renomeada posteriormente como British Petroleum Company, possuindo 40% de ativos. A empresa holandesa Shell deteria 14%, os EUA, 40%, e companhias francesas, 6%. À época, o valor da compensação pela nacionalização equivaleria a £350 milhões; contudo, a Companhia recebeu apenas £300 milhões, além dos 40% de ativos no consórcio.[61]

Desse modo, nota-se que o caso foi paradigmático não somente por envolver a transferência forçada da propriedade ao governo do Irã, mas também por oportunizar que diversas instituições internacionais, tais como a CIJ, o CSNU e o BIRD, atuassem e fossem testadas no âmbito internacional. Outras ocorrências também foram marcantes na condução do conflito, como: (i) a reafirmação da tradicional visão de que a aceitação da legalidade da expropriação de propriedade estrangeira é condicionada ao pagamento de compensação pronta, adequada e efetiva;[62] (ii) a atuação dos EUA e das companhias petrolíferas americanas, que participaram ativamente da tentativa de resolver a disputa por meio da negociação; (iii) o fato de o Reino Unido ter pressionado econômica e financeiramente o Irã; e (iv) o engajamento da Companhia em uma campanha global de ameaças contra potenciais compradores do petróleo iraniano por meio de possíveis ações em cortes domésticas.[63]

O próximo exemplo consiste no caso da nacionalização do Canal de Suez pelo Egito, o qual foi tão complexo quanto o anterior.

---

[60] SCHWARZENBERGER, Georg. *Foreign Investments and International Law*. New York: Frederick A. Praeger Publishers, 1969, p. 70.
[61] SCHWARZENBERGER, Georg. *Foreign Investments and International Law*. New York: Frederick A. Praeger Publishers, 1969, p. 76.
[62] WORTLEY, Ben Atkinson. *Expropriation in Public International Law*. Cambridge: Cambridge University Press, 1959, p. 33.
[63] SCHWARZENBERGER, Georg. *Foreign Investments and International Law*. New York: Frederick A. Praeger Publishers, 1969, p. 66.

O canal de Suez era um empreendimento transnacional entre Reino Unido e França, representando um símbolo do poder britânico domesticamente e perante o resto do mundo, uma vez que era o Reino Unido quem o controlava.[64] Sua nacionalização foi efetuada pela Lei de Nacionalização do Egito em 1956, por Nasser, presidente do Egito à época. Esse evento teve proporções regionais, porquanto comprometeu a circulação de navios até Israel e o acesso ao Mar Vermelho, e também globais, já que reafirmou a independência egípcia, reforçou sua autonomia[65] e seu posicionamento não alinhado e neutro durante a Guerra Fria. Segundo Schwarzenberger,[66] três eventos foram decisivos para moldar o curso do conflito: (i) o Egito provou que, com a ajuda de voluntários estrangeiros, poderia lidar competentemente com a condução dos navios no canal; (ii) o Reino Unido, a França e Israel persuadiram os EUA a apoiar suas intervenções armadas no Egito; e (iii) a URSS apoiou firmemente o Egito.

Nesse contexto, de acordo com a Lei de Nacionalização egípcia, a Companhia Canal de Suez seria dissolvida, sendo criada outra companhia no lugar para conduzir o tráfego de navios locais. Todos os ativos da companhia interna e externamente seriam congelados, e bancos, organizações e indivíduos no exterior seriam proibidos de disporem desses ativos, exceto sob consentimento da diretoria do novo organismo criado.[67] As empresas britânicas e francesas receberiam compensação

---

[64] O controle político do Canal de Suez foi garantido por alguns acordos internacionais, com destaque para o Tratado Sykes-Picot, de 1916, entre França e Reino Unido, que reconhecia a área do canal como zona de influência britânica.

[65] Sua autonomia foi reforçada tendo em conta que o Egito conseguiu desempenhar a condução dos navios no canal após aprender a função com a ajuda de estrangeiros, mantendo-se neutro na Guerra Fria e conquistando a opinião pública internacional.

[66] SCHWARZENBERGER, Georg. *Foreign Investments and International Law*. New York: Frederick A. Praeger Publishers, 1969, p. 85.

[67] Segundo Berthold Goldman, em seu ilustre artigo para o jornal *Le Monde*, tratava-se de uma nacionalização e expropriação ilegal, pois não estaria alinhada a uma reforma geral das estruturas econômicas do país, mas sim era uma medida discriminatória contra uma única empresa estrangeira baseada apenas no fato de ser estrangeira. Essa nacionalização foi uma tentativa forçada de tomar todos os ativos da Companhia no Egito e no exterior, com a promessa de uma futura indenização unilateral. Além disso, a Companhia Canal de Suez não seria considerada nem egípcia, nem, tampouco, francesa ou inglesa, apesar de seu "lugar de incorporação", sua sede real e, até certo ponto, o "controle" do capital e da administração. A Companhia seria, por meio de sua estrutura de capital e de seus órgãos de administração, bem como em razão de seu objeto e dos efeitos de sua atividade empresarial, uma empresa internacional diretamente subordinada ao ordenamento jurídico internacional (GOLDMAN, Berthold. The Suez Company: An International Company. *Le Monde*, Paris, 4 out. 1956. Disponível em: https://www.trans-lex.org/9/_/goldman-berthold-le-monde-p-3. Acesso em: 5 fev. 2019).

conforme o valor da bolsa de Paris um dia antes da nacionalização, porém somente após a entrega de todos os fundos da companhia, inclusive aqueles no exterior. Alternativamente, o governo egípcio apresentou duas propostas: (a) um cálculo para pagar a média do preço calculado na base dos preços da bolsa de valores nos cinco anos anteriores ou (b) a resolução do caso via mecanismo arbitral.[68]

Com o final da fracassada intervenção franco-britânica-israelense de 1956 e do distanciamento temporário entre EUA e seus dois aliados europeus, em 13 de julho de 1958 um acordo foi alcançado entre a República Árabe Unida (que à época englobava Egito e Síria) e os proprietários da Companhia Canal de Suez. Mais uma vez, o BIRD prestou auxílio para se chegar a um acordo. Foi estabelecido que o Egito teria de se comprometer a respeitar o direito de liberdade de passagem pelo Canal de Suez de seus principais usuários. A Companhia, por sua vez, desistiu de seus direitos sobre quaisquer ativos no Egito, e este fez o mesmo em relação a qualquer ativo da Companhia no exterior. O acordo alcançado baseou-se no princípio da territorialidade da nacionalização, e não no reconhecimento de quaisquer efeitos extraterritoriais da lei de nacionalização egípcia. Além disso, o Egito comprometeu-se a pagar em sete parcelas £28 milhões à Companhia. No entanto, parece existir consenso sobre o caráter meramente parcial da compensação paga pelo Egito.[69]

Além dessas duas notáveis nacionalizações, que representaram um choque de paradigmas com o sistema vigente até então, no quarto de século imediatamente após a Segunda Guerra Mundial seguiu-se uma onda de expropriações e nacionalizações nas mais variadas regiões do globo. Isso se deu também em razão de outros elementos que caracterizaram as transformações desse período, sendo um deles o fato de a proteção diplomática e as teorias tradicionais de responsabilização do Estado passarem a ser confrontadas com a ascensão do princípio da soberania permanente sobre os recursos naturais, a riqueza e as atividades econômicas.[70] Nações em desenvolvimento arguiam tal premissa para afastar violações em sua soberania econômica em razão

---

[68] SCHWARZENBERGER, Georg. *Foreign Investments and International Law*. New York: Frederick A. Praeger Publishers, 1969, p. 87–88.
[69] SCHWARZENBERGER, Georg. *Foreign Investments and International Law*. New York: Frederick A. Praeger Publishers, 1969, p. 89.
[70] RIBEIRO, Marilda Rosado de Sá. Direito dos investimentos e o petróleo. *Revista da Faculdade de Direito da UERJ*, Rio de Janeiro, v. 1, nº 18, p. 1–37, 2010, p. 2.

de direitos contratuais ou do direito de propriedade requeridos por outros Estados ou por companhias estrangeiras.[71]

Frisa-se que os países em desenvolvimento continuaram a reagir na busca de autonomia e de mais desenvolvimento econômico por meio de medidas protecionistas e desenvolvimentistas voltadas para a industrialização. Nesse contexto, floresceu a premissa de que, por meio do restabelecimento da condução da exploração de recursos naturais, os Estados terceiro-mundistas encontrariam um caminho para melhor promover o seu desenvolvimento, sem dependências. Por isso, pontos controversos sobre expropriação, compensação e tratamento do investimento estrangeiro faziam parte do contexto das várias crises internacionais entre nações desenvolvidas e subdesenvolvidas.[72]

Destarte, merece destaque o trabalho da Comissão para a Soberania Permanente sobre os Recursos Naturais, vinculada à Comissão de Direitos Humanos (CDH) da Organização das Nações Unidas (ONU), e da Assembleia Geral das Nações Unidas (AGNU). Por meio dessa atuação, duas resoluções são consideradas como marcos da instituição a respeito do tema. A primeira consiste na Resolução nº 626 (VII), de 1952, que evidenciou a oposição dos países terceiro-mundistas ao controle de seus recursos naturais por companhias estrangeiras. A segunda é a Resolução nº 1.803 (XVII) da AGNU, de 1962, que versa quanto à soberania permanente sobre recursos naturais e assevera que a exploração, o desenvolvimento e a disposição dos recursos naturais e a importação dos investimentos estrangeiros necessários para tais finalidades devem estar em conformidade com os regulamentos e as condições que as nações em desenvolvimento consideram necessárias ou desejáveis à autorização, à restrição ou à proibição de tais atividades.

Nesse contexto evolutivo, não se pode deixar de mencionar que, na década de 1970, houve a proposta da Nova Ordem Econômica Internacional (NOEI). Esta consistia em um movimento de reação dos países em desenvolvimento, que acreditavam que deveriam utilizar todos os seus recursos em prol de seu próprio desenvolvimento. Desse modo, a NOEI seria alcançada por meio de esforços dos governos internos,[73]

---

[71] BERCOVICI, Gilberto. *Direito econômico do petróleo e dos recursos minerais*. São Paulo: Quartier Latin, 2011, p. 43.

[72] BERCOVICI, Gilberto. *Direito econômico do petróleo e dos recursos minerais*. São Paulo: Quartier Latin, 2011, p. 43.

[73] MAGALHÃES, José Carlos de. *Direito econômico internacional*: tendências e perspectivas. Curitiba: Juruá, 2012, p. 89–90; TRINDADE, Antonio Augusto Cançado. As Nações Unidas e a Nova Ordem Econômica Internacional (com atenção especial aos Estados

os quais deveriam deter o controle dos investimentos estrangeiros e submetê-los à legislação e aos judiciários domésticos.[74]

Por isso, diante de um cenário em que os países terceiro-mundistas se sentiam estimulados pelos preceitos da NOEI, houve, à época, uma grande oposição entre países em desenvolvimento e desenvolvidos e, consequentemente, entre Estados receptores de investimentos e investidores. Esse embate refletiu-se no aumento expressivo de expropriações e nacionalizações, como forma de afirmação da autonomia das nações recém-independentes, além de visualizarem o capital estrangeiro como agente propenso a ingerir-se na ordem jurídica doméstica.

No entanto, vale ressaltar que, conforme as grandes nacionalizações foram ocorrendo, muitos Estados, pressionados por seus nacionais, passaram a tomar certas precauções jurídicas para afastar incertezas e para que os investimentos estrangeiros continuassem proliferando-se ao redor do globo, com mais segurança e previsibilidade. Os Estados receptores de investimentos, por sua vez, "passaram a empregar outras estratégias de interferência nos investimentos, como subterfúgio para se afastar do conceito de expropriação direta".[75] Por não serem muito claras desde o início, essas estratégias confundiam-se com as políticas públicas e de desenvolvimento adotadas pelos Estados, o que fazia com que houvesse resistência de parte da comunidade internacional em deslindar com mais precisão os casos e as supostas violações que se sucediam.

---

latino-americanos). *Revista de Informação Legislativa*, Brasília, v. 21, nº 81, p. 213–232, jan./mar. 1984, p. 214.

[74] A NOEI foi solidificada por meio de três resoluções no âmbito da AGNU: (i) Declaração para o Estabelecimento de uma NOEI, Resolução nº 3.201 (S-VI) da AGNU (maio de 1974); (ii) Programa de Ação para o Estabelecimento de uma NOEI, Resolução nº 3.202 (S-VI) (maio de 1974); e (iii) Carta de Direitos e Deveres Econômicos dos Estados, Resolução nº 3.281 (XXIX) da AGNU (dezembro de 1974). Dentre os direitos afirmados por esses documentos, destaca-se que a Resolução nº 3.202 afirmava que o princípio da nacionalização defendia que cada Estado estaria autorizado a determinar o montante de compensação ao investidor e a forma de pagamento, e, se houvesse algum litígio, este deveria ser resolvido com respaldo na legislação nacional do Estado receptor. Além disso, a Carta de Direitos e Deveres Econômicos dos Estados estabeleceu uma gama de princípios a reger as relações econômicas ente as nações – tal como o da igualdade soberana –, os deveres econômicos dos países e a responsabilidade destes na seara internacional. Quanto à expropriação, estabeleceu-se o pagamento de indenização adequada, conforme as leis domésticas e as circunstâncias julgadas pertinentes pelo Estado, afastando qualquer referência ao direito internacional (TRINDADE, Antonio Augusto Cançado. As Nações Unidas e a Nova Ordem Econômica Internacional (com atenção especial aos Estados latino-americanos). *Revista de Informação Legislativa*, Brasília, v. 21, nº 81, p. 213–232, jan./mar. 1984, p. 215).

[75] XAVIER JÚNIOR, Ely Caetano. *A crise do direito internacional dos investimentos*: análise empírica e soluções possíveis. 2018. Tese (Doutorado em Direito Internacional) – Faculdade de Direito, Universidade de São Paulo, São Paulo, 2018, p. 52.

1.2 O encadeamento de novas formas de intervenção na propriedade dos investidores estrangeiros

Poderiam ser citados inúmeros outros exemplos de transferência direta de ativos estrangeiros como resultado desse processo político, como a expropriação das concessões Liamco na Líbia, em 1955, as nacionalizações das terras e da propriedade privada industrial nos países que seguiram regimes comunistas após a Segunda Guerra Mundial e a nacionalização de empresas petrolíferas ocidentais em quase todos os países árabes na década de 1970. Entretanto, eles não serão esmiuçados, uma vez que o foco do presente estudo reside justamente nas novas formas de interferência nos investimentos estrangeiros adotadas pelos Estados. Se antes, como se pôde notar, essas interferências eram diretas e de fácil identificação, o que se sucedeu, gradualmente, foram ações não tão diretas,[76] mas, ao final, com consequências igualmente impactantes. Essa mudança foi vislumbrada, inicialmente, em casos isolados.

Na primeira metade do século XX, já haviam sido analisados casos pioneiros no âmbito da Corte Permanente de Justiça Internacional (CPJI) e da Corte Permanente de Arbitragem (CPA), relativos a episódios embrionários do que viria a ser denominado "expropriação indireta". No julgamento do caso da fábrica Chórzow,[77] a Alemanha demandou internacionalmente a Polônia devido à expropriação de uma fábrica construída por alemães em território que foi devolvido à Polônia após o fim da Primeira Guerra Mundial. Como para a gestão da fábrica eram utilizadas patentes, experimentos e contratos comerciais, a CPJI, em seu julgamento, determinou que, ao se apropriar da fábrica como um todo e de seu maquinário, o governo polonês também expropriou as patentes e os direitos contratuais da empresa administradora, ainda que não pretendesse fazê-lo. A compensação por esses itens foi, portanto, julgada em favor da empresa administradora diplomaticamente protegida pela Alemanha.[78] Ademais, o caso foi relevante também porque a corte

---

[76] HERZ, John H. Expropriation of Foreign Property. *The American Journal of International Law*, [s.l.], v. 35, nº 2, p. 243–262, 1941, p. 256; XAVIER JÚNIOR, Ely Caetano. *A crise do direito internacional dos investimentos*: análise empírica e soluções possíveis. 2018. Tese (Doutorado em Direito Internacional) – Faculdade de Direito, Universidade de São Paulo, São Paulo, 2018, p. 52.

[77] PERMANENT COURT OF INTERNATIONAL JUSTICE (PCIJ). *Case Concerning Certain German Interests in Polish Upper Silesia, Germany v. Poland*. Judgement 13 set. 1938. PCIJ Report, 1938.

[78] CHRISTIE, George C. What Constitutes a Taking of Property under International Law? *British Yearbook of International Law*, Oxford, v. 38, nº 38, p. 307–338, 1962, p. 310–311.

reconheceu que a regra da restituição integral (*restitutio in integrum*), que influenciou o padrão de compensação estabelecido pela fórmula Hull, deveria ser cumprida, haja vista que a essência da real noção de ato ilícito é que a reparação deve, no que for possível, eliminar todas as consequências do ato ilícito, além de restabelecer o *status quo* anterior.[79]

Já no âmbito da CPA, ressalta-se o caso Norwegian Claims,[80] em que a Noruega reclamou compensação do governo americano em razão de este ter prejudicado seus nacionais. À época em que os EUA entraram na Primeira Guerra Mundial, esse país emitiu ordem de requisição a todos os navios sob construção, juntamente com todos os seus materiais, maquinário e equipamentos relacionados, o que afetou contratos de construção naval firmados por cidadãos noruegueses. Os EUA alegaram que tudo o que haviam requisitado eram os navios parcialmente construídos e que, portanto, só seriam obrigados a pagar uma indenização parcial por eles e pelas compras de materiais realizadas pelos armadores noruegueses. A CPA declarou que os EUA haviam requisitado os próprios contratos de construção naval, e não apenas navios parcialmente concluídos. Assim, os armadores noruegueses tinham direito ao justo valor de mercado dos seus contratos de construção naval, os quais, no momento da requisição, representavam valor elevado, devido à extrema escassez de transporte naval e aos altos preços.[81]

Após o fim da Segunda Guerra Mundial, diversos casos envolvendo a interferência nos direitos de propriedade dos investidores estrangeiros foram identificados, sendo alguns deles mais célebres, principalmente, em razão do setor prejudicado e por sua repercussão midiática, como os casos envolvendo expropriações diretas da indústria petrolífera já citados anteriormente. Contudo, nessa época também foram identificados, no aglomerado das expropriações diretas que se seguiram, dois casos sutis e não tão óbvios relativos à interferência nos direitos de propriedade dos investidores estrangeiros.

Na Indonésia, o período sob o regime de Sukarno foi marcado por ações estatais que ocorreram de forma gradual ou quase imperceptível.

---

[79] XAVIER JÚNIOR, Ely Caetano. *A crise do direito internacional dos investimentos*: análise empírica e soluções possíveis. 2018. Tese (Doutorado em Direito Internacional) – Faculdade de Direito, Universidade de São Paulo, São Paulo, 2018, p. 11.

[80] PERMANENT COURT OF ARBITRATION (PCA). *Norwegian Shipowners' Claims, Norway v. United States of America*, Judgement 13 out. 1922. PCA Report, 1922.

[81] CHRISTIE, George C. What Constitutes a Taking of Property under International Law? *British Yearbook of International Law*, Oxford, v. 38, nº 38, p. 307–338, 1962, p. 311; 316.

Nas palavras de Schwarzenberger,[82] houve uma nacionalização gradual (em inglês, denominada *creeping nationalization*) de investimentos estrangeiros. Primeiramente, medidas foram aplicadas isoladamente contra propriedades de origem holandesa e, subsequentemente, de origem britânica e norte-americana, além de outras. Essa política era marcada pelo assédio (oficial e não oficial) praticado por autoridades indonésias e sindicatos – envolvendo intimidações, interferências e supervisões –, afetando os investidores, porém ficando aquém do confisco normal.

Em 26 de novembro de 1964 foi emitido decreto presidencial, e as ações, anteriormente isoladas, foram, segundo o próprio texto do decreto, "integradas". Várias empresas foram submetidas ao controle total e direto do governo central – por exemplo, todas as empresas de origem britânica. A medida adotada foi justificada como em consonância com a política de confronto com a Malásia, perseguida pelo governo de Sukarno à época. Em nota de 1º de dezembro de 1964, o governo do Reino Unido declarou que considerava as medidas tomadas contra os interesses comerciais britânicos como desapropriações *de facto* (*de facto dispossessions*) e expropriações, o que, portanto, implicaria compensação, de acordo com o Direito Internacional.[83]

Em nota trocada pela Embaixada do Reino Unido em Jacarta com o Departamento de Relações Exteriores da Indonésia, em 20 de julho de 1965, os britânicos ressaltaram que, considerando a completa inabilidade das empresas britânicas de exercerem e gozarem de qualquer dos seus direitos de propriedade na Indonésia, o governo do Reino Unido considerava a situação como expropriação das propriedades britânicas. De modo a mitigar e restaurar os prejuízos em relação às propriedades britânicas afetadas, o Reino Unido foi instruído a solicitar do governo da Indonésia compensação pronta, adequada e efetiva, para que se cumprissem as regras internacionais costumeiras relacionadas à expropriação seguida de compensação, em consonância com o padrão já estabelecido pela fórmula Hull. Por fim, após o final do governo de Sukarno, no final da década de 1960, foi necessária uma operação massiva de resgate internacional para lidar com os problemas mais

---

[82] Ressalta-se, inclusive, que em 1963 essa política culminou em um incêndio na embaixada britânica em Jacarta durante revoltas oficialmente toleradas, com grandes perdas, danos e ferimentos em nacionais britânicos (SCHWARZENBERGER, Georg. *Foreign Investments and International Law*. New York: Frederick A. Praeger Publishers, 1969, p. 95).

[83] SCHWARZENBERGER, Georg. *Foreign Investments and International Law*. New York: Frederick A. Praeger Publishers, 1969, p. 96.

urgentes relativos à insolvência internacional da Indonésia, descrita pelo secretário de Relações Exteriores britânico como uma situação econômica aterradora.[84]

Nessa toada, outro caso envolvendo atentados menos ostensivos aos direitos de propriedade de investidores estrangeiros deu-se na Birmânia (atual Mianmar). Na década de 1960, o país teve sua tributação doméstica questionada pelo Reino Unido, que a considerava elevada. Em 1964, foi realizado questionamento oficial na Câmara dos Comuns sobre as alíquotas cobradas pelo governo birmanês sobre os lucros das empresas britânicas em relação à sua operação no território da Birmânia, ex-colônia britânica à época. O secretário do Tesouro britânico explicou na ocasião que esses lucros eram tributados a taxas que se elevavam a 99% em lucros superiores ao equivalente a £22,5 mil. Para ele, tal tributação era excessiva e constituía um confisco *de facto*.

A dificuldade, nesse caso, era saber onde estava a linha divisória que definiria se a tributação birmanesa se tratava de uma questão de jurisdição interna ou não. A partir do momento em que a tributação prejudicial se torna indistinguível do confisco do capital, ela poderia ser discutida como ilícito internacional. Segundo Schwarzenberger,[85] um critério relevante para distinção entre tributação excessiva e confisco seria verificar se tal tributação se aplica apenas às empresas estrangeiras – em um claro exercício de violação ao princípio do tratamento nacional. Se esse for o caso, pode-se suspeitar, então, de um confisco disfarçado, tendo em conta a discriminação intrínseca ao ato. Contudo, apesar da ressalva do autor supracitado, a tributação excessiva torna-se de difícil identificação se apenas transparece como uma medida legítima severa.

Desse modo, infere-se que o momento histórico referente ao Pós-Segunda Guerra Mundial foi, na verdade, um período de transição. Com as expropriações e as nacionalizações, o risco político voltou a ser visto como elemento importante para a análise da expectativa dos investimentos, permanecendo um clima de mútua desconfiança entre investidores e Estados.[86] No entanto, as interferências estatais sobre

---

[84] SCHWARZENBERGER, Georg. *Foreign Investments and International Law*. New York: Frederick A. Praeger Publishers, 1969, p. 95–96.

[85] SCHWARZENBERGER, Georg. *Foreign Investments and International Law*. New York: Frederick A. Praeger Publishers, 1969, p. 92.

[86] O receio de riscos políticos operava como um elemento dissuasor do fluxo de capital estrangeiro privado para os países em desenvolvimento (BROCHES, Aron. The Convention on the Settlement of Investment Disputes between States and Nationals of Other States. *Recueil des Cours de l'Académie de Droit International*, The Hague, v. 2, t. 136,

a propriedade estrangeira, aos poucos, deixam de seguir os padrões previsíveis e óbvios com que a comunidade internacional já estava acostumada e vão se misturando às políticas legítimas dos Estados, chamando a atenção por seus excessos e pelo caráter discriminatório em desfavor do investidor.

No contexto evolutivo sobre a percepção de novas formas de expropriação, não se pode olvidar a atuação da CIJ. Apesar de sua contribuição ter sido modesta para o Direito Internacional dos Investimentos, algumas demandas envolvendo expropriação merecem ser destacadas. Estas, apesar de não terem logrado sucesso, cristalizam o afastamento da corte em se pronunciar sobre a responsabilidade dos Estados receptores de investimentos em relação aos atos alegados como expropriatórios indiretos contra investidores estrangeiros, diferentemente do que fez a CPJI, sua antecessora, no caso da fábrica Chórzow.[87]

O primeiro caso relevante diz respeito ao Barcelona Traction,[88] em que uma companhia instalada na Espanha e que promovia serviços de eletricidade teve sua falência declarada em razão de medidas restritivas à sua atividade pelo governo espanhol. A empresa possuía controle acionário majoritariamente belga (pessoas naturais e jurídicas), porém sua constituição foi realizada no Canadá, tendo a companhia fixado sua sede estatutária e social no país. Nesse contexto, após três acionistas espanhóis da empresa acionarem uma corte espanhola reclamando indenização em razão da falência da empresa, o judiciário espanhol ordenou a apreensão dos ativos, a nomeação de um administrador e a troca da diretoria da empresa, além de novos ativos terem sido compartilhados com subsidiárias espanholas da Barcelona Traction e vendidos em leilão público.

Após anos de tentativas de negociação diplomática, a Bélgica, em clara aplicação da proteção diplomática, iniciou procedimento perante a CIJ alegando essencialmente expropriação paulatina ou gradual (em inglês, *creeping expropriation*). A CIJ, apesar de ter iniciado sua decisão ressaltando as obrigações dos Estados receptores de investimento para com os investidores, afirmou que a evidência de danos sofridos não justifica a proteção diplomática, já que pessoas sofrem danos ou

---

p. 333-410, 1972; COSTA, José Augusto Fontoura. *Direito internacional do investimento estrangeiro*. Curitiba: Juruá, 2010, p. 45).

[87] LOWENFELD, Andreas F. *International Economic Law*. 2. ed. Oxford: Oxford University Press, 2008, p. 512.

[88] INTERNATIONAL COURT OF JUSTICE (ICJ). *Case concerning the Barcelona Traction, Light and Power Company Limited (Belgium v. Spain)*. Judgement 5 fev. 1970. ICJ Reports, 1970.

ameaças nas mais variadas circunstâncias e isso, por si só, não envolve a obrigação de reparação. Além disso, a corte alegou que o direito relativo à proteção dos investimentos estrangeiros foi formado em um período de intenso conflito de sistemas e interesses e, de acordo com a moldura jurídica analisada à época da demanda, a proteção dos acionistas requeria que o recurso à solução de controvérsias estivesse disposto nos tratados ou acordos especiais diretamente concluídos entre o investidor privado e o Estado. Ademais, não havia nenhum acordo bilateral ou multilateral entre os Estados em vigor no presente caso, o que justificaria também o afastamento da jurisdição da corte.

Além desse caso, faz-se necessário salientar também o caso ELSI,[89] entre EUA e Itália. A ELSI era uma companhia italiana de fabricação de equipamentos eletrônicos, com capital majoritariamente americano controlado pela empresa Raytheon Manufacturing Company. Esta acabou encerrando suas atividades na Itália em 1968, tendo decidido vender a planta e demitir seus empregados. Após o anúncio, o prefeito de Palermo, onde se localizava o investimento, emitiu uma ordem de requisição da planta com base em uma lei de 1865 que autorizava a disposição da propriedade privada por razões de grave necessidade pública. A companhia transferiu o investimento e, logo após, declarou sua falência, porém também procedeu à requisição do reexame do ato administrativo pelo prefeito. Sem resposta, apelou administrativamente, alegando que a ação era ilegal e arbitrária. Após o caso passar por diversas instâncias, inclusive judiciais, a empresa decidiu procurar proteção diplomática do governo americano, o qual submeteu nota ao governo italiano ressaltando os atos ilegais e as interferências efetuadas pelas autoridades italianas na condução do investimento, o que seria contrário às disposições do Tratado de Amizade, Comércio e Navegação entre os dois países, ao Direito italiano e ao Direito Internacional. A Itália respondeu à nota denegando a acusação e afirmando que a expropriação da planta não causou danos aos acionistas. Após o insucesso nas negociações, já na década de 1980, ambas as partes concordaram em levar a demanda à CIJ.

A corte, por sua vez, rejeitou a reclamação dos EUA, asseverando que o país não comprovou que a companhia detinha valor substancial antes da requisição da propriedade pelo prefeito de Palermo e que

---

[89] INTERNATIONAL COURT OF JUSTICE (ICJ). *Elettronica Sicula SpA (ELSI), United States v Italy*. Judgement 20 jul. 1989. ICJ Reports 1989.

a Raytheon teria sofrido danos em razão disso. Apesar das diversas argumentações entre as partes a respeito da dúvida quanto ao esgotamento dos recursos internos antes de se acionar a CIJ, o ponto decisivo foi a diferenciação levantada pelo tribunal entre os direitos da corporação e os direitos dos acionistas. A Itália afirmava que a propriedade era da empresa ELSI, italiana, e não da corporação Raytheon, e que, por isso, o tratado não se adequava ao caso, porquanto dispunha em seu texto a proteção aos nacionais e às corporações a respeito da aquisição, da posse ou da disposição da propriedade no território da outra parte. Os EUA, por sua vez, afirmaram que os interesses cobriam também a propriedade indireta, incluindo os direitos em relação à sua subsidiária. A CIJ entendeu que os argumentos americanos não foram suficientes.

Como no caso Barcelona Traction, não foi alegada interferência na propriedade por meio de uma expropriação direta, mas sim de uma expropriação disfarçada ou paulatina, em razão dos atos ou das omissões das autoridades italianas. A Itália refutou o pleito alegando que o tratado não abarcava esse tipo de expropriação, haja vista que o termo utilizado na versão italiana do tratado, *espropriazione*, era mais restrito que o termo *taking*, utilizado na versão inglesa. Portanto, a CIJ afastou a demanda asseverando que não era possível analisar a interpretação dos dois protocolos do acordo – nem afirmar que a interferência no investimento levantada como expropriação disfarçada foi resultado de atos ou omissões das autoridades italianas – e, ao mesmo tempo, ignorar o fato de que a situação financeira da ELSI resultou da decisão de seus acionistas de fechar a planta e pôr um fim às atividades.

Segundo Andreas F. Lowenfeld,[90] a importância desses casos levados à CIJ reside no fato de que a corte mostrou pouca propensão a proteger os investidores estrangeiros nas disputas envolvendo seus Estados de origem e os Estados receptores de investimentos, omitindo-se dessa análise. Isso reforçou a busca por outros mecanismos de proteção, em especial um meio que possibilitasse o acesso direto dos investidores à solução de disputas internacional, frente a todos os custos de transação enfrentados – tais como o convencimento do Estado de origem a seguir adiante com a demanda internacionalmente e o esgotamento de recursos internos – e ao longo tempo de duração de uma adjudicação internacional entre Estados.

---

[90] LOWENFELD, Andreas F. *International Economic Law*. 2. ed. Oxford: Oxford University Press, 2008, p. 516-518.

Além disso, as decisões da CIJ revelaram também que as inquietações a respeito das novas formas de interferência na propriedade estavam cada vez mais relevantes e que a expropriação indireta, seja qual fosse a denominação empregada, já gerava forte incômodo, tanto para os investidores quanto para os Estados. Estes tentavam afastá-la, sobretudo, alegando ausência de disposição jurídica a respeito nos acordos vigentes ou falta de precisão na linguagem dos tratados existentes.

Diante desse quadro, durante a segunda metade do século XX foram desenvolvidas algumas tentativas em prol da positivação multilateral de normas internacionais protetivas aos investidores. Nelas, pioneiramente, foram abordadas não somente a tradicional expropriação direta, mas também novas formas de interferência na propriedade, ora em maior, ora em menor grau de profundidade, o que se tornou um importante avanço diante da lacuna normativa multilateral presente no ordenamento jurídico internacional até então.

1.3 Esforços para a multilateralização da proteção internacional dos investimentos

Ao se analisar as diversas ações empreendidas pelos Estados contra a propriedade estrangeira ao longo do século XX, pondera-se que os tratados de amizade, comércio e navegação, bem como os demais acordos bilaterais de proteção de cunho econômico, que serviam como anteparo à intervenção estatal, já não estavam mais sendo suficientemente efetivos para o resguardo dos investidores estrangeiros. Esses instrumentos jurídicos eram amplos demais, não possuíam disposições que representassem outras formas de expropriação que não a direta, sua linguagem era vaga e, tampouco, previam o acesso direto do investidor à solução de controvérsias internacional.

Nesse sentido, surgiram alguns movimentos sucessivos de multilateralização da proteção internacional dos investimentos. Dentre outras disposições, esses instrumentos jurídicos internacionais previam também a proteção da propriedade estrangeira contra modos indiretos ou disfarçados de expropriação, de forma inovadora em comparação com a maneira como essa temática vinha sendo tratada anteriormente. Por esse motivo, e pela importância que tiveram por trazer o assunto da proteção internacional dos investimentos para a pauta negociadora internacional, faz-se necessário pontuar algumas dessas iniciativas.

1.3.1 As tentativas de regulação multilateral de investimentos

Segundo Ely Caetano Xavier Júnior,[91] entre as décadas de 1960 e 1980 houve a primeira onda de multilateralização, em prol da regulação multilateral dos investimentos. Nesse contexto, as iniciativas mais importantes para o presente estudo foram as desenvolvidas no âmbito da OCDE. A primeira delas refere-se ao projeto da Convenção Ab-Shawcross, de 1959, que propugnava princípios fundamentais relativos ao tratamento da propriedade, dos direitos e dos interesses dos estrangeiros, e que estabelecia padrões mínimos de tratamento justo, equitativo e não discriminatório que deveriam reger a propriedade no exterior. Tal documento internacional possuía padrões de tratamento relevantes ao presente estudo, visto que estipulava que nenhuma medida deveria ser efetuada para privar direta ou indiretamente a propriedade do estrangeiro, exceto por meio do devido processo legal. Além disso, se provado que as medidas não eram discriminatórias, estas deveriam ser seguidas do pagamento justo e equitativo de uma compensação, a qual deveria simbolizar o valor genuíno da propriedade afetada, ser realizada de maneira transferível e ser paga sem atrasos indevidos. Ademais, o artigo III dispõs que, se a ação constituísse uma interferência ilegal na propriedade, isso não demonstraria um exercício soberano de pleno direito, uma vez que a medida não atenderia ao interesse público.[92]

A segunda tentativa diz respeito ao Projeto de Convenção para Responsabilidade dos Estados por Danos aos Estrangeiros (Projeto de Convenção de Harvard), de 1961, criado por Sohn e Baxter, da Universidade Harvard. Esse documento e seu sucessor despontaram como iniciativas precursoras para a positivação da expropriação

---

[91] Antes disso, houve um primeiro ensaio preliminar de multilateralização em matéria de investimentos, com as tentativas de criação da Organização Internacional do Comércio (OIC), em que era previsto – nos artigos 11 e 12 da Carta de Havana, em 1948, seu acordo constitutivo – o tratamento do tema "investimentos", e do Projeto de Código Internacional para o Tratamento Justo do Investimento Estrangeiro, de 1949, proposto pela Câmara de Comércio Internacional (CCI) de Paris. Com o insucesso dessas iniciativas, novas tentativas surgiram posteriormente, porém até hoje se vislumbra um vácuo normativo no âmbito multilateral sobre o tema (XAVIER JÚNIOR, Ely Caetano. *A crise do direito internacional dos investimentos*: análise empírica e soluções possíveis. 2018. Tese (Doutorado em Direito Internacional) – Faculdade de Direito, Universidade de São Paulo, São Paulo, 2018, p. 13–26.

[92] SCHWARZENBERGER, Georg. *Foreign Investments and International Law*. New York: Frederick A. Praeger Publishers, 1969, p. 117.

indireta, porquanto foram os primeiros instrumentos multilaterais a se debruçarem de forma mais profunda sobre o tema, fornecendo especificações do que seriam expropriações indiretas e trazendo à baila conceitos baseados em exemplos. Para o referido diploma legal, a tomada da propriedade incluía a apropriação absoluta da propriedade, além de qualquer interferência desmotivada no uso, no gozo ou na disposição desta, por um período razoável após o início da interferência. Esse documento foi relevante também por abordar questões sensíveis sobre a fronteira tênue existente entre uma regulação legítima não compensável e uma expropriação indireta. Haveria, portanto, uma categoria de regulações não compensáveis – isto é, aquelas que resultassem da execução de leis tributárias; de uma mudança geral no valor da moeda; da ação das autoridades competentes do Estado na manutenção da ordem pública, da saúde ou da moralidade; ou do exercício válido de direitos ou de outra forma incidentais relativas ao funcionamento normal das leis do Estado –, as quais não seriam consideradas prejudiciais ao investidor e, nesse caso, não se configurariam como expropriação indireta.[93]

Apesar de relevante, o Projeto de Convenção de 1961 passou por uma revisão, sendo sucedido pelo Projeto da Convenção da Proteção da Propriedade Estrangeira, de 1967, com algumas modificações ao projeto anterior. Primeiramente, no artigo 9º, quando da referência ao termo "propriedade", esta referir-se-ia a todos os bens, direitos e interesses tomados direta ou indiretamente, ficando estipulado no artigo 3º que nenhuma parte tomaria medidas que privassem, direta ou indiretamente, a propriedade de um nacional de outra parte, a menos que fossem justificadas pelo interesse nacional, seguissem o devido processo, não fossem discriminatórias e que fosse paga compensação justa.[94] Nesse contexto, a expropriação indireta foi referida como uma privação, em última instância, do gozo ou do valor da propriedade do

---

[93] CHRISTIE, George C. What Constitutes a Taking of Property under International Law? *British Yearbook of International Law*, Oxford v. 38, nº 38, p. 307–338, 1962, p. 330–332; ORGANISATION FOR ECONOMIC CO-OPERATION AND DEVELOPMENT (OECD). "Indirect Expropriation" and the "Right to Regulate" in International Investment Law. *OECD Working Papers on International Investment*, Paris, nº 2004/04, 2004, p. 7. Disponível em: https://www.oecd.org/daf/inv/investment-policy/WP-2004_4.pdf. Acesso em: 4 jul. 2017.

[94] ORGANISATION FOR ECONOMIC CO-OPERATION AND DEVELOPMENT (OECD). *Draft Convention on the Protection of Foreign Property*. Paris: OECD Publications, 1962, p. 41. Disponível em: http://www.oecd.org/investment/internationalinvestmentagreements/39286571.pdf. Acesso em: 4 jul. 2017.

estrangeiro, sem que fosse identificável, por exemplo, como privação completa, a depender de sua extensão ou de sua duração.

Entretanto, assim como no projeto anterior, foi ressaltado em nota de acompanhamento a esse artigo, que se reconheceria implicitamente o direito soberano de um Estado, mediante lei, de privar os proprietários – incluindo estrangeiros – de bens que se encontrassem em seu território se isso se mostrasse importante para a persecução de seus fins políticos, sociais ou econômicos. Assim sendo, negar tal direito seria uma tentativa de interferir no seu poder de regular, em virtude da sua independência e da sua autonomia, reconhecidas pelo Direito Internacional, e de sua própria existência política e social. Logo, esse direito coexistiria com a obrigação do Estado de respeitar e proteger a propriedade dos estrangeiros, sendo responsável pelo pagamento de compensação quando houvesse uma privação de propriedade.[95] No entanto, em notas sobre a natureza da obrigação e seu escopo, o texto deixa claro que, na versão inglesa, o verbo *to take* não se destinava às medidas regulatórias normais e legais, mas sim, em vez disso, ao abuso de uma regulamentação legal que, em sua aplicação, privaria o proprietário do conteúdo dos seus direitos.[96]

---

[95] ORGANISATION FOR ECONOMIC CO-OPERATION AND DEVELOPMENT (OECD). *Draft Convention on the Protection of Foreign Property*. Paris: OECD Publications, 1962, p. 23–25. Disponível em: http://www.oecd.org/investment/internationalinvestmentagreements/39286571.pdf. Acesso em: 4 jul. 2017.

[96] ORGANISATION FOR ECONOMIC CO-OPERATION AND DEVELOPMENT (OECD). "Indirect Expropriation" and the "Right to Regulate" in International Investment Law. *OECD Working Papers on International Investment*, Paris, nº 2004/04, 2004, p. 8. Disponível em: https://www.oecd.org/daf/inv/investment-policy/WP-2004_4.pdf. Acesso em: 4 jul. 2017. De acordo com a nota explicativa ao artigo 3º: "3. *Taking of Property (a) In the case of direct deprivation ('expropriation' or 'nationalization') the loss of the property rights concerned is the avowed object of the measure. By using the phrase 'to deprive... directly or indirectly...' in the text of the Article it is, however, intended to bring within its compass any measures taken with the intent of wrongfully depriving the national concerned of the substance of his rights and resulting in such loss (e.g., prohibiting the national to sell his property or forcing him to do so at a fraction of the fair market price) (b) Article 3 deals with deprivation of property. Protection against wrongful interference with its use by unreasonable or discriminatory measures is, in principle, provided in Article 1. Yet such interference might amount to indirect deprivation. Whether it does, will depend on its extent and duration. Though it may purport to be temporary, there comes a stage at which there is no immediate prospect that the owner will be able to resume the enjoyment of his property. Thus, in particular, Article 3 is meant to cover 'creeping nationalization', recently practiced by certain States. Under it, measures otherwise lawful are applied in such a way as to deprive ultimately the alien of the enjoyment or value of his property, without any specific act being identifiable as outright deprivation. As instances may be quoted excessive or arbitrary taxation; prohibition of dividend distribution coupled with compulsory loans; imposition of administrators; prohibition of dismissal of staff; refusal of access to raw materials or of essential export or import licenses (c) The taking of property, within the meaning of the Article, must result in a loss of title or substance - otherwise a claim will not*" (ORGANISATION FOR ECONOMIC

Ainda, faz-se necessário frisar que, assim como no projeto de tratado de 1961, o projeto de Convenção de 1967 exemplifica, na nota explicativa ao artigo 3º, item 3 (b), casos que se encaixariam no conceito de expropriação indireta, tais como tributação excessiva ou arbitrária, proibição de distribuição de dividendos, interferência em empréstimos compulsórios, imposições aos administradores, proibições de acesso da equipe e recusa ao acesso às matérias-primas ou às licenças essenciais para exportar ou importar.[97] Outrossim, apesar dos grandes avanços conceituais em termos de detalhamento presentes no texto desse documento, o projeto de Convenção de Proteção da Propriedade Estrangeira de 1967 nunca foi aberto para assinaturas. Em parte, isso ocorreu, à época, por falta de apoio de alguns países-membros menos desenvolvidos da OCDE, como Portugal, Grécia e Turquia. Todavia, tais documentos ainda são considerados como molduras jurídicas de referência para a produção de novos acordos internacionais de investimentos[98] e para consulta quando surgem dúvidas a respeito do tema.

A partir de então, outras iniciativas multilaterais esparsas de regulação da proteção aos investidores e suas propriedades estrangeiras também tentaram abordar o tema, sem jamais terem sido tão claras e específicas quanto o documento de 1967. Houve uma segunda onda de multilateralização, no final dos anos 1980 e no início dos anos 1990, oportunidade em que o tema já era mais difundido, o que fez com que fosse abordado por diversos organismos internacionais.

Dentre as tentativas realizadas nesse período, destaca-se o projeto de Código de Conduta para Corporações Transnacionais, liderado pela ONU, de 1986, que se referiu à expropriação indireta apenas quando estabeleceu que a expropriação corresponderia a qualquer tomada de

---

CO-OPERATION AND DEVELOPMENT (OECD). *Draft Convention on the Protection of Foreign Property*. Paris: OECD Publications, 1962, p. 18–19. Disponível em: http://www.oecd.org/investment/internationalinvestmentagreements/39286571.pdf. Acesso em: 4 jul. 2017).

[97] HOFFMANN, Anne K. Indirect Expropriation. *In*: REINISCH, August (org.).*Standards of Investment Protection*. Oxford: Oxford University Press, 2008, p. 151–170, p. 155; ORGANISATION FOR ECONOMIC CO-OPERATION AND DEVELOPMENT (OECD). *Draft Convention on the Protection of Foreign Property*. Paris: OECD Publications, 1962, p. 19. Disponível em: http://www.oecd.org/investment/internationalinvestmentagreements/39286571.pdf. Acesso em: 4 jul. 2017; SCHWARZENBERGER, Georg. *Foreign Investments and International Law*. New York: Frederick A. Praeger Publishers, 1969, p. 162.

[98] XAVIER JÚNIOR, Ely Caetano. *A crise do direito internacional dos investimentos*: análise empírica e soluções possíveis. 2018. Tese (Doutorado em Direito Internacional) – Faculdade de Direito, Universidade de São Paulo, São Paulo, 2018, p. 16.

propriedade, direta ou indiretamente. Nesse caso, foi realizada uma simples menção, sem que houvesse qualquer especificação.

Mais adiante, as Diretrizes do Banco Mundial no Tratamento dos Investimentos Estrangeiros Diretos, de 1992, também tentaram abordar o tema, abarcando em seu escopo expropriações ou medidas com efeitos similares para referir-se a esse tipo de interferência indireta, menção ainda mais vaga. Por fim, o Projeto de Acordo Multilateral de Investimentos (MAI), de 1998, liderado pela OCDE, também fez menção à expropriação indireta ao abordar as medidas com efeito equivalente à expropriação. Apesar de não prescrever expressamente a expropriação indireta, a expressão "medidas equivalentes" tem sido entendida pela doutrina e pelos tribunais de investimento como se expropriação indireta fosse. O MAI, no entanto, não alcançou sucesso, dentre outros motivos, devido à sua estrutura extremamente protetiva dos investimentos, à falta de participação de outros grupos de interesse no desenvolvimento do acordo, bem como à ausência de consenso entre os próprios membros da OCDE a respeito da questão.

Desse modo, infere-se que a primeira onda de tentativas de multilateralização foi um movimento muito mais significativo que a segunda, em grande parte em razão de propugnar tratados com linguagem mais clara e precisa, definir a expropriação indireta e mais: distingui-la do que seriam medidas legítimas, exemplificando-as. Todos esses esforços foram realizados para que se tentasse afastar quaisquer dúvidas ou incertezas a respeito da matéria, ao menos em um primeiro momento. A segunda onda de multilateralização teve sua importância ao evitar que o tema fosse deixado totalmente de lado, porém sua inclusão no arcabouço jurídico internacional foi aquém do esperado, diante dos passos mais assertivos das iniciativas anteriores. Esperava-se que, diante da crescente incidência de regulações estatais interferindo nos direitos de propriedade dos investidores, sem o pagamento de devida compensação, novas propostas multilaterais trouxessem a clareza que se esperava alcançar a respeito dessas novas formas indiretas de intervenção na propriedade dos investidores estrangeiros diante dos esforços negociadores anteriores.

1.3.2 Iniciativas de outras áreas que também tratam da proteção da propriedade estrangeira

Apesar das falhas em se alcançar uma regulação multilateral a respeito da proteção dos investimentos estrangeiros que abordasse a intervenção estatal na propriedade privada, seja da forma tradicional direta, seja diante das novas formas de interferência verificadas, inclusive pelas cortes internacionais, surgiram, em paralelo, outras diretrizes jurídicas internacionais que, por vezes, analisam o tema. De forma ampla, a Declaração Universal de Direitos Humanos, de 1948, consagrou o direito à propriedade, assim como o Primeiro Protocolo da Convenção Europeia de Direitos Humanos,[99] de 1952, a Convenção Americana de Direitos Humanos, de 1969, e a Carta Africana dos Direitos Humanos e dos Povos (Carta de Banjul), de 1981.[100] Em todos esses casos, mecanismos de solução de controvérsia regionais e multilaterais poderão ser acionados caso haja desrespeito ao direito de propriedade.

Ressalta-se que a Declaração Universal, o Protocolo da Convenção Europeia e a Carta de Banjul não fazem menção à compensação por violações ao direito de propriedade, porém a Convenção Americana prevê no artigo 21, item 2, o direito à indenização quando uma pessoa é privada de seus bens por motivo de utilidade pública ou interesse social e em casos específicos previstos em lei.[101]

Isso ocorreu, por exemplo, no caso Sporrong and Lönnroth v. Sweden,[102] no início da década de 1980, perante a Corte Europeia de Direitos Humanos (CEDH). Esse foi o primeiro caso em que a corte discutiu a proteção da propriedade em detalhes, interpretando que, de acordo com o Primeiro Protocolo Adicional da Convenção Europeia de Direitos Humanos, o gozo pacífico da propriedade encontra-se cristalizado e a privação deste sujeita-se a certas condições, quais sejam: (i) legalidade; (ii) interesse público; (iii) conformidade com os princípios gerais do Direito Internacional; e (iv) proporcionalidade.

---

[99] EUROPE. Council of Europe. *Protocol nº 1 to the Convention*. 1952. Disponível em: https://www.coe.int/en/web/echr-toolkit/protocole-1. Acesso em: 3 fev. 2019.

[100] BISHOP, R. Doak; CRAWFORD, James; REISMAN, William Michael (org.). *Foreign Investment Disputes*: Cases, Materials and Commentary. The Hague: Kluwer Law International, 2005, p. 6; FABRI, Hélène Ruiz. The Approach Taken by the European Court of Human Rights to the Assessment of Compensation for "Regulatory Expropriations" of the Property of Foreign Investors. *New York University Environmental Law Journal*, New York, v. 11, nº 1, p. 148–173, 2002.

[101] ORGANIZAÇÃO DOS ESTADOS AMERICANOS (OEA). Comissão Interamericana de Direitos Humanos (CIDH). *Convenção Americana sobre Direitos Humanos*. Costa Rica, 22 nov. 1969, artigo 21, item 2. Disponível em: https://www.cidh.oas.org/basicos/portugues/c.convencao_americana.htm. Acesso em: 3 fev. 2019.

[102] EUROPE. European Court of Human Rights. *Sporrong & Lönnrot v. Sweden*. Judgement 18 dez. 1984. ECHR Reports, 1984.

Assim, os Estados têm o condão de controlar o direito de uso da propriedade de acordo com o interesse geral, aplicando as leis que julgarem necessárias para esse propósito, contanto que respeitem os princípios gerais de Direito Internacional. Ademais, ressalta-se que os Estados têm ampla discrição sobre o que pode ser considerado de interesse público, sendo este entendido como a persecução de um objetivo legítimo, como o propósito de justiça social. Nesse caso, admite-se que algumas pessoas tenham seus direitos restritos em prol do ganho de outras. Quanto ao teste de proporcionalidade aplicado pela CEDH, este exige que o Estado demonstre que alcançou um equilíbrio justo entre o direito do indivíduo e o interesse público. Contudo, ressalva-se que esse equilíbrio não será alcançado caso o indivíduo (ou empresa) tenha de arcar com um ônus excessivo ou não possua – ou tenha poucos – meios processuais para enfrentar a privação.

Destaca-se que o artigo 1º do Primeiro Protocolo Adicional à Convenção não menciona o instituto da expropriação expressamente. Em vez disso, refere-se à "privação de propriedade" de maneira ampla.[103] Segundo Hélène Ruiz Fabri,[104] faz-se necessário destacar que a noção de "privação" inclui a expropriação formal e a *de facto*. Na percepção da corte, no caso de uma expropriação formal, os direitos de propriedade móvel ou imóvel são transferidos do proprietário para o Estado de forma direta. Já na expropriação *de facto*, há uma situação em que não há transferência formal de propriedade, sendo que os efeitos das medidas específicas são os de interferência nos direitos de propriedade, equivalendo a uma privação.[105] Por exemplo, a revogação de uma permissão que tira todo o uso significativo da propriedade pelo seu proprietário poderia ser considerada uma privação, segundo o artigo 1º.

---

[103] FABRI, Hélène Ruiz. The Approach Taken by the European Court of Human Rights to the Assessment of Compensation for "Regulatory Expropriations" of the Property of Foreign Investors. *New York University Environmental Law Journal*, New York, v. 11, nº 1, p. 148–173, 2002, p. 155.

[104] FABRI, Hélène Ruiz. The Approach Taken by the European Court of Human Rights to the Assessment of Compensation for "Regulatory Expropriations" of the Property of Foreign Investors. *New York University Environmental Law Journal*, New York, v. 11, nº 1, p. 148–173, 2002, p. 156.

[105] No original, de acordo com a CEDH no caso Papamichalopoulos v. Greece: "45. *The Court considers that the loss of all ability to dispose of the land in issue, taken together with the failure of the attempts made so far to remedy the situation complained of, entailed sufficiently serious consequences for the applicants de facto to have been expropriated in a manner incompatible with their right to the peaceful enjoyment of their possessions. 46. In conclusion, there has been and there continues to be a breach of Article 1 of Protocol No. 1 (P1-1)*" (EUROPE. European Court of Human Rights. *Papamichalopoulos v. Greece*. Judgement 24 jun. 1993. ECHR Reports, 1993, parágrafos 45–46).

Faz-se necessário notar que o entendimento da CEDH se conecta com a premissa pragmática de que se deve analisar além das aparências e das formalidades legais da norma e focar na investigação da real situação para determinar se há ou não expropriação *de facto*.[106] A corte também se posiciona afastando restrições de direitos, privações temporárias ou apenas ameaças de iminente expropriação da seara da expropriação *de facto*. Isso porque, se os direitos de propriedade não desapareceram, mas somente foram substancialmente reduzidos, e se a situação não é irreversível, não se pode visualizar a privação sob a égide do artigo 1º do Primeiro Protocolo.

Ademais, a CEDH também destaca que a privação da propriedade, nos termos do artigo 1º, deve resultar de uma medida específica, afastando a incidência quando se tratar de legislação geral.[107] Ainda, apesar de esse artigo não incluir regras sobre compensação, a Comissão Europeia de Direitos Humanos e a corte reconhecem que, para a efetivação da garantia dos direitos de propriedade, deve-se incluir o direito a compensação, pelo menos em princípio.

De acordo com Fabri,[108] o Estado tem ampla margem de apreciação em relação ao nível de compensação. Entretanto, houve questionamentos a respeito da distinção de tratamento entre europeus e estrangeiros no que se refere ao pagamento de compensação. A corte entendeu, no caso Lithgow v. United Kingdom,[109] que o princípio de Direito Internacional envolvendo compensação pronta, adequada e efetiva aplicar-se-ia somente aos estrangeiros, já que, em seu ponto de vista, esses princípios são aplicados apenas a não nacionais, os quais são mais vulneráveis às legislações nacionais.

---

[106] EUROPE. European Court of Human Rights. *Sporrong & Lönnrot v. Sweden*. Judgement 18 dez. 1984. ECHR Reports, 1984.
[107] FABRI, Hélène Ruiz. The Approach Taken by the European Court of Human Rights to the Assessment of Compensation for "Regulatory Expropriations" of the Property of Foreign Investors. *New York University Environmental Law Journal*, New York, v. 11, nº 1, p. 148–173, 2002, p. 157.
[108] Ressalta-se que, para o estabelecimento do nível de compensação, deve haver um grau razoável de proporcionalidade com o valor da propriedade em si. Além disso, os Estados têm ampla margem de apreciação quanto ao nível de compensação (FABRI, Hélène Ruiz. The Approach Taken by the European Court of Human Rights to the Assessment of Compensation for "Regulatory Expropriations" of the Property of Foreign Investors. *New York University Environmental Law Journal*, New York, v. 11, nº 1, p. 148–173, 2002, p. 172).
[109] EUROPE. European Court of Human Rights. *Lithgow v. United Kingdom*. Judgement 8 jul. 1986, parágrafos 113 e 119.

No entanto, segundo Ursula Kriebaum,[110] a principal diferença entre o Direito dos Investimentos e a abordagem da CEDH é que o teste de proporcionalidade no sistema dos Direitos Humanos não é utilizado para decidir se uma expropriação ocorreu ou não. Ele é utilizado para avaliar se houve um equilíbrio adequado entre o interesse do Estado em interferir e o interesse da pessoa atingida pela interferência em ter sua propriedade protegida. Esse teste pode levar a uma situação em que um proprietário ou investidor recebe compensação menor que o valor justo de mercado. Esse será o caso se houver um interesse especial do Estado em interferir e ao mesmo tempo se as causas não demandarem ônus excessivo para o indivíduo. Assim sendo, a distinção reside nas consequências econômicas da expropriação, porquanto o teste de proporcionalidade na seara da CEDH pode alcançar um resultado com mais nuances, particularmente sobre o montante de compensação.

Nesse diapasão, apesar de esforços positivos nesse sentido e do reconhecimento da proteção do direito individual de propriedade, os acordos multilaterais e regionais de direitos humanos, bem como os mecanismos de solução de controvérsias designados por eles, ainda não são o arcabouço jurídico mais apropriado para a proteção dos investidores estrangeiros e de sua propriedade. O escopo de proteção da propriedade privada como direito individual é deveras amplo nesses instrumentos, transferindo para os órgãos centralizados de solução de disputas a função de interpretar os documentos de modo a firmar se os investidores estrangeiros também são abrangidos por essa proteção ou não, qual forma de expropriação ocorreu, se ao investidor é devida compensação e como se dará o seu cálculo. Logo, caberá aos juízes desses órgãos adjudicatórios o papel de esclarecer a proteção dos investidores estrangeiros contra intervenções em sua propriedade. Contudo, nuances como o teste de proporcionalidade no âmbito da CEDH demonstram que a real intenção dos sistemas de Direitos Humanos não é analisar se a expropriação ocorreu ou não, mas sim se esta foi justificada.[111] Isso pode interferir nos direitos de compensação, os quais poderão ser menores que o valor de mercado do investimento, prejudicando o investidor.

---

[110] KRIEBAUM, Ursula. Regulatory Takings: Balancing the Interests of the Investor and the State. *Journal of World Investment & Trade*, Leiden, v. 8, nº 5, p. 717–744, 2007, p. 730.

[111] KRIEBAUM, Ursula. Regulatory Takings: Balancing the Interests of the Investor and the State. *Journal of World Investment & Trade*, Leiden, v. 8, nº 5, p. 717–744, 2007, p. 728.

Outrossim, considerando o caráter dos sistemas de Direitos Humanos, de fato não se espera que sejam tão específicos e orientados para a proteção dos investidores estrangeiros como seriam os próprios acordos provenientes do regime internacional do Direito dos Investimentos, pois, mesmo que respeitem o princípio referente ao direito à propriedade, eles são limitados.

Porém, destaca-se que o dever de compensação – que foi disposto pela Convenção Americana de Direitos Humanos e também arguido pela CEDH – e a atuação da CEDH ao reconhecer, desde a década de 1990, a existência de outras formas de interferência na propriedade – referida, por exemplo, no caso Papamichalopoulos v. Greece como expropriação *de facto* –, demonstram uma abertura da ordem jurídica internacional, no final do século XX, para a matéria.

Desse modo, considerando todo o contexto do Pós-Segunda Guerra Mundial apresentado, concluía-se ainda ser necessária a busca por instrumentos jurídicos internacionais que melhor protegessem os investidores estrangeiros, provendo direitos e garantias mais focados e robustos. Nesse contexto estavam presentes: (i) a falha em se alcançar consenso na adoção de normas jurídicas multilaterais sobre proteção dos investimentos; (ii) o fato de instrumentos jurídicos internacionais cunhados em outras áreas não suprirem com robusteza a falta de um acordo multilateral; (iii) o afastamento da jurisdição da CIJ da análise de outras formas de expropriação; e (iv) a contínua dependência da proteção diplomática e do esgotamento de recursos internos para se elevar a disputa ao nível adjudicatório internacional.

Somada a esses fatores, estava a eclosão de cada vez mais regulações quotidianas ambíguas que afetavam de alguma forma os investimentos estrangeiros nos Estados receptores, apresentando efeitos deletérios nos direitos de propriedade. Porém, desde essa época, a maior dificuldade que se instalava era definir quais regulações seriam compensáveis ou não, visto que se tratava de assunto essencialmente doméstico. Tudo isso contribuiu, portanto, para o surgimento de uma outra via, a qual foi se pavimentando lentamente e, hoje em dia, tornou-se o caminho majoritário para a proteção dos investimentos estrangeiros.

1.4 A escolha natural pela bilateralização

Diante desse frágil cenário, a opção natural e que passou a ser mais incentivada para se garantir a proteção internacional dos investimentos estrangeiros, sobretudo contra interferências na propriedade estrangeira, foi a bilateral. No entanto, apesar de os tratados de amizade, comércio e navegação ainda existirem,[112] eles mostravam-se antiquados frente aos novos desafios. Primeiro, porque, apesar de esses acordos terem logrado mais sucesso em sua negociação em países como Alemanha, EUA, Países Baixos e Reino Unido do que em outros, sua importância foi reduzida a partir da assinatura do *General Agreement on Trade and Tariffs* (GATT) em 1947, marco regulatório do sistema multilateral do comércio, que foi sucedido, em 1994, pelo Tratado de Marraquexe, que criou a Organização Mundial do Comércio (OMC). Segundo, porque esses acordos não se mostravam suficientes frente às novas formas de interferência nos investimentos estrangeiros, com disposições limitadas e pouco efetivas para auferir mais proteção ao investidor.

A solução se sucedeu, a partir do final da década de 1950, por meio da proliferação dos APPRIs, consubstanciados principalmente pela espécie de BITs. Inaugurava-se uma nova fase para o Direito Internacional dos Investimentos, intrinsecamente conectada com os processos de liberalização econômica, de descolonização afro-asiática, de massivas expropriações pelos países em desenvolvimento e de pressão das companhias transnacionais sobre seus Estados de origem por mais proteção.

Os BITs foram desenvolvidos por meio de um arranjo de cláusulas que prescreveriam, proscreveriam e/ou autorizariam comportamentos[113] e regeriam a relação triangular[114] entre o Estado exportador de capital, o Estado importador de investimentos e o investidor privado, orientada acima de tudo pela segurança jurídica internacional.[115]

---

[112] BROWN, Chester. I. The Evolution of the Regime of International Investment Agreements: History, Economics and Politics. Chapter 4: International Investment Agreements – History, Approaches, Schools. *In*: BUNGENBERG, Marc; GRIEBEL, Jörn; HOBE, Stephan; REINISCH, August (ed.). *International Investment Law*. Baden-Baden: Nomos, 2015, p. 153-185, p. 156.

[113] KOREMENOS, Barbara; LIPSON, Charles; SNIDAL, Duncan. The Rational Design of International Institutions. *In*: KOREMENOS, Barbara; LIPSON, Charles; SNIDAL, Duncan (org.). *The Rational Design of International Institutions*. Cambridge: Cambridge University Press, 2004, p. 1–39, p. 2.

[114] UNITED NATIONS (UN). United Nations Conference on Trade and Development (UNCTAD). *International Investment Agreements*: Key Issues. New York: United Nations, 2005, v. 3, p. 2. Disponível em: https://unctad.org/system/files/official-document/iteiit200410v3_en.pdf. Acesso em: 30 jun. 2018.

[115] GABRIEL, Vivian Daniele Rocha. *A proteção jurídica dos investimentos brasileiros no exterior*. São Paulo: Lex Editora: Aduaneiras, 2017, p. 35.

Esses acordos são, até hoje, normalmente negociados entre um país desenvolvido, exportador de capital, em busca de mais proteção jurídica frente a situações imprevisíveis com que pudesse se deparar durante o processo de internacionalização, e um país em desenvolvimento, receptor de investimentos e ávido para atrair capital e fomentar seu desenvolvimento econômico.

Esse sistema de arranjos bilaterais foi inaugurado com o BIT entre Alemanha e Paquistão, de 1959, gestado, em primeiro plano, para a proteção dos nacionais alemães contra riscos políticos no exterior, apesar de sua reciprocidade. Outros Estados predominantemente exportadores de capital acompanharam a iniciativa, tais como Suíça, em 1961; Países Baixos, em 1963; Suécia e Dinamarca, em 1965; França, em 1972; Reino Unido, em 1975; e EUA, em 1977,[116] sucedendo-se a proliferação desse regime por vários outros Estados nas décadas seguintes.

De acordo com Jeswald Salacuse e Nicholas Sullivan,[117] os objetivos desses tratados concentram-se na: (i) promoção, ou seja, atração de mais investimentos; (ii) proteção ao investidor no caso de ações arbitrárias ou discriminatórias que afetem seus direitos de propriedade ou comprometam suas atividades; e (iii) liberalização, facilitando a entrada e a operação dos investimentos em território estrangeiro. Em que pese a semelhança entre esses instrumentos jurídicos internacionais, cada Estado normalmente tem um padrão específico de acordo, o qual variará conforme a real intenção das partes, seus objetivos e a disposição do desenho do acordo. Dessa forma, a depender desses três elementos, a essência do tratado poderá ser mais liberal ou mais protetiva.[118]

---

[116] BROWN, Chester. I. The Evolution of the Regime of International Investment Agreements: History, Economics and Politics. Chapter 4: International Investment Agreements – History, Approaches, Schools. *In*: BUNGENBERG, Marc; GRIEBEL, Jörn; HOBE, Stephan; REINISCH, August (ed.). *International Investment Law*. Baden-Baden: Nomos, 2015, p. 153-185, p. 179; VANDEVELDE, Kenneth J. A Brief History of International Investment Agreements. *U.C. Davis Journal of International Law & Policy*, Davis, v. 12, nº 1, p. 157–194, 2005, p. 169.

[117] SALACUSE, Jeswald W.; SULLIVAN, Nicholas P. Do Bits Really Work? An Evaluation of Bilateral Investment Treaties and their Grand Bargain. *Harvard International Law*, Cambridge, v. 46, nº 1, p. 67–130, inverno 2005.

[118] KLOSS, Karla. *Investimentos estrangeiros*: regulamentação internacional e acordos bilaterais. Curitiba: Juruá, 2010, p. 53; NEUMAYER, Eric; SPESS, Laura. Do Bilateral Investment Treaties Increase Foreign Direct Investment to Developing Countries? *In*: LSE Research Online: base de dados. 2005. Disponível em: http://eprints.lse.ac.uk/archive/00000627. Acesso em: 2 maio 2019.

Kenneth Vandevelde[119] ressalta que a maior difusão dos BITs se deu a partir do final dos anos 1980, no que ele próprio denomina de "era global", em razão de um contexto de globalização mais intensificada e do abandono de hostilidades dos países em desenvolvimento em relação a esses instrumentos, o que por anos foi um fator de resistência à sua disseminação. Isso ocorreu, principalmente, em razão do entusiasmo desses países em atrair mais capital estrangeiro, o que se conectava com o direcionamento que pairava à época de que, fornecendo um ambiente mais seguro aos investidores, por meio da proteção jurídica conferida pelos BITs, mais investimentos adentrariam em seus territórios. Isso desencadeou um *race-to-the-bottom* para a atração de investimentos pelas nações em desenvolvimento e uma explosão do número de BITs negociados,[120] assim como outros acordos bilaterais ou regionais que englobam o tema, o que se reflete, nos dias de hoje, nos mais de 3.000 APPRIs assinados.

Esse número representa a atual fase de difusão desses acordos, inserida em uma era pós-global, marcada pelo adensamento do regime internacional de proteção dos investimentos e pela ampliação de previsão e utilização de mecanismos centralizados arbitrais para resolver disputas entre investidores e Estados. Nesse sentido, a Convenção de Washington, de 1965, foi fundamental para o desenvolvimento do regime do Direito Internacional dos Investimentos, pois criou o International Centre for Settlement of Investment Disputes (ICSID),[121] sob os auspícios do Banco Mundial. O ICSID detém o *status* de organização internacional, com personalidade jurídica de Direito Internacional, e tem por objetivo administrar procedimentos de conciliação e arbitragem entre investidores e Estados, deslocando-os do âmbito doméstico para a arbitragem investidor-Estado. Nesta, é possível o acesso direto do

---

[119] VANDEVELDE, Kenneth J. A Brief History of International Investment Agreements. *U.C. Davis Journal of International Law & Policy*, Davis, v. 12, nº 1, p. 157–194, 2005, p. 169.

[120] Ressalta-se que, até 1990, o número de BITs em vigor era 355. Já em 2000, esse número evoluiu para 1.633 BITs. Segundo o Investment Policy Hub da UNCTAD, em 2019 já são 2.346 BITs em vigor (UNITED NATIONS (UN). United Nations Conference on Trade and Development (UNCTAD). Investment Policy Hub. *International Investment Agreements Navigator*. [2022]. Disponível em: https://investmentpolicy.unctad.org/international-investment-agreements. Acesso em: 4 jul. 2022; UNITED NATIONS (UN). United Nations Conference on Trade and Development (UNCTAD). *The Entry into Force of Bilateral Investment Treaties (BITs)*. New York: United Nations, 2006. (IIA Monitor, nº 3). Disponível em: https://unctad.org/en/Docs/webiteiia20069_en.pdf. Acesso em: 29 jan. 2019, p. 3.

[121] Em português, Centro Internacional para Resolução de Disputas sobre Investimentos (CIRDI). Optou-se pela utilização do termo em inglês – ICSID – no corpo do texto em função de sua ampla difusão.

investidor, sem que dependa de seu Estado para interpor a demanda em seu nome. Apesar de não ser a única opção que administra arbitragens investidor-Estado – visto que também podem ser conduzidas por arbitragens institucionais no âmbito da Câmara de Comércio Internacional (CCI), de Paris, ou da Câmara de Comércio de Estocolmo (CCE), por exemplo –, o ICSID ainda é considerado o principal organismo a exercer essa função, e sua criação é vista como uma quebra de paradigmas na ordem internacional.

O século XX, portanto, foi marcado pela criação e pela difusão dos primeiros padrões de proteção bilateral de investimento. A negociação procedia com base em um modelo de acordo, normalmente delineado pelos países desenvolvidos. Os primeiros acordos foram baseados, em alguma proporção, nas disposições presentes no Projeto de Convenção para Responsabilidade dos Estados por Danos aos Estrangeiros, de 1961, o que demonstra sua forte influência, apesar de não ter sido ratificado.[122]

Salienta-se que o contexto de surgimento dos BITs coincidia com o da expansão das ondas de expropriação das décadas de 1960 e 1970, o que também influenciou vários países, levando-os a iniciarem programas domésticos para o desenvolvimento de seus próprios arranjos de acordos, como Reino Unido (1975), Áustria (1976), Japão (1977) e EUA (1977). A configuração dos primeiros BITs, que se manteve como moldura prevalecente até meados da década de 1990, era essencialmente protetiva, com disposições substantivas, como: (i) definições de investimento e investidor; (ii) escopo de aplicação; (iii) admissão e estabelecimento; (iv) tratamento nacional, tratamento da nação mais favorecida e tratamento justo e equitativo; (v) expropriação; (vi) compensação; (vii) transferência de fundos; e (viii) resolução de conflitos (entre Estados e entre investidor e Estado).[123]

Dois pontos importantes merecem ser mencionados. O primeiro diz respeito à cláusula de expropriação, que nos BITs tradicionais mencionava apenas a expropriação direta e, a partir dos anos 1980, passou a

---

[122] BROWN, Chester. I. The Evolution of the Regime of International Investment Agreements: History, Economics and Politics. Chapter 4: International Investment Agreements – History, Approaches, Schools. *In*: BUNGENBERG, Marc; GRIEBEL, Jörn; HOBE, Stephan; REINISCH, August (ed.). *International Investment Law*. Baden-Baden: Nomos, 2015, p. 153-185, p. 180.

[123] BISHOP, R. Doak; CRAWFORD, James; REISMAN, William Michael (org.). *Foreign Investment Disputes*: Cases, Materials and Commentary. The Hague: Kluwer Law International, 2005, p. 10; SORNARAJAH, M. *The International Law on Foreign Investment*. 2. ed. New York: Cambridge University Press, 2004, p. 207-217.

dar abertura para outros tipos de interferência ao mencionar a proibição de medidas com efeitos similares ou equivalentes à expropriação. Logo, até meados da década de 1990 a expropriação indireta não era claramente prescrita, o que demandava que o esclarecimento sobre sua incidência sempre partisse dos árbitros. O segundo ponto refere-se à solução de controvérsias. O primeiro BIT a prever a solução de controvérsias com base na arbitragem investidor-Estado foi o BIT entre Itália e Chade, de 1969. A partir de então, são concebidos maciçamente arranjos de acordos com a incidência de um mecanismo de solução de controvérsias formal centralizado, que pode ser acionado tanto por Estados quanto por investidores. Em razão de suas características, a consolidação desse sistema de solução de controvérsias passaria, portanto, a influenciar o comportamento e o comprometimento das partes, bem como o cumprimento dos acordos, uma vez que o Estado demandado sofreria todos os ônus de um procedimento adjudicatório, não teria o direito de recorrer do laudo final – porquanto a decisão na arbitragem de investimentos é final – e, se condenado, teria de pagar indenização com base em severos montantes indenizatórios.

Contemporaneamente, vislumbra-se um processo contínuo e intenso de proliferação de acordos de investimentos. Entretanto, eles não se limitam mais à espécie BIT; também passaram a abranger outros acordos internacionais de investimentos ou tratados com dispositivos sobre investimentos (em inglês, *Treaties with Investment Provisions* – TIPs). Segundo a United Nations Conference on Trade and Development (UNCTAD),[124] em seus últimos relatórios anuais sobre a proliferação de investimentos no mundo, esses instrumentos jurídicos internacionais englobam as categorias: (i) acordos-quadro de cooperação,[125] com normas gerais que são voltadas para a cooperação e a negociação posterior de acordos internacionais, mas não contêm disposições substantivas de proteção ao investimento; (ii) acordos com dispositivos limitados,[126] que se restringem a incluir alguns aspectos do Direito dos Investimentos, tais como tratamento nacional e nação

---

[124] UNITED NATIONS (UN). United Nations Conference on Trade and Development (UNCTAD). *World Investment Report 2018*: Investment and New Industrial Policies. Geneva: United Nations, 2018, p. 89.

[125] Figuram nessa espécie o *Paraguay–United States Trade and Investment Framework Agreement* (TIFA) e o *Chile–Indonesia Comprehensive Economic Partnership Agreement* (IC-CEPA).

[126] Nesse caso, cita-se o *Armenia–EU Comprehensive and Enhanced Partnership Agreement* (CEPA).

mais favorecida, no que diz respeito ao direito de estabelecimento de empresas no exterior, ou disposições sobre a livre circulação de capitais, relacionadas com investimentos externos diretos; (iii) acordos com estrutura similar à dos BITs, incluindo padrões substantivos de proteção, como é o caso dos capítulos sobre investimento no bojo de acordos preferenciais de comércio, tais como o NAFTA, a Carta da Energia ou os acordos megarregionais, os quais frequentemente reproduzem a moldura dos BITs;[127] e (iv) acordos com disposições que enfatizam a promoção e a facilitação de investimentos, bem como a proteção ao investimento, embora não haja cláusula de solução de controvérsias investidor-Estado.[128]

Outro ponto a ser destacado é a proliferação de acordos de investimento Sul-Sul. Esse fenômeno despontou a partir dos anos 2000, com a internacionalização do capital de alguns países em desenvolvimento emergentes, os quais, ao se sentirem vulneráveis no ambiente externo, passaram a envidar esforços para a proteção de seus investimentos.[129] Assim, o que ainda deve ser considerado elemento essencial não é a classificação de um país em desenvolvido ou não, mas a existência de relação de direcionamento de capital de um Estado a outro, por meio de investimentos internacionais. Entretanto, segundo as premissas expostas por Zachary Elkins, Andrew Guzman e Beth Simmons,[130] é aconselhável que a relação detenha ao menos uma parte com considerável aporte de capital, para que o instrumento não seja fadado à irrelevância por não haver capital suficiente para que uma parte invista

---

[127] Esse é o caso do CPTPP, que é muito similar ao modelo de acordo de investimentos dos EUA de 2012, com algumas exceções, e dos demais acordos preferenciais de comércio firmados pelos Estados Unidos com diversos parceiros.

[128] Por exemplo, os *Acordos de Cooperação e Facilitação de Investimentos* (ACFIs), firmados pelo Brasil desde 2015. Nesse ensejo, em 2017, foi assinado, o *Protocolo de Cooperação e Facilitação de Investimentos do Mercado Comum do Sul* (Mercosul), com disposições que cuidam dos investimentos intra-MERCOSUL.

[129] Segundo Kate Miles, há dois tipos de acordo Sul-Sul emergindo. O primeiro reproduz a dinâmica de imposição já preconizada pelos acordos norte-sul tradicionais e expõe o Estado receptor a desafios de grande alcance para os investidores. O segundo reflete mais as necessidades dos Estados importadores de capital, reforçando o *policy space* dos Estados para a implementação de iniciativas sociais, ambientais, econômicas e relativas ao desenvolvimento do Estado receptor (MILES, Kate. *The Origins of International Investment Law*: Empire, Environment and the Safeguarding of Capital. Cambridge: Cambridge University Press, 2013, p. 93).

[130] ELKINS, Zachary; GUZMAN, Andrew T.; SIMMONS, Beth. Competing for Capital: The Diffusion of Bilateral Investment Treaties, 1960–2000. *University of Illinois Law Review*, Champaign, nº 1, p. 265–304, 2008. Disponível em: https://scholarship.law.upenn.edu/cgi/viewcontent.cgi?article=2676&context=faculty_scholarship. Acesso em: 13 ago. 2022.

na outra. Entre os países que têm proliferado modelos de acordos Sul-Sul ressaltam-se a China, o Brasil[131] e a Índia.

Assim sendo, como marca de um processo evolutivo em ascensão, de um único arquétipo de tratado que buscava regular, mesmo de forma mais limitada, a proteção dos investimentos estrangeiros, atualmente existe uma miríade de acordos que assumem esse papel. Os APPRIs, portanto, tornaram-se um dos grandes pilares do Direito Internacional dos Investimentos, juntamente com a arbitragem investidor-Estado. Entretanto, salienta-se que, após diversos progressos na criação e na difusão dos acordos de investimento, o hodierno cenário internacional também é assinalado por um momento de transição.

Primeiramente, o que se tem visualizado é um período de reorientação de conteúdo em vários APPRIs, tanto nos novos acordos quanto naqueles já existentes, mas que são renegociados após determinado período ou encerrados.[132] Em um momento posterior, percebe-se um movimento que visa melhorar a coerência e a sinergia do regime de acordos de investimentos; contudo, entende-se que, no momento atual, essa fase ainda é mais incipiente que a anterior, por isso o presente trabalho enfatizará as seguintes questões: Como esses novos acordos, inéditos ou renegociados, têm se delineado? Quais são suas inovações? Qual tem sido o desenho de acordo típico do século XXI, especialmente ao se lidar com a questão da expropriação indireta?

Segundo a UNCTAD,[133] a maioria dos novos acordos segue um roteiro de reforma, que estabelece cinco áreas centrais a serem trabalhadas nos futuros instrumentos jurídicos internacionais: (i) a salvaguarda do direito de regular do Estado, ao mesmo tempo que o acordo oferece proteção ao investidor; (ii) a resolução de litígios em matéria de investimentos; (iii) a promoção e a facilitação do investimento;

---

[131] Destaca-se que o Brasil assinou 14 BITs nos anos 1990, porém sem jamais os ratificar. A partir de 2015, o país desenvolveu um modelo de acordo distinto dos BITs tradicionais, os já mencionados ACFIs, em que manteve resistências históricas, como a aversão à arbitragem investidor-Estado, optando pela arbitragem entre Estados, e à expropriação indireta, mantendo somente a expropriação direta.

[132] Desde 2012, ao revisarem suas redes de tratados ou seus modelos de acordos, mais de 150 países realizaram, por exemplo, pelo menos uma ação na busca de acordos orientados para o desenvolvimento sustentável, conforme estabelecido no Pacote de Reforma da UNCTAD para o Regime de Investimentos (UNITED NATIONS (UN). United Nations Conference on Trade and Development (UNCTAD). *World Investment Report 2018*: Investment and New Industrial Policies. Geneva: United Nations, 2018, p. 96).

[133] UNITED NATIONS (UN). United Nations Conference on Trade and Development (UNCTAD). *World Investment Report 2018*: Investment and New Industrial Policies. Geneva: United Nations, 2018, p. 96-98.

(iv) a asseguração do investimento responsável; e (v) o melhoramento da consistência sistêmica do acordo.

Nesse diapasão, observa-se que, na nova geração de acordos, assim como nos acordos sujeitos a revisão, há uma busca pela inclusão de assuntos considerados sensíveis para os Estados receptores de investimentos. Dentre eles, destacam-se o desenvolvimento sustentável, a responsabilidade social do investidor durante todo o curso do acordo e, também, questões envolvendo a linha divisória entre regulações legítimas e interferências disfarçadas nos direitos de propriedade,[134] que se conectam diretamente com a temática da expropriação indireta e o direito de regular dos Estados. Nesse contexto, infere-se, preliminarmente, que o principal objetivo do movimento de reforma institucional dos acordos de investimento passa a ser não somente proteger o investidor, mas prover uma melhor utilização dos acordos[135] às partes, para que ofereçam resposta aos problemas jurídicos atuais.

Dentre eles, destacam-se as questões envolvendo a expropriação indireta e a autonomia regulatória dos Estados frente aos compromissos internacionais assumidos. A expropriação indireta passou por um longo percurso identitário até ser integrada nos acordos bilaterais de investimento e, agora, uma vez presente nesses arranjos, ressalta-se que o conceito não é uníssono, ainda não há limite claro entre uma legislação compensável e uma medida legítima não compensável e, por serem os tratados, muitas vezes, incompletos, depende-se em demasia da análise *ex post* dos tribunais arbitrais de investimento para o esclarecimento de premissas básicas envolvendo a temática.

Destaca-se que, se antes a questão principal era a inclusão de proteções aos investidores contra esse tipo de interferência na propriedade estrangeira, agora a maior inquietação está na tentativa de transformar os instrumentos jurídicos internacionais em acordos menos desiguais, engendrados com vistas a não somente proteger o investidor, mas também resguardar, em certa medida, os Estados receptores de investimentos. Essa nova inclusão tem aparecido nos acordos mais modernos por meio de exceções, presentes não somente no corpo do tratado, mas também nos anexos ao final do documento.

---

[134] XAVIER JÚNIOR, Ely Caetano. *A crise do direito internacional dos investimentos*: análise empírica e soluções possíveis. 2018. Tese (Doutorado em Direito Internacional) – Faculdade de Direito, Universidade de São Paulo, São Paulo, 2018, p. 35.

[135] CARREAU, Dominique; JUILLARD, Patrick. *Droit international économique*. 5. ed. Paris: Dalloz, 2013, p. 432.

Para que se tente alcançar um equilíbrio entre a proteção do investidor e o resguardo da autonomia regulatória do Estado, o esforço que se nota é o de ressaltar algumas áreas fundamentais ao interesse da sociedade, como saúde pública, meio ambiente e segurança.

Assim sendo, para que se possa compreender as disposições sobre expropriação incluídas nos acordos de investimento mais modernos, seus objetivos e flexibilidades incluídas, faz-se necessário o estudo dos fundamentos jurídicos da expropriação clássica e da expropriação indireta. Nesse contexto, inclui-se também a análise do instituto doméstico da *regulatory taking*, a qual, de acordo com o presente trabalho, contribuiu para que os acordos internacionais passassem a dispor sobre a matéria.

1.5 Considerações preliminares

Desse modo, conclui-se que o instituto da expropriação passou por importantes transformações ao longo dos tempos. As últimas décadas do século XX, em particular, foram marcadas por um processo de transição em que as atenções passaram das interferências diretas na propriedade estrangeira para novas formas de intervenção, menos óbvias, porém igualmente deletérias aos direitos de propriedade dos investidores estrangeiros. Ressalta-se que o reconhecimento da expropriação indireta não foi imediato, passando por diversas resistências não só no âmbito adjudicatório internacional, mas também no dos próprios acordos de investimento.

Apesar de diversas falhas no alcance de uma normativa internacional multilateral que pudesse positivar a matéria, sua proliferação se deu de forma natural por meio dos BITs. Estes iniciaram-se de forma lenta e gradual, tendo alcançado hoje grandes proporções numéricas. Embora seus arranjos sejam parecidos, atualmente, passam por um processo evolutivo em que temas sensíveis têm sido incluídos mais frequentemente. Essa inclusão é uma resposta às experiências no regime internacional de investimentos ao longo desses anos, o que engloba diversos questionamentos de políticas públicas governamentais, análise do mérito dessas medidas por terceiros – os árbitros – e severas condenações em arbitragens investidor-Estado.

Esses fatores, assim como outros que são intrínsecos à cooperação no âmbito dos tratados internacionais, contribuem para o atual ambiente de reforma institucional desses padrões internacionais de proteção.

Considerando que o objeto do presente trabalho envolve a evolução do instituto da expropriação no âmbito dos tratados internacionais, o foco dessa mudança é o que concerne à expropriação indireta, ao reforço do direito de regular dos Estados, às exceções à regra e ao grau de cooperação dos novos arranjos em comparação com os anteriores. Dessa forma, para que se possa empreender uma análise comparativa, faz-se necessário, primeiro, compreender analiticamente os principais conceitos e nuances da expropriação.

CAPÍTULO 2

FUNDAMENTOS TEÓRICOS
DA EXPROPRIAÇÃO

A expropriação consiste na forma mais grave de atentado contra a propriedade estrangeira.[136] Para o Direito Internacional, significa a prática legal de interferência nos direitos de propriedade estrangeira pelo Estado ou por qualquer de seus órgãos subordinados. Contudo, para que tenha sua legalidade reconhecida, é necessário o cumprimento de requisitos básicos ou "linhas-mestras", válidos tanto para a modalidade direta quanto para a indireta e já consolidados pelo Direito Costumeiro Internacional. Dentre eles, está o pagamento de compensação, a qual, desde o início, tem sido motivo de discussões, especialmente em razão de sua forma de cálculo.

Por esse motivo, é necessário estudar, primeiramente, a expropriação direta, para que se possa identificar os fundamentos comuns aplicáveis ao instituto, para depois focar no que Wortley, juntamente com outros autores,[137] denominou, na década de 1940, de "expropriação indireta". Essa prática expropriatória menos direta e por meios menos óbvios – em que não há mudança nos direitos de posse da propriedade física do investidor estrangeiro, mas sim uma diminuição de seus direitos de propriedade – somente foi positivada pelo Direito Internacional após a segunda metade do século XX.

Nesse processo, é fundamental que se compreenda também que, apesar de seu caráter internacional, a expropriação indireta tem raízes

---

[136] DOLZER, Rudolph; SCHREUER, Christoph. *Principles of International Investment Law*. 2. ed. Oxford: Oxford University Press, 2012, p. 89.
[137] WORTLEY, Ben Atkinson *et al*. Expropriation in International Law. *Transactions of the Grotius Society*, [Cambridge], v. 33: Problems of Public and Private International Law, p. 25–48, 1947.

na *regulatory taking*, instituto advindo do Direito interno americano. Em razão de iniciativas individuais e coletivas, esse conceito foi transposto para o âmbito internacional e, atualmente, encontra-se presente em grande parte dos mais de 3.000 BITs assinados.

No entanto, a expropriação indireta percorreu um caminho evolutivo na esfera internacional que vai desde a sua percepção, ainda precária, até a sua clara menção, elucidação e combinação com outras cláusulas presentes nos mais modernos acordos de investimento. Logo, sua formação tem se complexificado ao longo dos anos, até mesmo para que enseje mais cooperação das partes com seu cumprimento. Hoje em dia, o que se percebe é uma concatenação desse instituto com a nova fase de reforma pela qual passa o Direito Internacional dos Investimentos, o que o torna ainda mais digno de estudo.

2.1 Expropriação direta ou clássica

O direito à propriedade consiste no direito individual que assegura a seu titular uma série de poderes, dentre eles o de usar, gozar e dispor da coisa, de modo absoluto, exclusivo e perpétuo. Contudo, segundo Maria Sylvia Zanella Di Pietro, esses poderes não poderão ser exercidos de forma ilimitada, visto que coexistem com direitos alheios, de igual natureza, e, também, "porque existem interesses públicos maiores, cuja tutela incumbe ao Poder Público exercer, ainda que em prejuízo de interesses individuais".[138]

Desse modo, essa flexibilidade em prol de finalidades públicas maiores serve de respaldo para as ações estatais que interferem nos direitos absolutos dos particulares em relação à sua propriedade. No Direito Internacional dos Investimentos, essas interferências, manifestadas por meio de atos expropriatórios, são antigas e fazem parte da estruturação desse regime internacional de proteção.[139] As expropriações foram tratadas, inicialmente, pelo Direito Costumeiro Internacional[140] e, posteriormente, por escrito, à medida que foram

---

[138] DI PIETRO, Maria Sylvia Zanella. *Direito administrativo*. 27. ed. São Paulo: Atlas, 2014, p. 133.
[139] XAVIER JÚNIOR, Ely Caetano. *A crise do direito internacional dos investimentos*: análise empírica e soluções possíveis. 2018. Tese (Doutorado em Direito Internacional) – Faculdade de Direito, Universidade de São Paulo, São Paulo, 2018, p. 52.
[140] SCHEFER, Krista Nadakavukaren. *International Investment Law*: Text, Cases and Materials. 2. ed. Cheltenham: Elgar, 2016, p. 69.

florescendo acordos internacionais que tratam da matéria e ao passo que aumentava a necessidade de proteção aos investidores contra esse tipo de medida.

Salienta-se que a expropriação sempre foi considerada uma forma agressiva de ingerência por se manifestar por meio de ações compulsórias, que são realizadas contra a vontade dos investidores estrangeiros e inviabilizam o exercício de seus direitos de propriedade de forma definitiva.[141] Segundo a UNCTAD,[142] a forma mais comumente identificável desse tipo de interferência é a expropriação direta ou clássica, cuja premissa abrange uma transferência legal e obrigatória do título da propriedade ou sua apreensão física definitiva pelo Estado. Nesses casos, há uma intenção clara, aberta e inequívoca do Estado de privar o proprietário de sua propriedade por meio da transferência do título ou da apreensão total do investimento, o que será realizado por meio de uma lei, um decreto formal ou um ato físico.

Todo acordo de investimento possui cláusula definindo o escopo dos investimentos protegidos, discriminando o que será considerado investimento para os fins daquele tratado. A depender de sua amplitude, serão abarcados a propriedade tangível, englobando as categorias de bens móveis e imóveis,[143] e os ativos intangíveis, compreendendo direitos e interesses imateriais, como direitos contratuais, ativos em companhias, direitos de propriedade intelectual, como patentes e *copyrights*, dentre outros.[144] Desse modo, as expropriações poderão afetar tanto direitos tangíveis quanto intangíveis de propriedade.[145]

---

[141] SUBEDI, Surya P. *International Investment Law*: Reconciling Policy and Principle. 3. ed. Oxford: Hart Publishing, 2016, p. 150.

[142] UNITED NATIONS (UN). United Nations Commission on International Trade Law. *Expropriation UNCTAD Series on Issues in International Investment Agreements II*. New York: United Nations, 2012, p. 7. Disponível em: https://unctad.org/en/Docs/unctaddiaeia2011d7_en.pdf. Acesso em: 10 mar. 2019.

[143] Segundo Friedman, a categoria de bens móveis que pode ser expropriada abrange desde carros, navios, aeronaves ou outros meios de transporte até todos os meios de comunicação por terra, mar e ar (FRIEDMAN, Samy. *Expropriation in International Law*. London: Stevens & Sons, 1953, p. 147).

[144] FRIEDMAN, Samy. *Expropriation in International Law*. London: Stevens & Sons, 1953, p. 146.

[145] REINISCH, August. Expropriation. *In*: MUCHLINSKI, Peter; ORTINO, Federico; SCHREUER, Christoph (org.). *The Oxford Handbook of International Investment Law*. Oxford: Oxford University Press, jun. 2008a. Online publication date: set. 2012. p. 410. DOI 10.1093/oxfordhb/9780199231386.013.0011. Disponível em: https://www.oxfordhandbooks.com/view/10.1093/oxfordhb/9780199231386.001.0001/oxfordhb-9780199231386-e-11?q=Mexican. Acesso em: 4 jul. 2022.

O enquadramento jurídico da expropriação foi largamente construído, desde o início, para garantir que a propriedade dos investidores estrangeiros não pudesse ser retirada sem compensação e que esta fosse pronta, adequada e efetiva, nos termos da fórmula Hull. Por isso, apesar de as cláusulas de expropriação previstas nos APPRIs reconhecerem o direito do Estado receptor de expropriar ou nacionalizar a propriedade estrangeira, esse ato somente será lícito se atendidas certas condições.

A primeira é que a transferência da propriedade deve ser realizada por motivos de interesse público, conforme ressaltado anteriormente.[146] Essa categoria concatena-se diretamente com uma visão utilitarista, em que o direito individual da propriedade somente poderá ser flexibilizado se houver um interesse superior da coletividade que se sobreponha à transferência da propriedade e a legitime.[147] Desse modo, os Estados têm ampla discricionariedade para determinar o propósito público da medida.[148] No entanto, caberá aos tribunais arbitrais de investimento, por meio de delegação interpretativa, determinarem quando não for o caso, à luz da resolução da disputa.[149]

---

[146] HIGGINS, Rosalyn. The Taking of Property by the State: Recent Developments in International Law. *Recueil des Cours de l'Académie de Droit International*, The Hague, v. III, t. 176, p. 263-392, 1982, p. 331.

[147] HIGGINS, Rosalyn. The Taking of Property by the State: Recent Developments in International Law. *Recueil des Cours de l'Académie de Droit International*, The Hague, v.III, t. 176, p. 263-392, 1982, p. 277; SCHEFER, Krista Nadakavukaren. *International Investment Law*: Text, Cases and Materials. 2. ed. Cheltenham: Elgar, 2016, p. 193-194.

[148] MUCHLINSKI, Peter. *Multinational Enterprises & the Law*. 2. ed. Oxford: Oxford University Press, 2007, p. 599-600.

[149] Isso ocorreu no caso ADC Affiliate Limited and ADC and ADMC Management Limited v. Hungary, perante o ICSID. Neste, a empresa de construção ADC havia assinado contrato para a revitalização e a expansão do Aeroporto Internacional de Budapeste e logo depois de prestar seu serviço passou a operar o terminal. Porém, no meio do contrato a agência húngara de administração do aeroporto foi privatizada, transformando-se em sociedade anônima, e essa nova entidade acabou tomando o controle das operações do aeroporto. A ADC iniciou arbitragem de investimentos contra a Hungria, alegando ausência de finalidade pública da medida – e, portanto, tratava-se de medida ilegal –, além de falta de devido processo legal, discriminação e ausência de compensação. Em resposta, a Hungria alegou que a intervenção na propriedade se deu para atender esforços de harmonização com a União Europeia, de acordo com o interesse estratégico do Estado húngaro. O tribunal arbitral considerou que o exercício do direito da Hungria de ingerir-se no investimento não era ilimitado e teria restrições, as quais são definidas pelo direito disposto nas obrigações internacionais sobre proteção de investimentos. Como o Estado não forneceu explicação plausível, o tribunal entendeu que a finalidade pública da medida significa que ela seja voltada a um interesse genuíno do público e que sua mera menção – sem a comprovação da necessidade da medida em prol do interesse público – não a justifica (SCHEFER, Krista Nadakavukaren. *International Investment Law*: Text, Cases and Materials. 2. ed. Cheltenham: Elgar, 2016, p. 193-199).

A segunda condição é que a expropriação deve estar em consonância com o devido processo legal. Apesar de este não ser um requisito universalmente reconhecido no Direito Internacional dos Investimentos, está presente em vários APPRIs. Sua premissa é a de que se faz necessária a transparência nos processos administrativos e judiciais, antes e durante a expropriação.

O devido processo legal envolverá, por exemplo, o dever de o ato expropriatório ser motivado e formalmente comunicado ao investidor. Além disso, alguns acordos dispõem que deve haver concessão de oportunidade ao investidor para que seja ouvido antes da implementação da decisão final de expropriação e possa requerer reconsideração do ato administrativo e/ou da decisão sobre a compensação. Por fim, de acordo com o devido processo legal, o ato deverá ser realizado em conformidade com o Direito nacional, inclusive havendo a possibilidade de revisão judicial.[150]

A terceira condição requer que a expropriação não seja discriminatória. Nesse particular, a interferência não deve ocorrer em função da origem do investidor, respeitando-se o princípio do tratamento nacional, que se baseia na proibição de tratamento menos favorável ao estrangeiro comparado àquele conferido aos seus nacionais. A expropriação também não deverá ser realizada em função de tratamento menos favorável concedido ao estrangeiro em comparação com aquele conferido a investidores de terceiros Estados, em atenção ao princípio da nação mais favorecida.

Atualmente, essa obrigação vai ainda mais além e reforça o já pactuado na esfera dos direitos humanos no que concerne à proibição de discriminação baseada em características pessoais do investidor estrangeiro.[151] Essa especificidade foi tratada, por exemplo, no caso Campbell v. Zimbabwe,[152] em que o Tribunal da Comunidade para

---

[150] PERMANENT COURT OF ARBITRATION (PCA). *Guaracachi America and Rurelec v. Bolivia*. PCA Case nº 2011-17, 2014, Award, parágrafo 439.

[151] De acordo com a Declaração Universal de Direito do Homem, de 1948, em seu artigo 2º, a Convenção das Nações Unidas sobre Direitos Civis e Políticos, no artigo 2º, e o Pacto de Direitos Econômicos, Sociais e Culturais, em seu artigo 2º, o Estado não deve discriminar os indivíduos em função de sua raça, sua cor, seu sexo, sua língua, sua religião, suas opiniões políticas ou quaisquer outras, sua origem nacional ou social, sua propriedade, seu nascimento ou outro *status*.

[152] O caso teve início, em 2005, quando a Constituição do Zimbábue foi emendada para dispor sobre a aquisição de terras agrícolas para reassentamento e outros propósitos, bem como a subsequente transferência do título integral das propriedades para o Estado. Essa emenda estipulava que não haveria compensação para a transferência da propriedade nem revisão judicial da aquisição, porém os antigos proprietários poderiam demandar

o Desenvolvimento da África Austral – em inglês, Southern African Development Community (SADC) – teve de analisar se determinadas expropriações contra fazendeiros de origem holandesa tinham caráter discriminatório em razão de raça.

Por fim, a última condição corresponde ao pagamento de compensação. Esta deve ser realizada nos termos da fórmula Hull, ou seja, o pagamento deve ser pronto, adequado e efetivo. Ressalta-se que, apesar de amplamente difundido, esse padrão foi desafiado à época das vultosas expropriações nas décadas de 1960 e 1970, em que nações terceiro-mundistas arguiam que as compensações deveriam ser adequadas à situação dos governos pós-coloniais, recém-independentes, e não como definido pelo contexto econômico vigente. A partir dos anos 1980, com a crescente proliferação dos BITs, os países em desenvolvimento decidiram variar o padrão de compensação em prol da adoção da compensação integral (restituição *in integrum*), o que despertou certa polêmica em razão da adaptação do já solidificado pela fórmula Hull. Apesar disso, atualmente os APPRIs detêm linguagem mais explícita sobre o padrão de compensação escolhido pelas partes em caso de expropriação e, no caso de o tratado não ser claro o suficiente, a regra costumeira internacional sobre compensação será aplicada.[153]

Quanto aos aspectos a serem considerados no cálculo da compensação, ainda são, em sua maioria, decididos pelos tribunais arbitrais de investimento, os quais determinarão o *quantum* e a forma de pagamento da compensação. Existe uma variedade de metodologias para esse cálculo, por isso cada parâmetro aplicável dependerá das circunstâncias particulares de cada caso. Dentre esses indicadores, citam-se, por exemplo, o valor de mercado do empreendimento, o montante estimado de lucros gerados pelo investimento e o rendimento esperado

---

acerca do montante de compensação oferecido para o melhoramento da terra. No caso em tela, os Campbell iniciaram arbitragem sob a égide do Tratado da Comunidade Sul-Africana para o Desenvolvimento, arguindo que as ações eram ilegais e discriminatórias, baseadas em discriminação racial. Ao final, foi constatado pelos árbitros que a implementação da medida afetava apenas os fazendeiros brancos, havendo, portanto, discriminação (SOUTHERN AFRICAN DEVELOPMENT COMMUNITY (SADC). *Mike Campbell (Pvt) Ltd., William Michael Campbell and others v. The Republic of Zimbabwe*. Case nº 2/2007. Judgement 28 nov. 2008. p. 41-54. Disponível em: http://www.saflii.org/sa/cases/SADCT/2008/2.pdf. Acesso em: 12 mar. 2019.

[153] Observa-se que os BITs não têm um padrão homogêneo de nomenclatura acerca da expropriação nem, tampouco, utilizam termos idênticos ao abordar o padrão de compensação, podendo se referir a ele como compensação apropriada, integral, justa ou, simplesmente, compensação no caso de expropriação. Esses dois últimos termos são frequentemente empregados quando se pretende abordar o valor de mercado do investimento.

dos ativos ou de importância calculada por meio de diferentes fatores. Nesse diapasão, a inexistência de um padrão homogêneo consolidado para o cálculo de compensação em função de expropriação faz com que se elevem as críticas sobre excessos e incorreções realizados pelos tribunais arbitrais.[154]

Entretanto, caso sejam descumpridas as condições anteriormente expostas para que a expropriação seja considerada lícita, isso implicará o reconhecimento de sua ilicitude. Nesse particular, traz-se à baila a premissa básica de Direito Internacional que dispõe que toda violação ilegal de um compromisso internacional envolverá a obrigação de reparação.[155] No entanto, no entendimento de Hildebrando Accioly, Geraldo Eulálio Nascimento e Silva e Paulo Borba Casella e reafirmado por Xavier Júnior,[156] mesmo para o Direito Internacional, de forma geral, a temática da reparação transpassa debates acerca das formas e da extensão dos danos para que se possa determinar a restituição integral ou a indenização.

Assim, após calculados caso a caso os danos, serão estimadas as reparações como se ato ilícito cometido pelo Estado fossem, porquanto o padrão de compensação por expropriação estabelecido no APPRI somente seria aplicado no caso de uma expropriação lícita. Nesse contexto, faz-se necessário destacar o já cristalizado pela jurisprudência internacional no caso das fábricas Chórzow, que, devido à prática reiterada, assumiu o *status* de costume internacional. Nesse caso, a CPJI declarou que o princípio essencial contido na noção de ato ilegal é que a reparação deve, se possível, fazer com que desapareçam todas as consequências geradas pela expropriação e com que se restabeleça a situação anteriormente existente caso o ato ilegal jamais tivesse ocorrido,[157] ou seja, deveria ser cumprida a regra da restituição integral,

---

[154] XAVIER JÚNIOR, Ely Caetano. *A crise do direito internacional dos investimentos*: análise empírica e soluções possíveis. 2018. Tese (Doutorado em Direito Internacional) – Faculdade de Direito, Universidade de São Paulo, São Paulo, 2018, p. 56.

[155] PERMANENT COURT OF INTERNATIONAL JUSTICE (PCIJ). *Case Concerning Certain German Interests in Polish Upper Silesia, Germany v. Poland*. Judgement 13 set. 1938. PCIJ Report, 1938, p. 29.

[156] ACCIOLY, Hildebrando; NASCIMENTO E SILVA, Geraldo Eulálio; CASELLA, Paulo Borba. *Manual de direito internacional público*. 22. ed. São Paulo: Saraiva, 2016, p. 398-400; XAVIER JÚNIOR, Ely Caetano. *A crise do direito internacional dos investimentos*: análise empírica e soluções possíveis. 2018. Tese (Doutorado em Direito Internacional) – Faculdade de Direito, Universidade de São Paulo, São Paulo, 2018, p. 56.

[157] PERMANENT COURT OF INTERNATIONAL JUSTICE (PCIJ). *Case Concerning Certain German Interests in Polish Upper Silesia, Germany v. Poland*. Judgement 13 set. 1938. PCIJ Report, 1938, p. 47-48.

haja vista que a reparação deve, no que for possível, eliminar todas as consequências do ato ilícito, além de restabelecer o *status quo* anterior.

Essa premissa foi codificada posteriormente por meio do Projeto da Comissão de Direito Internacional das Nações Unidas sobre Responsabilidade Internacional dos Estados por Atos Ilícitos (em inglês, *Draft Articles on the Responsibility of States for Internationally Wrongful Acts*), de 2001. De acordo com o artigo 34 desse documento, quando existe o ato lesivo, faz-se necessária a reparação integral dos prejuízos causados. Ela será realizada por meio da restituição, da compensação e da satisfação, de forma individual ou combinada.[158] A restituição corresponde ao restabelecimento da situação que existia antes de o ato ilegal ser efetuado. Porém, se isso não for possível ou acarretar um ônus desproporcional, recorrer-se-á à compensação como forma pecuniária de reparação. O Estado será responsável por compensar o lesado pelos prejuízos causados e a compensação cobrirá quaisquer danos financeiramente passíveis de avaliação, incluindo lucros cessantes, na medida em que sejam estabelecidos. Caso não seja possível nem a restituição, nem a compensação, a opção disponível é a da satisfação. Esta representará o reconhecimento da violação, como expressão do arrependimento do Estado, uma desculpa formal ou alguma outra modalidade apropriada no mesmo sentido. Um exemplo de satisfação poderia ser, segundo Malcolm N. Shaw,[159] uma garantia de não repetição do ato.

Pragmaticamente, as implicações de se reconhecer a expropriação como ato ilícito e aplicar o Projeto sobre Responsabilidade Internacional dos Estados por Atos Ilícitos consistem em, após o cálculo realizado, garantir que a compensação seja mais elevada se comparada com a possível compensação resultante da expropriação legal. Essa diferença surge porque esse cálculo inclui a expectativa de lucros futuros e quaisquer danos consequenciais resultantes da ação expropriatória, além do valor do investimento à época do laudo arbitral, e não da época em que houve a intervenção nos direitos de propriedade, como seria no caso de expropriação legal.[160] Isso faz com que o nível de compensação

---

[158] SHAW, Malcolm N. *International Law*. 6. ed. Cambridge: Cambridge University Press, 2008, p. 802; UNITED NATIONS. *Draft Articles on Responsibility of States for Internationally Wrongful Acts*: with commentaries: 2001. 2008. Disponível em: http://legal.un.org/ilc/texts/instruments/english/commentaries/ 9_6_2001.pdf. Acesso em: 13 mar. 2019.

[159] SHAW, Malcolm N. *International Law*. 6. ed. Cambridge: Cambridge University Press, 2008, p. 806.

[160] INTERNATIONAL CENTRE FOR SETTLEMENT OF INVESTMENT DISPUTES (ICSID). *Bernardus Henricus Funnekotter and others v. Republic of Zimbabwe*. ICSID Case nº ARB/05/6.

da expropriação ilícita seja mais elevado e permite que o investidor expropriado ilegalmente beneficie-se de qualquer apreciação do valor do investimento após a interferência na propriedade.[161] No entanto, ressalta-se que, se o valor do investimento decresce entre a data da expropriação e a data da sentença, o tribunal poderá decidir pelo valor mais alto.

Entretanto, apesar de as disposições sobre reparação contidas nos artigos do projeto serem amplamente reconhecidas como regras consuetudinárias aplicáveis, elas poderão ser anuladas caso esse seja o entendimento das partes ao pactuarem os termos do BIT em questão ao escolher outra modalidade de reparação. Assim sendo, se as partes assim decidirem, poderão limitar o valor da indenização devida ao investidor, mesmo no caso de uma expropriação ilícita.[162]

Por outro lado, no contexto das expropriações lícitas, as controvérsias sobre a exigência e o montante da compensação a serem pagos aos investidores expropriados movimentam diferentes formas de resolução de controvérsias. Muitos casos são resolvidos, de início, por meio de uma solução negociada entre o Estado de origem do investidor e o Estado receptor de investimentos, bem como por meio dos acordos globais de liquidação, que dispõem sobre o pagamento de uma quantia fixa pelo Estado importador de capital a ser distribuída aos antigos proprietários por seu Estado de origem. Caso o método negocial não seja possível, o caminho mais comum a ser seguido será o acesso direto à via jurisdicional por meio da arbitragem investidor-Estado.[163]

Conforme exposto anteriormente, a expropriação direta tornou-se menos frequente nos últimos tempos. Dentre os casos que ainda tiveram algum destaque para o Direito Internacional envolvendo essa espécie de interferência citam-se: a nacionalização iraniana de bancos e seguradoras, em 1979, que deu origem a vários casos apresentados

---

Award. 22 abr. 2009, parágrafos 108-112; INTERNATIONAL CENTRE FOR SETTLEMENT OF INVESTMENT DISPUTES (ICSID). *Siemens AG v. Argentine Republic*. ICSID Case nº ARB/02/8. Award. 6 fev. 2007, parágrafo 352.

[161] SCHEFER, Krista Nadakavukaren. *International Investment Law*: Text, Cases and Materials. 2. ed. Cheltenham: Elgar, 2016, p. 230.

[162] SCHEFER, Krista Nadakavukaren. *International Investment Law*: Text, Cases and Materials. 2. ed. Cheltenham: Elgar, 2016, p. 230.

[163] REINISCH, August. Expropriation. *In*: MUCHLINSKI, Peter; ORTINO, Federico; SCHREUER, Christoph (org.). *The Oxford Handbook of International Investment Law*. Oxford: Oxford University Press, jun. 2008a. Online publication date: set. 2012. DOI 10.1093/oxfordhb/9780199231386.013.0011. Disponível em: https://www.oxfordhandbooks.com/view/10.1093/oxfordhb/9780199231386.001.0001/oxfordhb-9780199231386-e-11?q=Mexican. Acesso em: 4 jul. 2022.

ao Tribunal de Reivindicações Irã-EUA, em funcionamento nos anos 1980; o caso Sedelmayer,[164] na década de 1990, perante a CCE, no qual um tribunal arbitral concluiu que um decreto presidencial russo constituía um ato de expropriação direta; e os casos de expropriação realizados por Bolívia e Equador no setor de energia durante os anos 2000.[165] Ressaltam-se, também, alguns episódios em que certos Estados tomaram medidas emergenciais envolvendo aquisições de grande parte do capital privado para resgatar setores da economia afetados pela crise financeira global de 2008-2009.

No entanto, segundo Rudolph Dolzer,[166] atualmente o desenvolvimento mais importante atinente à prática estatal refere-se à expropriação indireta. De acordo com Thomas Waelde e Abba Kolo,[167] esta assemelha-se ao instituto da *regulatory taking*, proveniente do Direito doméstico americano, que trata de situações em que a mera existência de uma regulação poderá afetar o uso e o gozo da propriedade, configurando-se como uma tomada de propriedade, mesmo sem transferência do título para o Estado.

Apesar de o termo *regulatory taking* ainda não ter sido formalmente empregado na elaboração dos tratados de investimentos (ou ao menos não foi encontrado nos estudos sobre o tema nem na pesquisa realizada para esta obra), devido a sua influência na evolução das formas mais modernas de expropriação faz-se necessário o seu estudo, até mesmo como um passo preliminar antes que se empreenda análise mais aprofundada sobre os fundamentos da expropriação indireta.

2.2 *Regulatory taking*

A limitação do poder estatal contra interferências na propriedade privada é assunto debatido não apenas na seara internacional, mas

---

[164] STOCKHOLM. Stockholm Chamber of Commerce (SCC). *SCC. Mr. Franz Sedelmayer v. The Russian Federation*. Arbitration Award. 7 jul. 1998.

[165] Por exemplo, em 2006 houve a nacionalização dos ativos da Petrobras na Bolívia e, em 2008, a ocupação dos empreendimentos da Odebrecht no Equador, que acarretou a posterior expulsão da empresa do país (GABRIEL, Vivian Daniele Rocha. *A proteção jurídica dos investimentos brasileiros no exterior*. São Paulo: Lex Editora: Aduaneiras, 2017, p. 121-123).

[166] DOLZER, Rudolph. Indirect Expropriations: New Developments? *New York University Environmental Journal*, New York, v. 11, nº 1, p. 64–93, 2002, p. 65.

[167] WAELDE, Thomas; KOLO, Abba. Environmental Regulation, Investment Protection and 'Regulatory Taking' in International Law. *International and Comparative Law Quarterly*, London, v. 50, nº 4, p. 811–848, 2001, p. 821.

também no âmbito doméstico dos Estados. Como envolve implicações econômicas e sociais amplas, que vão desde o planejamento no uso da propriedade até a implementação de políticas ambientais efetivas, cada país tem desenvolvido, ao longo dos anos, sua própria abordagem política e jurídica a respeito do impacto negativo de suas regulamentações na propriedade privada.[168] Dentre esses impactos, incluem-se as regulações que impõem restrições ao uso das propriedades, as quais acarretam também declínios significativos nos valores destas, inviabilizando-as total ou parcialmente.

Nos EUA, o debate acerca das interferências na propriedade privada, por meio de normas e regulações, sem que haja a transferência do título para o Estado, é centrado, mais precisamente, nas *regulatory takings*.[169] Esse instituto tem sido analisado domesticamente desde o século XIX, tanto pela doutrina quanto pela jurisprudência, a qual não possui entendimento unívoco a respeito do tema.

Desde o primeiro caso analisado, o desafio precípuo foi identificar quando a medida estatal que impacta negativamente o proprietário será considerada legítima e não compensável, de acordo com a interpretação constitucional, e quando a regulação será excessiva, reduzindo os valores presentes e futuros da propriedade e tornando imperativa a compensação. Essa análise é significativa, uma vez que, se o Estado detém poderes ilimitados para redefinir o uso e o gozo da propriedade, poderá comprometer uma das virtudes centrais dos direitos de propriedade – qual seja, sua capacidade de estabilizar e proteger expectativas em relação a seus ativos.[170]

Frisa-se que o Direito acerca das *takings* tem evoluído de acordo com a jurisprudência, em especial a da Suprema Corte americana, cabendo a um determinado grupo de juízes, de acordo com o contexto político, social e econômico em questão, determinar quando a regulação

---

[168] ALTERMAN, Rachelle. Regulatory Takings and the Role of Comparative Research. *In*: ALTERMAN, Rachelle. *Takings International*: A Comparative Perspective on Land Use Regulations and Compensation Rights. Chicago: American Bar Association, 2010b, p. 3–20, p. 3–4.

[169] Em razão da dificuldade de se encontrar uma tradução mais precisa para *regulatory taking*, optou-se por manter a nomenclatura original do instituto. Porém, grosso modo, o sentido mais próximo empregado para a palavra *taking* seria tomada da propriedade. Desse modo, a tradução mais próxima do instituto estudado nesta seção seria "tomada regulatória". Também não pode ser chamada de expropriação regulatória, haja vista que a expropriação não está presente no Direito interno americano.

[170] BELL, Abraham. Private Takings. *The University of Chicago Law Review*, Chicago, v. 76, nº 2, p. 517-585, 2009, p. 527.

se trata de uma tomada de propriedade e quando não se trata, conforme interpretação dada à Constituição e suas emendas. O entendimento que se consolidou é o de que as regulações com impacto econômico excessivo requererão compensação, assim como as situações em que há transferência direta de propriedade devido ao exercício do domínio eminente do Estado. Essa ação, baseada em uma regulação que priva o proprietário do uso economicamente viável de sua propriedade, prejudicando-o, foi denominada de *regulatory taking*.[171]

Entretanto, vale lembrar que, no estudo do Direito de Propriedade americano, há vários termos utilizados somente na esfera doméstica e que alguns deles se assemelham a institutos estudados na seara internacional, porém com outra denominação.[172] Esse é o caso, por exemplo, do "domínio eminente", que, de acordo com o Direito americano, é o poder que o Estado tem sobre tudo o que se encontra em seu território em razão do exercício de sua soberania. Isso inclui todas as propriedades, públicas ou privadas, podendo o Estado restringi-las ou limitá-las. Segundo Rachelle Alterman,[173] o termo "domínio eminente", advindo do Direito Constitucional americano, não é muito utilizado fora dos EUA, sendo internacionalmente utilizado como "expropriação".

Desse modo, no exercício de seu poder de domínio eminente, é legítimo ao Estado americano interferir na propriedade privada. Contudo, a implementação desse domínio tem certas limitações ou restrições, as quais estão dispostas na 5ª Emenda à Constituição Americana, de 1791. Nela, prevê-se que a medida estatal deve possuir finalidade pública e que deve haver o pagamento de compensação justa ao proprietário, de acordo com o valor de mercado da propriedade.[174]

À época da criação da 5ª Emenda, a preocupação centrava-se mais no poder do domínio eminente sobre a propriedade física, pois as regulamentações governamentais sobre o uso da propriedade ainda não

---

[171] ROBERTS, Thomas E. United States. *In*: ALTERMAN, Rachelle. *Takings International*: A Comparative Perspective on Land Use Regulations and Compensation Rights. Chicago: American Bar Association, 2010, p. 215–227, p. 216.

[172] ALTERMAN, Rachelle. Regulatory Takings and the Role of Comparative Research. *In*: ALTERMAN, Rachelle. *Takings International*: A Comparative Perspective on Land Use Regulations and Compensation Rights. Chicago: American Bar Association, 2010b, p. 3–20, p. 8.

[173] ALTERMAN, Rachelle. Regulatory Takings and the Role of Comparative Research. *In*: ALTERMAN, Rachelle. *Takings International*: A Comparative Perspective on Land Use Regulations and Compensation Rights. Chicago: American Bar Association, 2010b, p. 3–20, p. 8.

[174] ROSE-ACKERMAN, Susan; ROSSI, Jim. Disentangling Deregulatory Takings. *Virginia Law Review*, Charlottesville, v. 86, nº 7, p. 1435–1495, 2000, p. 1442.

eram tão extensas. Por isso, de acordo com Thomas E. Roberts,[175] havia menos preocupação acerca do efeito das regulamentações sobre o valor da propriedade, o que seria discutido com mais intensidade *a posteriori*.

Nessa esteira, o momento decisivo se deu em 1922, quando a Suprema Corte americana decidiu sobre o caso Pennsylvania Coal v. Mahon.[176] Neste, o Estado da Pensilvânia estabeleceu um estatuto proibindo a mineração de carvão em áreas subterrâneas, alegando que isso sedimentaria a superfície. O demandante alegou que o estatuto causava uma apropriação inconstitucional dos seus direitos de mineração, haja vista estar proibindo-o de exercê-los. A Suprema Corte sustentou que o estatuto foi excessivo em suas disposições, uma vez que tornava comercialmente impraticável o ato de mineração, que havia sido expressamente reservado contratualmente ao demandante. Segundo o ministro da Suprema Corte, Oliver Wendell Holmes,[177] havendo uma intervenção na propriedade por meio de uma medida regulatória, a compensação dependeria da extensão da diminuição do valor da propriedade. Essa afirmação foi considerada uma quebra de paradigmas, visto que introduziu a perda de valor da propriedade na decisão,[178] juntamente com a questão das expectativas dos proprietários em relação aos ganhos provenientes da propriedade.[179] Assim sendo, a corte entendeu que a propriedade pode ser regulada até uma certa extensão. Se a regulação for além de certo limite e tornar-se excessiva, será considerada, portanto, uma tomada de propriedade. Esse caso marcou o início das discussões sobre *regulatory taking*, porquanto anteriormente as tomadas de propriedade eram frequentemente limitadas à sua aquisição física.[180]

---

[175] ROBERTS, Thomas E. United States. *In*: ALTERMAN, Rachelle. *Takings International*: A Comparative Perspective on Land Use Regulations and Compensation Rights. Chicago: American Bar Association, 2010, p. 215–227, p. 215.

[176] UNITED STATES OF AMERICA (USA). Supreme Court of the United States. *Pennsylvania Coal Co. v. Mahon*. 260 U.S. 393, 1922.

[177] UNITED STATES OF AMERICA (USA). Supreme Court of the United States. *Pennsylvania Coal Co. v. Mahon*. 260 U.S. 393, 1922, parágrafos 413–415.

[178] MICELI, Thomas J.; SEGERSON, Kathleen. Regulatory Takings: When Should Compensation Be Paid? *The Journal of Legal Studies*, Chicago, v. 23, nº 2, p. 749–776, 1994, p. 752.

[179] ROBERTS, Thomas E. United States. *In*: ALTERMAN, Rachelle. *Takings International*: A Comparative Perspective on Land Use Regulations and Compensation Rights. Chicago: American Bar Association, 2010, p. 215–227, p. 219.

[180] MICELI, Thomas J.; SEGERSON, Kathleen. Regulatory Takings: When Should Compensation Be Paid? *The Journal of Legal Studies*, Chicago, v. 23, nº 2, p. 749–776, 1994, p. 752.

Ressalta-se que, a partir de então, as discussões pairaram sobre a fundamentação da decisão do caso Pennsylvania Coal: seria ela baseada mesmo na 5ª Emenda ou na 14ª Emenda, que prevê que o poder público não deve privar qualquer pessoa de sua vida, sua liberdade ou sua propriedade sem o devido processo legal? De modo a elucidar essa discussão, em 1987, no caso First English Evangelical Lutheran Church v. County of Los Angeles,[181] foi decidido que o remédio contra uma *regulatory taking* seria o mesmo quando da interferência física na propriedade – qual seja, a compensação. Portanto, em conformidade com o texto legal, foi reconhecido que a 5ª Emenda seria aplicada aos casos de *regulatory taking* e que a compensação seria mandatória,[182] o que não afasta totalmente a 14ª Emenda e sua chancela para a proteção da propriedade por meio da garantia do devido processo legal.

O Direito das *regulatory takings* nos EUA é fortemente marcado por um elevado grau de litigância, o que fez com que ganhasse proeminência, principalmente a partir do final dos anos 1970, quando a Suprema Corte americana passou a enfrentar o tópico com mais frequência. O caso Penn Central Transportation Co. v. City of New York,[183] de 1978, é, sem dúvidas, uma das mais importantes demandas, senão a mais importante, a respeito da matéria. Nele, houve a tentativa da Penn Central, empresa que administrava a estação de trem Gran Central Railroad Station, de Nova York, de construir um prédio de escritórios de 55 andares acima do prédio histórico da estação. Ocorre que o município de Nova York tinha como marco jurídico a Lei de Preservação de Marcos Históricos (LPMH), de 1965, que designava uma Comissão de Preservação municipal para avaliar edifícios, estruturas e bairros de modo a preservar a arquitetura histórica da cidade. A prefeitura, por meio de sua comissão, negou autorização para a construção do empreendimento, e a empresa entrou com ação alegando que, ao negar a construção no espaço aéreo acima da estação, a prefeitura havia realizado uma *regulatory taking*.

Esse caso foi de extrema importância, pois, em sua análise, a Suprema Corte elaborou um teste multifatorial para determinar quando ocorreria uma *regulatory taking* e concluiu que a Penn Central falhou

---

[181] UNITED STATES OF AMERICA (USA). Supreme Court of the United States. *First English Evangelical Lutheran Church v. County of Los Angeles*, 482 U.S. 304, 1987.

[182] ROBERTS, Thomas E. United States. In: ALTERMAN, Rachelle. *Takings International*: A Comparative Perspective on Land Use Regulations and Compensation Rights. Chicago: American Bar Association, 2010, p. 215–227, p. 216.

[183] UNITED STATES OF AMERICA (USA). Supreme Court of the United States. *Penn Central Transportation Co. v. City of New York*. 438 U.S. 104, 1978.

em comprová-lo. A corte declarou que os casos envolvendo *regulatory taking* eram analisados por meio de investigações *ad hoc* e factuais e, ao realizar questionamentos factuais, três fatores específicos deveriam ser analisados: (i) o impacto econômico da regulação; (ii) o nível de interferência da ação nas expectativas que se colocavam sobre o investimento (*investment backed expectations*); e (iii) o caráter da ação governamental.[184]

Quanto ao impacto econômico na propriedade, o tribunal levou em conta o retorno razoável, a utilização econômica da propriedade e o valor justo de mercado, sendo que o impacto econômico da medida de denegação deveria ser substancial.[185] Entendeu-se que as expectativas sobre o investimento foram atendidas, pois a ferrovia ainda poderia utilizar o terminal de trem, como concessão e escritórios, assim como havia feito nos últimos 65 anos. Logo, a lei não interferia na principal expectativa da Penn Central, o que afastava também o impacto econômico substancial. Finalmente, quanto à análise do caráter da ação governamental, considerou-se que a LPMH era um plano abrangente que beneficiava a qualidade de vida da cidade como um todo, incluindo os próprios proprietários do terminal, e que a denegação de autorização não impediria que a empresa continuasse realizando seus negócios assim como já vinha fazendo. Desse modo, a Penn Central não se sobrecarregou de um ônus público – que, conforme alegava, deveria ser suportado pelo povo como um todo, e não apenas pela empresa. Embora esse método de análise tenha sido duramente criticado, a Suprema Corte levantou questões importantes, incluindo o questionamento do juiz Holmes de que um regulamento seria reconhecido como uma *regulatory taking* se tivesse ido "longe demais" em seu propósito, ou seja, fosse excessivo na regulação da propriedade.[186]

---

[184] MELTZ, Robert; MERRIAM, Dwight H.; FRANK, Richard M. *The Takings Issue*: Constitutional Limits on Land-Use Control and Environmental Regulation. Washington: Island Press, 1999, p. 131.

[185] Ressalta-se que a decisão não esclarece o que seria uma medida com substancial impacto econômico, e a jurisprudência posterior tampouco esclarece essa questão. Ao longo dos anos, a jurisprudência já sugeriu que esse impacto econômico substancial seria de 60%, 70%, 85% ou até mesmo superior (ALTERMAN, Rachelle. Comparative Analysis: A Platform for Cross-National Learning. *In*: ALTERMAN, Rachelle. *Takings international*: A Comparative Perspective on Land Use Regulations and Compensation Rights. Chicago: American Bar Association, 2010a, p. 21–74, p. 54).

[186] UNITED STATES OF AMERICA (USA). Supreme Court of the United States. *Penn Central Transportation Co. v. City of New York*. 438 U.S. 104, 1978. Aduziu-se que a perda de desenvolvimento potencial do espaço aéreo de forma antecipada não configurava uma interferência de expectativas razoáveis sobre o investimento. O entendimento foi de que, mesmo com uma nova regulação restritiva posteriormente, no momento em que o proprietário efetua o investimento já tem conhecimento de todo o desenho regulatório envolvido na operação, inclusive tem ciência do poder estatal de regular conforme o

Já no caso Agins v. City of Tiburon,[187] de 1980, a cidade de Tiburon adotou leis de zoneamento que apresentavam restrições de densidade em certas áreas, o que incluía o local de propriedade do demandante. De acordo com a regulação municipal, seriam permitidas apenas construções entre uma e cinco residências familiares na área em questão. Agins não obteve aprovação para utilizar sua propriedade como pretendia e moveu ação contra a cidade, alegando que esta havia efetuado uma tomada de sua propriedade, sem o pagamento de uma compensação justa, violando a 5ª e a 14ª Emendas, além de pleitear a declaração de que as medidas de zoneamento eram inconstitucionais. A Suprema Corte aduziu que um regulamento somente se configuraria como uma tomada de propriedade, de acordo com a 5ª Emenda, se não promovesse substancialmente interesses legítimos do Estado ou negasse a um proprietário o uso economicamente viável de sua propriedade. A corte afirmou que a aplicação de uma lei geral de zoneamento a uma propriedade particular seria uma tomada de propriedade se não promovesse substancialmente os interesses legítimos do Estado ou se negasse a um proprietário o uso economicamente viável de sua terra. Acrescentou ainda, que, quando ocorresse tomada de propriedade, necessariamente seria requerida ponderação entre o interesse público e o privado.[188]

Outro caso importante que moldou o tratamento da *regulatory taking* nos EUA foi o Lucas v. South Carolina Coastal Council,[189] de 1994. Lucas comprou dois lotes residenciais na Isle of Palms, uma ilha da Carolina do Sul, e pretendia construir casas nos lotes adjacentes. Em 1988, o legislativo estadual promulgou uma lei que proibia Lucas de construir estruturas habitáveis permanentes em sua propriedade, com a finalidade de proteger a ilha da erosão. Isso implicou a perda do

---

interesse público, o que se relaciona com a possibilidade de o poder municipal modificar o planejamento de uso quando considerar necessário. A Suprema Corte concluiu que uma proibição de construção futura afetaria apenas uma perda de oportunidade e não se tratava, portanto, de interferência sobre um direito adquirido (ROBERTS, Thomas E. United States. *In*: ALTERMAN, Rachelle. *Takings International*: A Comparative Perspective on Land Use Regulations and Compensation Rights. Chicago: American Bar Association, 2010, p. 215-227, p. 220).

[187] UNITED STATES OF AMERICA (USA). Supreme Court of the United States. *Agins v. City of Tiburon*. 447 U.S. 255, 1980.

[188] ROBERTS, Thomas E. United States. *In*: ALTERMAN, Rachelle. *Takings International*: A Comparative Perspective on Land Use Regulations and Compensation Rights. Chicago: American Bar Association, 2010, p. 215-227, p. 220.

[189] UNITED STATES OF AMERICA (USA). Supreme Court of the United States. *Lucas v. South Carolina Coastal Council*. 505 U.S. 1003, 1992.

valor da propriedade, reduzindo o valor dos lotes em aproximadamente um milhão de dólares A Suprema Corte concluiu que uma redução no valor constituiria uma tomada de propriedade – pois a medida governamental não representava uma limitação preexistente sobre o uso da propriedade e resultava em um impacto no valor econômico desta[190] –, e seria exigida justa compensação.

O caso foi encaminhado para os tribunais da Carolina do Sul com instruções de que, se o objetivo da proibição legislativa era proteger a segurança pública evitando inundações durante tempestades, e se a lei fosse razoavelmente plausível para concretizar esse propósito, seria constitucional, mesmo se houvesse interferência no uso da propriedade. Lado outro, a corte avaliou que a regulamentação seria inconstitucional se os tribunais inferiores analisassem que o objetivo da medida seria a preservação da orla marítima em seu estado natural para o benefício da vida selvagem e das gerações futuras.

Portanto, a Suprema Corte considerou que o proprietário teve de sacrificar todos os usos economicamente benéficos em nome do bem comum, ou seja, a privação deveria englobar *todo* o valor ou benefício econômico da propriedade privada, pois isso caracterizaria uma tomada de propriedade. Contudo, esta não teria ocorrido se o impacto do regulamento reduzisse o valor da propriedade apenas parcialmente,[191] haja vista que, se ainda houvesse algum outro uso disponível para a propriedade, isso não configuraria uma tomada de propriedade e a privação, mesmo em parte, não seria compensável. Logo, observa-se que o foco real de análise se encontra principalmente na expectativa do proprietário em relação ao uso da propriedade. Uma vez que ele investiu razoavelmente nela, confiando em um marco regulatório que, de repente, o proibiu de dela fazer uso, caracteriza-se uma lei *ex post facto* injusta.

Outro caso que merece ser citado é o Dolan v. City of Tigard,[192] em que a cidade de Tigard, estado do Oregon, estabeleceu duas condições para que Dolan pudesse efetuar alterações em sua propriedade comercial: (i) uma via verde para mitigar inundações e (ii) uma via para pedestres e ciclistas. Sentindo-se prejudicado pela exigência, o autor

---

[190] NEWCOMBE, Andrew. The Boundaries of Regulatory Expropriation in International Law. *ICSID Review*: Foreign Investment Law Journal, Washington v. 20, nº 1, p. 1–57, 2005, p. 21.

[191] MORRISON, Alan B. *Fundamentals of American Law*. Oxford: Oxford University Press, 1996, p. 286.

[192] UNITED STATES OF AMERICA (USA). Supreme Court of the United States. *Dolan v. City of Tigard*. 512 U.S. 374, 1994.

entrou com ação alegando que a imposição dessas condições equivaleria a uma tomada de propriedade, de acordo com a 5ª Emenda. Apesar de as instâncias inferiores afirmarem que as condições estavam razoavelmente relacionadas às mudanças propostas para a propriedade, a Suprema Corte americana considerou que, como as condições não eram proporcionais entre as mudanças propostas e as condições impostas pelo governo, estas violariam a 5ª Emenda. Isso porque a exigência de que a via verde fosse pública e não privada não seria proporcional, tendo em conta que forçaria o proprietário a renunciar ao seu direito de excluir pessoas de sua propriedade. Ainda, o município não realizou exames mais concretos sobre o tráfego, que precisariam ser específicos o suficiente para justificar as faixas para pedestres e ciclistas. Portanto, as condições equivaliam a uma tomada de propriedade que deveria ser seguida de compensação.

Já no caso Palazzalo v. Rhode Island,[193] de 2001, o proprietário era dono de um terreno em frente ao mar em Rhode Island, e a maior parte de sua propriedade constituía-se de um pântano salgado, sujeito a inundações causadas pelas marés. Os regulamentos do Programa de Gestão de Recursos Costeiros do Conselho de Gestão de Recursos de Rhode Island designaram os pântanos salgados como áreas úmidas costeiras protegidas, nas quais o desenvolvimento é bastante limitado. Após ter várias propostas para uso da propriedade negadas, o autor entrou com uma ação afirmando que os regulamentos estaduais sobre zonas úmidas haviam causado uma tomada de propriedade, sem o pagamento de compensação, violando a 5ª e a 14ª Emendas, e que a ação do conselho o teria privado de todo uso economicamente benéfico de sua propriedade.

Nas instâncias regionais, decidiu-se que o autor não teria o direito de contestar regulamentos anteriores à aquisição de sua propriedade e que, portanto, ele não poderia reivindicar a *taking* com base na negação de todo uso econômico da propriedade. Ademais, sua propriedade possuía ainda uma parcela considerável para ser desenvolvida, além da área pantanosa, que representava monetariamente o valor de US$ 200 mil dólares. Esse entendimento está em consonância com o que foi decido no caso Lucas, em que se concluiu que a medida deveria afetar a propriedade como um todo, e não apenas parcialmente, pois,

---

[193] UNITED STATES OF AMERICA (USA). Supreme Court of the United States. *Palazzolo v. Rhode Island*. 533 U.S. 606, 2001.

se ainda houvesse parcela economicamente disponível a ser utilizada, não se configuraria uma tomada de propriedade.

A demanda prosseguiu até a Suprema Corte, que denegou a decisão do tribunal estadual e decidiu que a aquisição do título, mesmo após a data efetiva dos regulamentos, não impedia as reivindicações. Nesse sentido, discutindo a aquisição do título pós-regulamentação, o juiz Kennedy asseverou que, se se aceitasse a regra de que em razão de a aquisição da propriedade ter se dado após a regulamentação ter sido promulgada o proprietário não poderia seguir com sua demanda, absolvendo o Estado de seu ato danoso, mesmo que restringisse o uso da propriedade, não importando se esta fosse extrema, o Estado estaria limitando o enfrentamento, pelas as futuras gerações, de restrições sobre o uso e o valor da propriedade, impondo uma data de expiração na cláusula de tomada da propriedade. Entretanto, a Suprema Corte concordou com a afirmação de que o autor não conseguiu estabelecer uma privação de todo o valor econômico da propriedade, já que a parcela retém um valor significativo para a construção de um imóvel.

Na evolução dos casos envolvendo a *regulatory taking*, não se pode deixar de mencionar alguns mais contemporâneos. No caso Tahoe-Sierra Preservation Council, Inc. v. Tahoe Regional Planning Agency,[194] de 2002, a Agência Regional de Planejamento de Tahoe impôs duas moratórias quanto ao uso das terras da Bacia do Lago Tahoe.[195] Os proprietários dos imóveis afetados, uma associação que representava os proprietários e o Conselho de Preservação de Tahoe-Sierra, Inc. entraram com ações alegando que as medidas constituíam uma tomada de suas propriedades sem justa compensação. O tribunal distrital concluiu que as moratórias consistiam em tomada de propriedade, visto que a agência privou temporariamente os proprietários dos imóveis de todo uso economicamente viável de suas terras. A Corte de Apelação, por sua vez, reformou a decisão, considerando que os regulamentos tinham apenas impacto temporário, não incidindo nenhuma tomada de propriedade. Já a Suprema Corte considerou que a mera promulgação dos regulamentos que implementam a moratória não constituiria uma *taking per se*, porém argumentou que a tomada de propriedade dependia das expectativas dos proprietários, do impacto real da medida, do

---

[194] UNITED STATES OF AMERICA (USA). Supreme Court of the United States. *Tahoe-Sierra Preservation Council, Inc. v. Tahoe Regional Planning Agency*. 535 U.S. 302, 2002.
[195] A primeira moratória vigorou de 24 de agosto de 1981 até 26 de agosto de 1983, e a segunda moratória, de 27 de agosto de 1983 a 25 de abril de 1984, totalizando 32 meses.

interesse público e das razões para a moratória, em clara aplicação do teste multifatorial desenvolvido no caso Penn Central. A corte concluiu que a adoção de uma regra categórica sobre privação de qualquer uso econômico da propriedade constituiria uma tomada compensável de propriedade, por mais breve que fosse.

O caso Kelo v. City of New London,[196] de 2005, também merece ser citado, pois ilustra o exercício do poder de domínio eminente da cidade de New London, Connecticut, e, também, da *regulatory taking*. O município, por meio de legislação específica, confiscou propriedades para revendê-las a entes privados, alegando que o uso da terra pelos novos proprietários criaria empregos e aumentaria as receitas fiscais da cidade. A demandante, juntamente com outras pessoas que tiveram suas propriedades confiscadas, entrou com ação contra New London argumentando que o município violou a 5ª Emenda, porquanto a tomada da propriedade para revenda a entes privados não representava finalidade pública. Nesse caso, a Suprema Corte também reafirmou o teste multifatorial do caso Penn Central como norte para analisar se houve uma tomada de propriedade caracterizada por uma regulamentação legítima ou não.[197] O tribunal decidiu, por maioria, que a tomada de propriedade privada pela cidade para vendê-la ao setor privado era qualificada como interesse público no âmbito da 5ª Emenda. Para a Suprema Corte, o município não estava tomando a propriedade para beneficiar um certo grupo de indivíduos em particular, porém estava seguindo um plano de desenvolvimento econômico. As receitas auferidas pela municipalidade seriam qualificadas como de "uso público", apesar de a terra não ser utilizada pelo "público". De acordo com a corte, a 5ª Emenda não exigia uso público "literal", cabendo a interpretação mais ampla do uso público como "propósito público". Logo, uma das maiores inovações do caso Kelo foi a ampliação do domínio eminente para benefícios de desenvolvimento econômico.[198]

Por fim, no caso Lingle v. Chevron U.S.A. Inc.,[199] de 2005, o Havaí promulgou uma medida que limitava o valor que as companhias

---

[196] UNITED STATES OF AMERICA (USA). Supreme Court of the United States. *Kelo v. City of New London*. 545 U.S. 469, 2005a.

[197] SANDERS, Anthony B. Of All Things Made in America Why Are We Exporting the Penn Central Test? *Northwestern Journal of International Law & Business*, Chicago, v. 30, nº 2, p. 339–381, 2010, p. 340.

[198] WATSON, Alan. *Legal Transplants*: An Approach to Comparative Law. 2. ed. Athens: The University of Georgia Press, 1993, p. 432.

[199] UNITED STATES OF AMERICA (USA). Supreme Court of the United States. *Lingle v. Chevron U.S.A. Inc.* 544 U.S. 528, 2005b.

de petróleo poderiam cobrar dos concessionários para locação de estações de serviço de propriedade da empresa. O limite do aluguel foi uma resposta às preocupações sobre os efeitos da concentração do mercado nos preços da gasolina. A Chevron, por sua vez, argumentou que essa limitação consistia em uma tomada inconstitucional de sua propriedade. O tribunal distrital considerou que a limitação equivaleria a uma violação da 5ª Emenda, sem compensação, pois não antecipava substancialmente o interesse do Havaí no controle dos preços do gás. A Suprema Corte, por decisão unânime, considerou que a fórmula da antecipação substancial, já apresentada no caso Agins, não era apropriada para determinar se um regulamento equivalia a uma tomada de propriedade de acordo com a 5ª Emenda. Para ser considerada *taking*, a demandante deveria, portanto, basear-se na gravidade do ônus que a regulamentação impunha aos direitos de propriedade, e não na eficácia da medida em favorecer o interesse do governo.

Nesse sentido, faz-se necessário destacar que as legislações estatais americanas também detêm um papel importante na difusão da *regulatory taking*. Dentre elas, a mais notória foi a do estado de Oregon, consubstanciada pela Medida nº 37, de 2004, e, posteriormente, pela Medida nº 49, de 2007, que reverteu parcialmente a regulação anterior. Ocorre que uma das principais fontes de atrito no sistema de uso da terra do estado de Oregon tem sido o tratamento de proprietários rurais que adquiriram suas propriedades com a expectativa de que um dia pudessem desenvolvê-las. Essas expectativas foram limitadas ao longo do tempo pelo programa estadual de uso da terra e seu foco na conservação de terras agrícolas e florestais e na limitação da disseminação do desenvolvimento urbano. A Medida nº 37 requeria que os governos locais compensassem monetariamente os proprietários de terras cujas propriedades tivessem seu valor diminuído em função de regulamentos sobre o uso da terra ou, sob certas condições, que isentassem completamente esses proprietários de tais regulamentos. Essa regulação foi mais audaciosa que qualquer outra lei estadual nos EUA, uma vez que apresentou um remédio para os proprietários de terra, impedindo que o Estado promovesse *regulatory takings* sem compensar os proprietários de terra.[200]

Contudo, com o advento da Medida nº 49, reivindicações poderiam ser apresentadas caso o governo estadual ou local promulgasse

---

[200] GALVAN, Sara C. Gone Too Far: Oregon's Measure 37 and the Perils of Over-Regulating Land Use. *Yale Law & Policy Review*, New Haven, v. 23, nº 2, p. 587–600, 2005, p. 587.

um regulamento de uso da terra após 1º de janeiro de 2007. A nova demanda dos proprietários deve ser apresentada dentro de cinco anos da data em que o regulamento sobre o uso da terra tiver sido promulgado e deve demonstrar que a medida restringe o uso residencial ou uma prática agrícola ou florestal, reduzindo o justo valor de mercado da propriedade.

Desse modo, tem-se que a *regulatory taking* está no centro dos debates sobre os limites do controle governamental sobre a propriedade privada na ordem jurídica americana.[201] Apesar de toda a evolução jurisprudencial evidenciada, tem-se que o Direito americano ainda é relutante em formular uma diretriz categórica e, em vez disso, a Suprema Corte americana preferiu criar uma regra que ponderasse as circunstâncias relevantes de cada caso para determinar se a compensação deve ou não ser paga.[202]

Casos paradigmáticos envolvendo regulação que desvaloriza a propriedade ou impede que o proprietário desfrute de seu uso deixaram claro que as interferências sobre os direitos de propriedade não se limitam à transferência formal do título de propriedade, mas também envolvem a ação danosa de uma regulação que limita o exercício dos direitos de propriedade. Segundo a interpretação da 5ª Emenda, mesmo que a tomada da propriedade tenha finalidade pública, deverá ser seguida de compensação.

Nessa toada, concorda-se com o entendimento de que a compensação se torna importante para: (i) a internalização dos custos; (ii) a garantia da equidade; e (iii) a promoção do uso eficiente dos recursos. No primeiro caso, o governo americano pode não estar atento aos custos de suas regulações e, a menos que seja forçado a compensar os afetados, será mais provável que passe a promulgar medidas que resultem em benefícios maiores que os custos, inclusive no que tange aos direitos, como a preservação do meio ambiente e do patrimônio histórico e cultural. Além disso, a compensação garante a equidade ao impedir que um pequeno grupo de proprietários arque com os encargos da regulação, uma vez que o ônus não terá sido ou não poderá ser distribuído de forma mais ampla. Por fim, tem-se que a garantia de compensação influenciará nas decisões dos agentes em adquirir ou

---

[201] MICELI, Thomas J. *The Economic Theory of Eminent Domain*: Private Property, Public Use. Cambridge: Cambridge University Press, 2011, p. 151.

[202] SORNARAJAH, Muthucumaraswamy. *The International Law on Foreign Investment*. 4. ed. New York: Cambridge University Press, 2017, p. 440.

investir na propriedade, uma vez que, se eles tiverem certeza de que serão compensados por quaisquer perdas causadas por ação governamental, poderão conter a aversão ao risco.

No entanto, conforme foi-se percebendo uma ampliação dos APPRIs no cenário internacional, tanto na modalidade bilateral quanto na regional, semelhanças entre as disposições sobre expropriação indireta, mais especificamente aquelas previstas nos anexos dos acordos, e as premissas da *regulatory taking* americana foram sendo notadas.[203] Considerando que os EUA iniciaram seu modelo de BIT no final dos anos 1970 e, durante a década de 1990, vincularam-se ativamente a vários acordos preferenciais de comércio, passa-se à análise do modo como se vislumbra a *regulatory taking*, ou algumas de suas características relevantes, na ordem jurídica internacional.

2.3 A exportação da *regulatory taking* para o âmbito internacional

Segundo Waelde e Kolo,[204] o termo *regulatory taking* ainda não foi formalmente utilizado na redação de nenhum BIT ou acordo preferencial de comércio. No entanto, ao se considerar a evolução da expropriação tradicional para as formas mais modernas de interferência e ao se analisar a linguagem dos primeiros acordos de investimento dos EUA, na década de 1980 e no início dos anos 1990, sugere-se que os APPRIs claramente incluíram em sua redação – até certo ponto – esse instituto, como uma forma não convencional e atual de expropriação e que demanda pagamento de compensação.[205]

De início, em 1977, o Departamento de Estado Americano e o U. S. Office of the Trade Representative (USTR) começaram um programa para elaborar a política americana quanto à proteção internacional dos investimentos. Ele resultou no primeiro modelo de BIT americano em

---

[203] STANLEY, Jon A. Keeping Big Brother Out of Our Backyard: Regulatory Takings as Defined in International Law and Compared to American Fifth Amendment Jurisprudence. *Emory International Law Review*, Atlanta, v. 15, nº 1, p. 349–389, 2001, p. 350.

[204] WAELDE, Thomas; KOLO, Abba. Environmental Regulation, Investment Protection and 'Regulatory Taking' in International Law. *International and Comparative Law Quarterly*, London, v. 50, nº 4, p. 811–848, 2001, p. 821.

[205] STANLEY, Jon A. Keeping Big Brother Out of Our Backyard: Regulatory Takings as Defined in International Law and Compared to American Fifth Amendment Jurisprudence. *Emory International Law Review*, Atlanta, v. 15, nº 1, p. 349–389, 2001, p. 356.

1981,[206] que incluía a expropriação indireta ao se referir a uma medida ou a uma "série de medidas", diretas ou "indiretas equivalentes à expropriação" (em inglês, *indirect tantamount to expropriation*). Nesse sentido, a definição de expropriação do BIT era ampla e flexível, estabelecendo que, essencialmente, qualquer medida – independentemente da forma – que tenha o efeito de privar um investidor da administração, do controle ou do valor econômico em um projeto poderia constituir uma expropriação, sendo obrigatório o pagamento de compensação igual ao seu justo valor de mercado. Além de incluir essa roupagem, o BIT também previa o mecanismo arbitral de solução de controvérsias investidor-Estado, algo que ainda estava se disseminando à época e não era tão comum quanto nos dias de hoje.

Outrossim, é importante fazer um paralelo entre a assinatura desse acordo e o cenário doméstico americano à época. Como ressaltado anteriormente, o final da década de 1970 foi marcado pela decisão do caso Penn Central, de 1978, um dos mais relevantes da jurisprudência americana sobre os direitos de propriedade e sobre a interpretação da 5ª Emenda à Constituição americana, visto que nele foi estabelecida uma lista multifatorial que orientaria o exame da incidência da *regulatory taking*. Essa análise seria baseada no impacto econômico da medida, no seu caráter governamental e na extensão das expectativas frustradas. O modelo de BIT americano foi concluído e assinado pouco tempo depois, no início da década de 1980, tendo em seu bojo a menção explícita a outras formas de expropriação, que seriam identificáveis a partir de seus efeitos privativos ao investidor, inclusive em seu valor econômico, sendo obrigatória a compensação – teor semelhante ao aplicado na ordem jurídica interna americana. Apesar de não se identificar explicitamente a característica atinente às expectativas, ela está implícita, pois qualquer privação à administração, ao controle ou ao valor de uma propriedade a inutiliza total ou parcialmente para uso e gozo futuro.

Considerando a simbiose entre ambas as perspectivas, nesse período evolutivo surgiram também outras iniciativas marcantes e que se relacionam ao translado da *regulatory taking* ao plano internacional. Primeiro, houve a negociação do Acordo de Livre Comércio entre EUA e Canadá, em 1986, o qual incorporou a linguagem do BIT americano sobre expropriação em seu texto, porém sem prever a arbitragem

---

[206] DI ROSA, Paolo; HEWETT, Dawn Y. Yamane. The New 2012 U.S. Model BIT: Staying the Course. *In*: BJORKLUND, Andrea (ed.). *Yearbook on International Investment Law & Policy 2012–2013*. Oxford: Oxford University Press, 2014, p. 595–607, p. 596.

investidor-Estado. Esse acordo, por sua vez, evoluiu para a criação do NAFTA, em 1993, área de livre comércio entre Canadá, EUA e México. Apesar de ter sido recentemente renegociado,[207] o NAFTA foi um marco na área do Direito Internacional dos Investimentos, pois combinou, pela primeira vez em um acordo regional, a linguagem do BIT americano – incluindo as disposições sobre proteção da propriedade estrangeira e o dever de compensação – e a arbitragem investidor-Estado.

O artigo 1.110 do NAFTA repete a premissa dos instrumentos internacionais anteriores ao dispor sobre a proibição de medidas expropriatórias ou equivalentes à expropriação e incluir o condicionamento da medida ao interesse público, à não discriminação, à atenção ao devido processo legal e ao pagamento de compensação como condições de legitimidade da medida.[208] Vislumbra-se que essa inclusão corrobora as justificativas no âmbito da *regulatory taking* acerca do papel da compensação na internalização dos custos das regulações e na contenção da aversão ao risco. Do ponto de vista da proteção dos investimentos, o pagamento mandatório de compensação no plano internacional chamaria a atenção dos Estados sobre os custos de seus regulamentos ao serem forçados a compensar os investidores, bem como garantiria a estes que seriam compensados por quaisquer medidas regulatórias excessivas que pudessem efetivamente privá-los do uso ou do benefício de um investimento.

Conforme assevera Muthucumaraswamy Sornarajah,[209] as medidas equivalentes à expropriação foram proliferando-se internacionalmente por meio dessa indicação, que passava a reconhecer também como expropriação situações não tão óbvias de interferência nos direitos de propriedade dos investidores. Entretanto, nem o BIT americano (inclusive em suas versões mais recentes, de 2004 e 2012), nem o NAFTA discriminavam quais seriam essas medidas equivalentes

---

[207] A renegociação do NAFTA começou a ser discutida quando da ascensão do governo Trump, em 2017, visto que este se opunha ao acordo original, classificando-o como antiquado e desfavorável aos interesses dos Estados Unidos. A renegociação ocorreu em 2018; contudo, não houve implicações para o capítulo de investimentos. O novo acordo, agora repaginado, foi assinado em 30 de novembro de 2018 e passa a se chamar Acordo Estados Unidos-México-Canadá (*United States-Mexico-Canada Agreement* – USMCA).

[208] CHAPTER Eleven: Investment. *In*: *North America Free Trade Agreement (NAFTA)*. Part Five: Investment, Services and Related Matters. 1994. Disponível em: https://international.gc.ca/trade-commerce/trade-agreements-accords-commerciaux/agr-acc/nafta-alena/fta-ale/11.aspx?lang=eng&_ga=2.111423559.2135367391.1555950062-221068697.1555950062. Acesso em: 20 abr. 2019.

[209] SORNARAJAH, Muthucumaraswamy. *The International Law on Foreign Investment*. 4. ed. New York: Cambridge University Press, 2017, p. 436.

sujeitas a compensação, nos termos do Direito Internacional, ou como distingui-las das regulações lícitas não compensáveis.[210]

O que se observa nesse caso é um efeito de exportação da norma em cadeia, visto que as linhas mestras da *regulatory taking* foram importadas pelos BITs americanos e estes, por sua vez, foram replicados no NAFTA, espraiando-se para as relações com Canadá e México. Ressalta-se que esse encadeamento demonstra apenas o início de um fenômeno de maior amplitude, visto que essas regras continuaram a ser reproduzidas nos BITs e nos acordos de livre comércio firmados pelos EUA, pelo Canadá e pelo México – neste de forma ainda mais específica[211] – e, ainda, em vários outros BITs que passaram a adotar linguagem semelhante.

Um exemplo também regional e da mesma época é o Tratado da Carta da Energia, assinado em 1994 e em vigor desde 1998. Trata-se de um acordo setorial que contém capítulo sobre investimentos, bem como um sistema de solução de controvérsias para disputas relacionadas à matéria energética. Nele, a expropriação segue o padrão já estabelecido pelo NAFTA em seu artigo 13, item 1,[212] dispondo que a parte não deve ser submetida a medida com efeito equivalente à expropriação, exceto nas condições já elencadas no acordo norte-americano. Ainda, no âmbito multilateral, pode-se afirmar que o MAI, iniciativa subsidiada pela OCDE no final da década de 1990 em prol de um acordo multilateral na área, também foi influenciado por essa moldura jurídica, pois replica a mesma abordagem à expropriação indireta.

Atualmente, essa inserção também pode ser vislumbrada, de forma um pouco mais restrita, no CPTPP. Em vigor desde dezembro de

---

[210] BEEN, Vicki; BEAUVAIS, Joel C. The Global Fifth Amendment? Nafta's Investment Protections and the Misguided Quest for an International "Regulatory Takings" Doctrine. *New York University Law Review*, New York, v. 78, nº 1, p. 30–143, 2003, p. 54.

[211] Ressalta-se que o México iniciou seu sistema de BITs na metade da década de 1990, tendo intensificado esse arcabouço nos anos 2000. Isso significa que o país já incorporou uma linguagem ainda mais moderna da inclusão da cláusula de expropriação indireta, mencionando claramente que nenhum país poderia expropriar direta ou indiretamente os investimentos da outra parte em seu território, reforçando essa disposição, logo depois, com o texto usual "por medidas equivalentes à expropriação" (SWITZERLAND; MEXICO. *Agreement Between the Swiss Confederation and the United Mexican States on the Promotion and Reciprocal Protection of Investments*. 1995. Artigo 7 (1). Disponível em: https://investmentpolicy.unctad.org/international-investment-agreements/treaty-files/2006/download. Acesso em: 4 jul. 2022.

[212] EUROPE. European Parliament. *The Energy Charter Treaty (with Incorporated Trade Amendment) and Related Documents*. 14 jul. 2014. Artigo 13 (1). Disponível em: http://www.europarl.europa.eu/meetdocs/2014_2019/documents/itre/dv/energy_charter_/energy_charter_en.pdf. Acesso em: 4 jul. 2022.

2018, este consiste em mega-acordo regional de comércio envolvendo economias do Pacífico que, inicialmente, contava com os EUA como um dos fundadores, tendo este se retirado em 2017. O artigo 9.8, item 1, dispõe especificamente que as partes não deverão expropriar direta ou indiretamente investimentos por meio de medidas equivalentes à expropriação ou à nacionalização, fazendo uma ressalva no item 5 sobre direitos de propriedade intelectual, que não estão incluídos.[213]

Entretanto, de acordo com Vicki Been e Joel C. Beauvais,[214] ao se analisar alguns casos sob o sistema de solução de controvérsias arbitral do NAFTA envolvendo o artigo 1.110, infere-se que, apesar da absorção ocorrida, essa disposição vai além da *regulatory taking*, seja em aspectos substantivos, seja sob o prisma processual. Isso pode ser percebido ao se analisar melhor as distinções entre ambos os institutos. Em primeiro lugar, os direitos de propriedade protegidos no Direito Internacional dos Investimentos são mais amplos que aqueles resguardados pelo Direito interno americano, pois não envolvem somente direitos reais tangíveis, mas também intangíveis,[215] apresentando – dependendo das definições do acordo de investimentos em questão – desde direitos contratuais, *market share*[216] e lucros futuros até direitos de propriedade intelectual. No caso Methanex v. United States, o tribunal arbitral assevera essa constatação destacando que, "certamente, a noção restritiva de propriedade como uma 'coisa' material é obsoleta e cedeu seu lugar a uma concepção contemporânea que inclui o controle gerencial sobre os componentes de um processo de produção riqueza".[217]

---

[213] CHAPTER 9. *In*: CANADA *et al*. Comprehensive and Progressive Agreement for Trans-Pacific Partnership Implementation Act. 2018. Disponível em: https://www.dfat.gov.au/sites/default/files/9-investment.pdf. Acesso em: 13 ago. 2022.

[214] BEEN, Vicki; BEAUVAIS, Joel C. The Global Fifth Amendment? Nafta's Investment Protections and the Misguided Quest for an International "Regulatory Takings" Doctrine. *New York University Law Review*, New York, v. 78, nº 1, p. 30–143, 2003, p. 59.

[215] FRIEDMAN, Samy. *Expropriation in International Law*. London: Stevens & Sons, 1953, p. 146.

[216] No caso S. D. Myers contra o Canadá, arbitragem de investimentos sob a égide do NAFTA, foi reconhecido pelo tribunal arbitral que o *market share* constituído em outro país – no caso, no Canadá – poderia também ser considerado um investimento protegido pelo capítulo 11 do NAFTA (NORTH AMERICAN FREE TRADE AGREEMENT (NAFTA). *S. D. Myers, Inc. v. Government of Canada*. Partial Award. 13 nov. 2000c, parágrafos 238–232).

[217] Tradução nossa. No original: "*Certainly, the restrictive notion of property as a material 'thing' is obsolete and has ceded its place to a contemporary conception which includes managerial control over components of a process that is wealth producing*" (NORTH AMERICAN FREE TRADE AGREEMENT (NAFTA). *Methanex Corporation v. United States of America*. Final Award of the Tribunal on Jurisdiction and Merits. 3 ago. 2005, parte 4, capítulo D, parágrafo 17).

Em segundo lugar, outro aspecto que faz com que se reflita sobre essa maior amplitude do NAFTA refere-se à análise das próprias regulações que interferem nos direitos de propriedade. No Direito doméstico americano, elas limitam-se àquelas que envolvem um decréscimo no valor econômico das propriedades por não ser possível utilizá-las como se esperava originalmente. No Direito Internacional dos Investimentos, as regulações que poderão afetar os direitos de propriedade abrangem não somente as que envolvem uma diminuição no valor do direito real em si, mas também normas estatais que impliquem redução da atividade lucrativa,[218] o que ocorre, por exemplo, quando licenças para operar são retiradas ou quando há restrições às exportações,[219] limitando o acesso ao mercado do país.[220] Ademais, segundo Been e Beauvais, as ações do judiciário de um país também podem ser consideradas expropriações, contrariando a regra doméstica dos EUA de que a mudança legal resultante no processo de *common law* não dá origem a um dos requisitos que enseja a compensação.[221] Dessa forma, há mais

---

[218] SORNARAJAH, Muthucumaraswamy. *The International Law on Foreign Investment*. 3. ed. New York: Cambridge University Press, 2010, p. 368-370.

[219] Ressalta-se que o caso S. D. Myers foi motivado por um banimento canadense às exportações de resíduos perigosos chamados bifenilos policlorados (PCBs) e proibiu a exportação dos Estados Unidos sem autorização da Agência de Proteção Ambiental Americana. Como o país era signatário da Convenção de Basileia sobre o Controle de Movimentos Transfronteiriços de Resíduos Perigosos e sua Eliminação, a política canadense geralmente limitava exportações de resíduos tóxicos. A Lei de Controle de Substâncias Tóxicas Americana proibiu a importação de resíduos perigosos – com exceções limitadas, como resíduos de bases militares estadunidenses –, e a Agência de Proteção Ambiental determinou que os PCBs eram prejudiciais aos seres humanos e tóxicos para o meio ambiente. No entanto, em 1995, a Agência decidiu permitir que S.D. Myers e nove outras empresas importassem PCBs para os Estados Unidos para processamento e descarte. O Canadá proibiu temporariamente os carregamentos de PCBs, buscando rever as leis e as regulamentações conflitantes com as obrigações assumidas na Convenção da Basileia. A empresa S. D. Myers argumentou que a proibição canadense constituía discriminação disfarçada e equivalia a uma expropriação, além de violar a disposição do NAFTA que proíbe exigências de desempenho e a obrigação de seguir um "padrão mínimo de tratamento" (NORTH AMERICAN FREE TRADE AGREEMENT (NAFTA). *S. D. Myers, Inc. v. Government of Canada*. Partial Award. 13 nov. 2000c).

[220] No caso Pope & Talbot, o tribunal arbitral reconheceu que o acesso ao mercado americano representava um interesse de propriedade a ser protegido pelo NAFTA, embora depois tenha concluído que a interferência na propriedade não era suficientemente substancial para constituir expropriação, pois, para o tribunal, o investidor reteve o controle sobre seu negócio e continuou a exportar quantidades substanciais de madeira, continuando a gerar lucros substanciais sobre essas exportações (NORTH AMERICAN FREE TRADE AGREEMENT (NAFTA). *Pope & Talbot Inc. v. The Government of Canada*. Interim Award. 26 jun. 2000b, parágrafos 96–101).

[221] BEEN, Vicki; BEAUVAIS, Joel C. The Global Fifth Amendment? Nafta's Investment Protections and the Misguided Quest for an International "Regulatory Takings" Doctrine. *New York University Law Review*, New York, v. 78, nº 1, p. 30–143, 2003, p. 59.

direitos protegidos contra medidas equivalentes à expropriação no Direito Internacional dos Investimentos do que no Direito americano.[222]

Outrossim, parece necessário destacar também que, no Direito Internacional, as medidas estatais que poderão configurar interferência na propriedade do investidor não estão limitadas ao nível federal, mas incluem também o estadual e o municipal. Além disso, essas medidas também envolvem normas de interesse geral – por exemplo, aquelas voltadas para a proteção ambiental. No caso Metalclad,[223] apesar de ter sido concedida licença federal para a empresa construir um aterro para descarte de resíduos, houve uma série de atos municipais que tentaram denegar o funcionamento do empreendimento, além de um decreto ecológico do estado declarando a propriedade área de preservação ambiental para a proteção de cactos raros, culminando no impedimento de qualquer uso pela Metalclad de suas instalações. Instaurada a arbitragem de investimentos no âmbito do NAFTA, o tribunal arbitral considerou que o município de Guadalcázar somente tinha competência sobre questões relacionadas à construção física no local e, por isso, agiu fora de sua autoridade. Logo, sua ação foi considerada um ato equivalente à expropriação. Ainda, o tribunal decidiu, alternativamente, que o decreto ecológico emitido pelo governador do Estado de San Luis Potosí, por mais que visasse à proteção ao meio ambiente, também representava um ato equivalente à expropriação.[224]

Em terceiro lugar, ressalta-se que o grau de interferência da medida na *regulatory taking* deve ser total, conforme entendimento firmado no caso Lucas v. South Carolina Coastal Council. Todavia, o Direito Internacional dos Investimentos é ambíguo nesse sentido, admitindo um certo grau de interferência, não necessariamente total, como condição para que uma medida seja equivalente à expropriação.[225] Segundo Kriebaum,[226] a chave é analisar se houve destruição da

---

[222] BEEN, Vicki; BEAUVAIS, Joel C. The Global Fifth Amendment? Nafta's Investment Protections and the Misguided Quest for an International "Regulatory Takings" Doctrine. *New York University Law Review*, New York, v. 78, nº 1, p. 30–143, 2003, p. 65–66.

[223] NORTH AMERICAN FREE TRADE AGREEMENT (NAFTA). *Metalclad Corporation v. The United Mexican States*. ICSID Case nº ARB(AF)/97/1. Award. 20 ago. 2000a.

[224] NORTH AMERICAN FREE TRADE AGREEMENT (NAFTA). *Metalclad Corporation v. The United Mexican States*. ICSID Case nº ARB(AF)/97/1. Award. 20 ago. 2000a, parágrafos 102–112.

[225] STANLEY, Jon A. Keeping Big Brother Out of Our Backyard: Regulatory Takings as Defined in International Law and Compared to American Fifth Amendment Jurisprudence. *Emory International Law Review*, Atlanta, v. 15, nº 1, p. 349–389, 2001, p. 370.

[226] KRIEBAUM, Ursula. Regulatory Takings: Balancing the Interests of the Investor and the State. *Journal of World Investment & Trade*, Leiden, v. 8, nº 5, p. 717–744, 2007, p. 723.

capacidade de fazer uso do investimento em sentido econômico, não sendo necessário que a tomada total tenha ocorrido, a qual deixaria o investidor sem qualquer direito residual. Logo, não é necessário que o investidor seja privado de todo o seu investimento. A restrição poderá ser parcial,[227] porém, como requisito tanto da *regulatory tanking* quanto da expropriação indireta, a privação resultante desse ato deverá ser permanente.

Em quarto lugar, devido ao fato de o NAFTA envolver o sistema da arbitragem investidor-Estado, outra distinção seria a análise direta da disputa, sem que se dependa do exaurimento dos recursos administrativos e judiciais internos, como é no Direito doméstico americano. Procedimentalmente, não é necessário que o investidor esgote todas essas instâncias para endereçar a demanda, o que é visto, muitas vezes, como uma evolução ou até mesmo uma vantagem para o investidor prejudicado, pois torna a dinâmica menos burocrática e mais célere em comparação com a do Direito americano.[228]

Nesse diapasão, conclui-se que a *regulatory taking* foi incorporada ao Direito Internacional, a partir do BIT americano, seguindo depois para o âmbito do NAFTA. No entanto, frisa-se que no Direito Internacional essa premissa tornou-se mais encorpada, uma vez que o escopo é maior e o grau de interferência não precisa ser necessariamente total, além de os direitos protegidos serem amparados pela arbitragem investidor-Estado, sem que se dependa dos procedimentos domésticos estatais.

Contudo, ressalta-se que o desenvolvimento e a aplicação do NAFTA desencadearam dois tipos de reação na comunidade internacional em relação à questão das intervenções equivalentes à expropriação. A primeira foi positiva, tendo o acordo sido reconhecido e utilizado como padrão para outros Estados, que passaram a replicar suas diretrizes. A segunda foi negativa e marcada por severas críticas, especialmente aquelas voltadas para o processo de globalização. Isso, pois, o acordo norte-americano sempre foi considerado muito protetivo

---

[227] Nesse sentido, o caso Metalclad Corp. v. United Mexican States dispõe que a revogação de uma garantia de tratamento especial, certas regulações ou a denegação de permissões fazem com que seja impossível que o investidor ainda utilize economicamente seu investimento (NORTH AMERICAN FREE TRADE AGREEMENT (NAFTA). *Metalclad Corporation v. The United Mexican States*. ICSID Case nº ARB(AF)/97/1. Award. 20 ago. 2000a, p. 5).

[228] BEEN, Vicki; BEAUVAIS, Joel C. The Global Fifth Amendment? Nafta's Investment Protections and the Misguided Quest for an International "Regulatory Takings" Doctrine. *New York University Law Review*, New York, v. 78, nº 1, p. 30–143, 2003, p. 83.

e concentrado na proteção dos investidores privados, embora reconheça vagamente interesses públicos, por exemplo, em seu preâmbulo – em seção sobre a relação com os acordos de meio ambiente –, nas exceções gerais e no *North American Agreement on Environmental Cooperation* (NAAEC), acordo ambiental criado paralelamente ao arcabouço jurídico do NAFTA.[229]

Joseph E. Stiglitz,[230] um dos mais notáveis críticos desse processo, ao endereçar severas críticas à atuação das multinacionais ressalta sua mudança de estratégia a partir do reconhecimento de que sua influência possa ser exercida na redação dos acordos internacionais de forma ainda mais efetiva do que no planejamento das políticas nacionais. Para o autor, isso, aliado ao fato de as negociações de comércio internacional serem sigilosas, oferece terreno fértil para os investidores internacionais que desejam driblar o processo democrático para alcançar regras e regulamentos ao seu gosto.

O autor também cita que essa influência é notada no âmbito do capítulo 11 do NAFTA e da cláusula de expropriação indireta, que garante o direito de compensação ao investidor e o acesso das empresas transnacionais à arbitragem de investimentos para questionar uma regulação soberana. Apesar de o presente trabalho defender que interferências regulatórias no uso, no gozo, no valor ou na condução do investimento podem configurar expropriação indireta, nem toda ingerência equivale à expropriação.[231]

Nesse sentido, Stiglitz faz com que se reflita sobre o modo como estão sendo projetados os acordos preferenciais de comércio. Segundo o autor, estes fazem com que os incentivos sociais e privados se tornem ainda mais desafinados,[232] já que a empresa tenta ao máximo não arcar com seus custos, explorando o desequilíbrio de poder existente

---

[229] BEEN, Vicki; BEAUVAIS, Joel C. The Global Fifth Amendment? Nafta's Investment Protections and the Misguided Quest for an International "Regulatory Takings" Doctrine. *New York University Law Review*, New York, v. 78, nº 1, p. 30–143, 2003, p. 99; TINKER, Catherine. NAFTA: A experiência da América do Norte, dez anos depois: relação entre comércio e proteção do meio-ambiente baseada na cooperação, e não na harmonização do direito ambiental. *Cadernos do Programa de Pós-Graduação em Direito – PPGDir./UFRGS*, Porto Alegre, v. 2, nº 5, p. 572–591, 2014. Disponível em: https://seer.ufrgs.br/ppgdir/article/view/49556. Acesso em: 4 jul. 2022.

[230] STIGLITZ, Joseph E. *Globalização*: como dar certo. São Paulo: Companhia das Letras, 2007, p. 315.

[231] STIGLITZ, Joseph E. *Globalização*: como dar certo. São Paulo: Companhia das Letras, 2007, p. 315.

[232] STIGLITZ, Joseph E. *Globalização*: como dar certo. São Paulo: Companhia das Letras, 2007, p. 316.

entre transnacional e Estado.[233] Assim, sua maior contribuição para este estudo é, justamente, instigar sobre as mais recentes negociações envolvendo a matéria.

2.4 Expropriação indireta

Atualmente, a expropriação indireta é elemento central[234] e controverso no debate sobre a proteção internacional dos investimentos.[235] Sua incidência foi percebida, de início, quando medidas estatais, aparentemente inofensivas e comumente aceitáveis,[236] afetavam de forma potencialmente negativa o investimento estrangeiro, o que despertava inquietação e estranheza na comunidade internacional. Contudo, sua positivação no âmbito internacional somente ocorreu a partir do processo de bilateralização dos acordos de investimentos, nos anos 1980 e 1990, quando passaram a integrar a matéria.

A expropriação indireta consiste em uma variedade de ações regulatórias, omissões ou outras condutas deletérias[237] que impactam a operação normal da companhia estrangeira de forma negativa, privando o investidor do uso ou do gozo do investimento e comprometendo os benefícios substanciais da propriedade, sem que haja uma transferência formal do título da propriedade. Desse modo, o Estado, por meio de atos do Executivo, do Legislativo, das agências especializadas, de ações realizadas pelos governos subnacionais, como estados e municípios,

---

[233] STIGLITZ, Joseph E. *Globalização*: como dar certo. São Paulo: Companhia das Letras, 2007, p. 312.

[234] Segundo pesquisa realizada por Bonnitcha, Poulsen e Waibel, até setembro de 2016 foram contabilizadas 739 arbitragens de investimentos no navegador de Resolução de Disputas sobre Investimentos da UNCTAD. Dessas, 331 demandas envolviam alegações de incidência de expropriação indireta (45% das demandas), sendo que em 47 delas os investidores lograram sucesso e os Estados foram condenados (BONNITCHA, Jonathan; POULSEN, Lauge N. Skovgaard; WAIBEL, Michael. *The Political Economy of the Investment Treaty Regime*. Oxford: Oxford University Press, 2017, p. 94).

[235] FORTIER, L. Yves; DRYMER, Stephen L. Indirect Expropriation in the Law of International Investment: I Know it when I See it, or Caveat Investor. *ICSID Review*, Washington, v. 19, nº 2, p. 79–110, 2004; RATNER, Steven R. Regulatory Takings in Institutional Context: Beyond the Fear of Fragmented International Law. *The American Journal of International Law*, Washington, v. 102, nº 3, p. 475–528, 2008, p. 482-484.

[236] SCHWARZENBERGER, Georg. *Foreign Investments and International Law*. New York: Frederick A. Praeger Publishers, 1969, p. 4.

[237] HOFFMANN, Anne K. Indirect Expropriation. *In*: REINISCH, August (org.).*Standards of Investment Protection*. Oxford: Oxford University Press, 2008, p. 151–170, p. 152; REISMAN, William Michael; SLOANE, Robert D. Indirect expropriation and its valuation in the BIT generation. *Faculty Scholarship Series*, New Haven, Paper 1002, p. 115–150, 2004, p. 118.

e, também, do Judiciário,[238] pode afetar os direitos de propriedade do investidor, tornando a permanência do investimento ou a geração de lucros impossível e forçando-o a encerrar suas operações.[239]

Essa modalidade de interferência nos direitos de propriedade tem premissas semelhantes às da expropriação tradicional, como estar condicionada ao interesse público, não ser discriminatória e seguir o devido processo legal, além da obrigação de o Estado prover o pagamento de compensação justa, adequada e efetiva, nos padrões da fórmula Hull. Caso um desses itens não seja atendido, a expropriação será considerada ilícita e será requerido o pagamento de restituição, por meio de cálculo distinto do realizado quando da expropriação lícita.[240]

A expropriação indireta diferencia-se da direta, também, em razão de seu escopo ou do tipo de propriedade afetada. Enquanto a expropriação direta refere-se à transferência de propriedade tangível para o Estado, a indireta abrange direitos tangíveis e/ou intangíveis, incluindo pagamentos e direitos de participação no investimento, expectativa de lucros, direitos de propriedade intelectual, dentre outros, a depender das definições dos direitos de propriedade envolvidos.

Ressalta-se que o reconhecimento da expropriação indireta no âmbito internacional ainda é um processo em andamento e que se espraia por duas vertentes. A primeira refere-se à sua incidência *ex ante*, quando o termo é inserido nos acordos de investimento por meio do processo negociador normativo entre Estados. Essa prescrição se iniciou de forma tímida, progredindo para referências que vão desde textos vagos e pouco diretos, como medidas equivalentes à expropriação (*measures tantamount to expropriation*[241] ou *equivalent to expropriation*[242])

---

[238] BONNITCHA, Jonathan; POULSEN, Lauge N. Skovgaard; WAIBEL, Michael. *The Political Economy of the Investment Treaty Regime*. Oxford: Oxford University Press, 2017, p. 5.

[239] SUBEDI, Surya P. *International Investment Law*: Reconciling Policy and Principle. 3. ed. Oxford: Hart Publishing, 2016, p. 151.

[240] DOLZER, Rudolph; SCHREUER, Christoph. *Principles of International Investment Law*. 2. ed. Oxford: Oxford University Press, 2012, p. 100.

[241] GERMANY; PALESTINE LIBERATION ORGANIZATION FOR THE BENEFIT OF THE PALESTINIAN AUTHORITY. Agreement Between the Government of the Federal Republic of Germany and the Palestine Liberation Organization for the Benefit of the Palestinian Authority Concerning the Encouragement and Reciprocal Protection of Investments. *In*: ELETRONIC Database of Investment Treaties (EDIT): base de dados. 2005. Artigo 4.2. Disponível em: https://edit.wti.org/app.php/document/show/9b3c7dfa-5449-4d8b-80c7-8acc2d167be. Acesso em: 4 jul. 2022.

[242] UNITED STATES OF AMERICA (USA). *US Model BIT 2012*. 2012. Artigo 6.1. Disponível em: https://ustr.gov/sites/default/files/BIT%20text%20for%20ACIEP%20Meeting.pdf. Acesso em: 20 mar. 2019.

ou outras medidas similares (other similar measures hereinafter referred to as "expropriation"),²⁴³ até textos com menção expressa à expropriação indireta, dispondo sobre a proibição de se tomar medidas que indiretamente privem o investidor de seus direitos de propriedade.²⁴⁴

Entretanto, esse jogo de palavras torna-se intercambiável e muito mais uma diferença formal do que substancial²⁴⁵ ao notar-se que o modelo de BIT americano utilizado até 2004 referia-se à expropriação indireta como medidas *"tantamount to expropriation or nationalization"* e, com o advento do novo modelo de 2004, passou a incluir em sua redação *"measures equivalent to expropriation or nationalization"*.²⁴⁶

A segunda vertente relaciona-se ao processo *ex post*, em que um órgão centralizado delegado – no caso, o tribunal arbitral – definirá quando a medida estatal constitui expropriação indireta e tentará classificá-la.²⁴⁷ Em sua análise, os árbitros têm aplicado, além da nomenclatura "expropriação indireta", outros termos para referir-se ao mesmo instituto. São eles expropriação *de facto*, paulatina (*creeping expropriation*) ou construtiva (*constructive*), disfarçada (*disguised*), consequencial

---

²⁴³ COLOMBIA; CHINA. Bilateral Agreement for the Promotion and Protection of Investments Between the Government of the Republic of Colombia and the Government of the People's Republic of China. *In*: ELETRONIC Database of Investment Treaties (EDIT): base de dados. 2008. Artigo 4.1. Disponível em: https://edit.wti.org/document/show/380fe42a-23e5-41cc-aa71-46627cd26f54?page=1. Acesso em: 4 jul. 2022.

²⁴⁴ Ao preverem a expropriação indireta de forma mais explícita, os acordos trazem, normalmente, a seguinte redação, no original: *"Neither Contracting Party shall take any measures depriving, directly or indirectly nationals of the other Contracting Party of their investments […]"* (KAZAKHSTAN; NETHERLANDS. Agreement on Encouragement and Reciprocal Protection of Investments Between the Republic of Kazakhstan and the Kingdom of the Netherlands. *Jus mundi*, [s.l.], 2002. Artigo 6. Disponível em: https://jusmundi.com/en/document/treaty/en-agreement-on-encouragement-and-reciprocal-protection-of-investments-between-the-republic-of-kazakhstan-and-the-kingdom-of-the-netherlands-kazakhstan-netherlands-bit-2002-wednesday-27th-november-2002. Acesso em: 4 jul. 2022).

²⁴⁵ STERN, Brigitte. In Search of the Frontiers of Indirect Expropriation. *In*: ROVINE, Arthur W. (ed.). *Contemporary Issues in International Arbitration and Mediation*. Leiden: Brill, 2008, p. 29–52, p. 33-34. (The Fordham Papers, v. 1).

²⁴⁶ Nesse sentido, apesar de semelhantes, há uma pequena sutileza entre ambas, que faz com que se vislumbre uma suave restrição, pelo que a expressão *"tantamount to"* tem o sentido de algo que é comparável ou virtualmente o mesmo, enquanto *"equivalent to"* corresponde a algo com efeitos iguais ou similares, sendo a interpretação um pouco mais estrita (PEARSALL, Judy. *Concise Oxford English Dictionary*. 10. ed. Oxford: Oxford University Press, 2002, p. 482; 1463; STERN, Brigitte. In Search of the Frontiers of Indirect Expropriation. *In*: ROVINE, Arthur W. (ed.). *Contemporary Issues in International Arbitration and Mediation*. Leiden: Brill, 2008. p. 29–52. (The Fordham Papers, v. 1)).

²⁴⁷ STERN, Brigitte. In Search of the Frontiers of Indirect Expropriation. *In*: ROVINE, Arthur W. (ed.). *Contemporary Issues in International Arbitration and Mediation*. Leiden: Brill, 2008, p. 29–52, p. 36-37. (The Fordham Papers, v. 1).

(*consequential*), por omissão[248] e regulatória.[249] Segundo Bonnitcha,[250] de forma geral os tribunais arbitrais regularmente moldam suas apreciações, mesmo quando inexiste o termo "expropriação indireta" no texto do tratado. Portanto, verifica-se a ampla discricionariedade do tribunal ao lidar com situações de incompletude normativa atinentes à expropriação indireta.

Assim sendo, o que se percebe no processo *ex post* é uma diversidade de denominações permutáveis,[251] visto que todos se referem ao mesmo instituto, variando muito pouco de um para outro, com exceção da expropriação paulatina, que varia mais em razão de seus contornos mais claros devido à ênfase na sequência de atos.[252] As nomenclaturas que parecem mais relevantes, até mesmo por seu caráter diferenciado das outras, são a expropriação *de facto*, a paulatina e a regulatória.

A expressão "expropriação *de facto*" é utilizada ao referir-se à expropriação indireta, abordando a situação em que o Estado receptor adota medidas que privarão o investidor do exercício de seus direitos de propriedade sem que haja transferência da propriedade. Ela é utilizada na distinção em relação à expropriação direta, também considerada *de jure*.[253]

---

[248] No caso Amco v. Indonesia, de 1984, o ICSID entendeu que houve expropriação em razão da retirada da proteção jurídica sobre os bens do proprietário. Isso permitiu que um possuidor *de facto* permanecesse na posse do bem (INTERNATIONAL CENTRE FOR SETTLEMENT OF INVESTMENT DISPUTES (ICSID). *Amco Asia Corporation and others v. Republic of Indonesia*. ICSID Case nº ARB/81/1. Award. 20 nov. 1984).

[249] HOFFMANN, Anne K. Indirect Expropriation. *In*: REINISCH, August (org.).*Standards of Investment Protection*. Oxford: Oxford University Press, 2008, p. 151–170, p. 153.

[250] BONNITCHA, Jonathan. *Substantive Protection under Investment Treaties*. Cambridge: Cambridge University Press, 2014, p. 233.

[251] Segundo o caso Lauder v. Czech Republic, essa variação de sinônimos abrange ainda os termos "expropriação" (*expropriation*), "nacionalização" (*nationalization*), "privação" (*deprivation*), "tomada" (*taking*) e "desapropriação" (*dispossession*) (BONNITCHA, Jonathan. *Substantive Protection under Investment Treaties*. Cambridge: Cambridge University Press, 2014, p. 232-233; STERN, Brigitte. In Search of the Frontiers of Indirect Expropriation. *In*: ROVINE, Arthur W. (ed.). *Contemporary Issues in International Arbitration and Mediation*. Leiden: Brill, 2008, p. 29–52, p. 30. (The Fordham Papers, v. 1)). UNITED NATIONS (UN). United Nations Commission on International Trade Law. *Ronald S. Lauder v. Czech Republic*. Award. 3 set. 2001b. (Tribunal constituted under the Arbitration Rules of the United Nations Commission on International Trade Law (UNCITRAL)), parágrafo 200).

[252] HOFFMANN, Anne K. Indirect Expropriation. *In*: REINISCH, August (org.).*Standards of Investment Protection*. Oxford: Oxford University Press, 2008, p. 151–170, p. 153.

[253] STERN, Brigitte. In Search of the Frontiers of Indirect Expropriation. *In*: ROVINE, Arthur W. (ed.). *Contemporary Issues in International Arbitration and Mediation*. Leiden: Brill, 2008, p. 29–52, p. 36. (The Fordham Papers, v. 1).

A expropriação paulatina consiste em atos seriados e/ou omissões que, isolados, parecem inofensivos, porém seguidos e encadeados resultam na privação dos direitos de propriedade, havendo efeito cumulativo, que pode caracterizar a expropriação somente em retrospecto. O tribunal arbitral no caso Generation Ukraine v. Ukraine[254] classificou essa forma de expropriação como uma situação em que há uma série de atos atribuíveis ao Estado, durante um período, os quais culminam, após várias etapas, ao final, em expropriação. Desse modo, a expropriação paulatina aproxima-se do previsto no artigo 15, item 2, do Projeto da Comissão de Direito Internacional das Nações Unidas sobre Responsabilidade Internacional dos Estados por Atos Ilícitos, que dispõe sobre os atos compostos, especificando que a violação se estende por todo o período, começando com a primeira das ações ou omissões da série e perdurando enquanto essas ações ou omissões se repetirem e permanecerem em desconformidade com a obrigação internacional.[255]

"Expropriação regulatória" é uma terminologia bastante imprecisa e ampla que se refere basicamente aos efeitos negativos do exercício do poder regulatório estatal sobre os investimentos. Segundo o caso Suez v. Argentina,[256] deve-se procurar identificar quando uma medida regulatória tem o efeito expropriatório em um investimento e quando se trata do exercício válido do poder regulatório do Estado. Desse modo, a expropriação regulatória se dá quando os Estados receptores de investimentos promulgam medidas que reduzem os benefícios dos investidores e o valor de seus investimentos, sem mudar ou cancelar o título legal dos ativos ou diminuir seu controle sobre eles.[257]

---

[254] No original: "20.22 *Creeping expropriation is a form of indirect expropriation with a distinctive temporal quality in the sense that it encapsulates the situation whereby a series of acts attributable to the State over a period of time culminate in the expropriatory taking of such property*" (INTERNATIONAL CENTRE FOR SETTLEMENT OF INVESTMENT DISPUTES (ICSID). *Generation Ukraine v. Ukraine*. ICSID Case nº ARB/00/9. Award. 16 set. 2003a, parágrafo 20.22).

[255] UNITED NATIONS (UN). International Law Commission. *Responsibility of States for Internationally Wrongful Acts 2001*. Geneva: United Nations, 2001a. Artigo 15. Disponível em: http://legal.un.org/ilc/texts/instruments/english/draft_articles/9_6_2001.pdf. Acesso em: 1º maio 2019.

[256] INTERNATIONAL CENTRE FOR SETTLEMENT OF INVESTMENT DISPUTES (ICSID). *Suez, Sociedad General de Aguas de Barcelona, S. A. and Vivendi Universal, S. A. v. Argentine Republic*. ICSID Case nº ARB/03/1. Decision on Liability. 30 jul. 2010, parágrafo 132.

[257] Segundo Tarcisio Gazzini, quando ações governamentais em determinado setor afetarem uma generalidade de investidores, a análise de impacto regulatório seria o instrumento mais apropriado para examinar os impactos positivos e negativos da regulação e, consequentemente, avaliar se ela realmente afetou negativamente o investidor. Isso guiaria os gestores públicos durante o processo regulatório (GAZZINI, Tarcisio. Drawing

Segundo o entendimento de Marilda Rosado de Sá Ribeiro,[258] como os tribunais de investimento focam esforços na análise pontual da expropriação indireta, pode-se extrair de sua análise *ex post* certos princípios ou *standards* que servem de diretriz quando da verificação da ocorrência da expropriação indireta. Dentre eles estão a análise caso a caso e o grau de interferência da medida, ou seja, deve ser examinado o impacto efetivo no uso e no gozo da propriedade particular.

Quanto ao tipo ou à extensão da interferência, esta abrange medidas que privam o investidor da possibilidade de condução, uso ou controle do investimento, ou significam uma depreciação do valor dos ativos do investimento.[259] Um resultado semelhante surge quando uma medida estatal faz com que a empresa, seus ativos e suas participações não sejam afetados, porém o controle administrativo do investidor sobre as operações da empresa é diminuído. Por exemplo, quando uma licença para operar é retirada, quando uma restrição limita ou impede atividades lucrativas ou quando as exportações do investidor são restringidas.[260]

Nesse diapasão, quanto ao nível da ingerência, conforme o entendimento de Kriebaum,[261] os tribunais requerem um certo grau de interferência como pré-requisito para expropriação. Apesar do entendimento de que a privação dos direitos de propriedade deve ser total ou substancial, o ponto decisivo é a capacidade destrutiva da medida no uso econômico do investimento, o que faz com que se conclua que, mesmo sendo parcial, se potencialmente destrutiva, incide a expropriação indireta, sendo desnecessária a privação de todas as instalações do investidor. Ainda, a privação dos direitos de propriedade mediante

---

the Line Between Non-Compensable Regulatory Power and Indirect Expropriation of Foreign Investment: An Economic Analysis of Law Perspective. *Manchester Journal of International Economic Law*, Manchester, v. 7, nº 3, p. 36–51, 2010, p. 48).

[258] RIBEIRO, Marilda Rosado de Sá. Expropriação: Revisitando o tema no contexto dos estudos sobre investimentos estrangeiros. *In*: RIBEIRO, Marilda Rosado de Sá (org.).*Direito internacional dos investimentos*. Rio de Janeiro: Renovar, 2014, p. 127–158, p. 146–147.

[259] REINISCH, August. Expropriation. *In*: MUCHLINSKI, Peter; ORTINO, Federico; SCHREUER, Christoph (org.). *The Oxford Handbook of International Investment Law*. Oxford: Oxford University Press, jun. 2008a. Online publication date: set. 2012. p. 422. DOI 10.1093/oxfordhb/9780199231386.013.0011. Disponível em: https://www.oxfordhandbooks.com/view/10.1093/oxfordhb/9780199231386.001.0001/oxfordhb-9780199231386-e-11?q=Mexican. Acesso em: 4 jul. 2022.

[260] SORNARAJAH, Muthucumaraswamy. *The International Law on Foreign Investment*. 4. ed. New York: Cambridge University Press, 2017, p. 437.

[261] KRIEBAUM, Ursula. Regulatory Takings: Balancing the Interests of the Investor and the State. *Journal of World Investment & Trade*, Leiden, v. 8, nº 5, p. 717–744, 2007, p. 723.

regulação deve ser permanente. No entanto, entende-se que, mesmo que a interferência dure por muitos anos sem qualquer indicação de mudança na situação, isso já cumprirá com o requisito.²⁶²

Além disso, faz-se necessário destacar que o principal desafio ao se lidar com a expropriação indireta é a diferenciação entre um ato considerado como expropriatório e uma regulação legítima do Estado que afeta a propriedade do investidor. Essas regulações poderão abordar desde banimento de exportações até questões ambientais ou proibir ou alterar o desenho das embalagens de cigarros. Nesse sentido, destaca-se que legislações de cunho tributário geralmente não são consideradas expropriação indireta. Entretanto, em situações extremas já houve esse reconhecimento, como no caso RosInvest v. Russia, em que o tribunal arbitral reconheceu que o mero fato de um Estado aplicar e executar sua legislação tributária não significa um ato expropriatório; contudo, isso não impede um tribunal arbitral de examinar se a conduta dos Estados receptores de investimento devem ser consideradas, sob a égide do BIT ou outro instrumento jurídico internacional que proteja os investimentos em questão, como um abuso da legislação tributária que de fato culmina em expropriação.²⁶³ Nesse sentido, caberá *ex post* ao tribunal arbitral deslindar se a medida discutida constitui uma expropriação indireta.

Dessa forma, na análise realizada pelos tribunais arbitrais, identificam-se quatro abordagens principais na verificação dos limites entre uma expropriação indireta e uma regulação legítima estatal não compensável. A primeira delas corresponde à "doutrina dos efeitos únicos" (*the "sole effects" doctrine*), que considera que o fator determinante para se distinguir a medida é a análise de seus efeitos refletidos no investimento. Se a interferência exceder um certo grau de intensidade, haverá uma expropriação, desconsiderando-se o propósito da medida. Essa diretriz foi utilizada, por exemplo, no caso Metalclad v. Mexico,²⁶⁴ no âmbito do NAFTA, quando o tribunal considerou os efeitos das medidas na privação do todo ou de parte significante do uso ou dos benefícios econômicos do investimento, e não sua motivação.²⁶⁵

---

[262] KRIEBAUM, Ursula. Regulatory Takings: Balancing the Interests of the Investor and the State. *Journal of World Investment & Trade*, Leiden, v. 8, nº 5, p. 717–744, 2007, p. 723.

[263] STOCKHOLM. Stockholm Chamber of Commerce (SCC). *RosInvestCo Uk Ltd. v. Russian Federation*. SCC Case nº Arb. V079/2005. Final Award. 12 set. 2010, parágrafo 628.

[264] NORTH AMERICAN FREE TRADE AGREEMENT (NAFTA). *Metalclad Corporation v. The United Mexican States*. ICSID Case nº ARB(AF)/97/1. Award. 20 ago. 2000a.

[265] KRIEBAUM, Ursula. Regulatory Takings: Balancing the Interests of the Investor and the State. *Journal of World Investment & Trade*, Leiden, v. 8, nº 5, p. 717–744, 2007, p. 724.

Segundo Brigitte Stern, a jurisprudência dominante considera que, para qualificar a medida como expropriação indireta, o efeito desta no direito de propriedade do investidor deve alcançar um certo limite quantitativo, que pode variar de tribunal para tribunal, mas que tem como requisito ser uma interferência séria no controle sobre o investimento, neutralizando-o.[266]

A segunda corresponde à doutrina dos poderes de polícia radical (*the radical police powers doctrine*), em que o tribunal arbitral considera como critério decisivo o interesse público por detrás da medida adotada pelo Estado, focando mais nas necessidades de o Estado receptor adotar a medida. Logo, nos casos em que se verifica que a ação estava claramente seguindo o propósito público, não será reconhecida a expropriação indireta, tampouco será devida compensação. No caso Feldman v. Mexico,[267] por exemplo, o tribunal arbitral legitima essa perspectiva ao considerar que os governos devem ser livres para agir na concretização de interesses amplos por meio da proteção ao meio ambiente, da criação ou modificação de regimes tributários, da imposição ou retirada de subsídios, do aumento ou redução de tarifas e da implementação de restrições de zoneamento, entre outras medidas, considerando que regulações governamentais razoáveis desse tipo não podem ser consideradas expropriação indireta, mesmo tendo afetado um investimento de forma negativa.

A terceira corresponde à doutrina dos poderes de polícia moderados (*the moderate police powers doctrine*), em que serão considerados, primeiramente, os efeitos da interferência. Contudo, também serão levados em conta fatores como o propósito da medida ou a existência de expectativas legítimas quando o tribunal decidir sobre a ocorrência de expropriação indireta – ou seja, não há um único fator decisivo. Essa acepção foi utilizada no caso Tecmed, em que o tribunal examinou os interesses do Estado ao interferir nos direitos de propriedade do investidor e concluiu que a situação que prevalecia na região não dava ensejo a uma situação de urgência, crise ou emergência social.[268]

---

[266] STERN, Brigitte. In Search of the Frontiers of Indirect Expropriation. *In*: ROVINE, Arthur W. (ed.). *Contemporary Issues in International Arbitration and Mediation*. Leiden: Brill, 2008, p. 29–52, p. 43. (The Fordham Papers, v. 1).
[267] INTERNATIONAL CENTRE FOR SETTLEMENT OF INVESTMENT DISPUTES (ICSID). *Marvin Roy Feldman Karpa v. United Mexican States*. ICSID Case nº ARB(AF)/99/1. Award. 16 dez. 2002, parágrafo 103.
[268] VIÑUALES, Jorge E. Foreign Investment and the Environment in International Law: An Ambiguous Relationship. *British Yearbook of International Law*, Oxford, v. 80, nº 1, p. 244–332, 2009.

Foi analisada a privação do valor econômico do investimento e concluiu-se que a interferência resultou em expropriação.[269] Nesse caso, inspirado pelo teste de proporcionalidade da CEDH, o tribunal arbitral tentou avaliar o interesse público, os efeitos da interferência e o interesse do investidor em ter seus investimentos protegidos.[270]

Nessa toada, observa-se que, em razão da imprecisão de parâmetros em todas as abordagens interpretativas, a recorrência ao princípio da proporcionalidade tem sido aconselhável aos tribunais. Trata-se de tentativa de trazer à análise o reforço de que o papel do tribunal arbitral não é buscar um equilíbrio entre os direitos das partes privadas e das políticas públicas estatais, mas sim garantir o cumprimento de um padrão mínimo de tratamento no Direito Internacional dos Investimentos.[271]

Por fim, há autores que consideram como quarta abordagem a violação às expectativas legítimas como fator que também tem sido levado em consideração nas análises dos tribunais arbitrais para o reconhecimento da expropriação indireta.[272] Esse quesito envolve a expectativa dos investidores de auferir lucros e controle quando estabelecido o investimento. A qualificação das expectativas do investidor como legítimas significa que a abordagem depende de garantias explícitas ou implícitas do Estado ao investidor. No caso Methanex,[273] por exemplo, o tribunal arbitral alega que a expropriação indireta incide quando as ações tomadas pelo governo contrariam e danificam os interesses econômicos dos investidores e quando esses interesses entram em conflito com as garantias dadas de boa-fé como estímulo à realização do investimento.

---

[269] INTERNATIONAL CENTRE FOR SETTLEMENT OF INVESTMENT DISPUTES (ICSID). *Técnicas Medioambientales Tecmed, S. A. v. The United Mexican States*. ICSID Case nº ARB (AF)/00/2. Award. 29 maio 2003b, parágrafo 134.

[270] KRIEBAUM, Ursula. Regulatory Takings: Balancing the Interests of the Investor and the State. *Journal of World Investment & Trade*, Leiden, v. 8, nº 5, p. 717–744, 2007, p. 728.

[271] NEWCOMBE, Andrew. The Boundaries of Regulatory Expropriation in International Law. *ICSID Review*: Foreign Investment Law Journal, Washington, v. 20, nº 1, p. 1–57, 2005, p. 55.

[272] SCHEFER, Krista Nadakavukaren. *International Investment Law*: Text, Cases and Materials. 2. ed. Cheltenham: Elgar, 2016, p. 251; REINISCH, August. Expropriation. *In*: MUCHLINSKI, Peter; ORTINO, Federico; SCHREUER, Christoph (org.). *The Oxford Handbook of International Investment Law*. Oxford: Oxford University Press, jun. 2008a. Online publication date: set. 2012. DOI 10.1093/oxfordhb/9780199231386.013.0011. Disponível em: https://www.oxfordhandbooks.com/view/10.1093/oxfordhb/9780199231386.001.0001/oxfordhb-9780199231386-e-11?q=Mexican. Acesso em: 4 jul. 2022.

[273] NORTH AMERICAN FREE TRADE AGREEMENT (NAFTA). *Methanex Corporation v. United States of America*. Final Award of the Tribunal on Jurisdiction and Merits. 3 ago. 2005, parágrafos 7–9.

Considerando que a expropriação indireta atualmente abrange todas essas abordagens interpretativas, movimenta uma grande série de casos nos tribunais arbitrais de investimento e é um dos principais alvos da reforma do sistema internacional de proteção aos investimentos, percebe-se, ao se fazer uma análise em retrospecto, que esse instituto percorreu a seguinte escala evolutiva: (i) crise identitária, marcada pela relutância em seu reconhecimento internacional; (ii) tentativa de positivação pela via multilateral; (iii) positivação bilateral vaga; e (iv) positivação bilateral de natureza mais precisa – e, portanto, mais forte que a anterior –, acompanhada por exceções de interesse público.

Atualmente, a expropriação indireta encontra-se numa fase de positivação um pouco mais elaborada, com menção específica e, em alguns casos, com disposições explicativas sobre o instituto no texto dos acordos.[274] Contudo, a principal característica desse período evolutivo é a presença concomitante de exceções de interesse público. Estas representam mecanismos de flexibilidade, consubstanciados por exceções que permitem que o Estado anfitrião aja legalmente e derrogue as disposições protetivas do tratado – no caso, as proibições contra expropriação indireta – e adote medidas regulatórias, mesmo que estas impactem negativamente os investidores. Em outras palavras, trata-se da possibilidade de agir dentro de um determinado marco legal sem violar o tratado.[275]

Essa derrogação de compromissos é justificada em razão de obrigações já assumidas pelos Estados no âmbito doméstico, que visam proteger interesses públicos essenciais e o bem comum. Desse modo, as exceções estão diretamente conectadas com a manutenção do *policy space* do Estado[276] e de seu direito de regular, mesmo que para isso prejudiquem os direitos de propriedade dos investidores.

Esse fenômeno transparece um dos principais desafios para o Direito Internacional dos Investimentos na atualidade, qual seja,

---

[274] Esse é o caso, por exemplo, do BIT entre China e Colômbia, de 2008 (COLOMBIA; CHINA. Bilateral Agreement for the Promotion and Protection of Investments Between the Government of the Republic of Colombia and the Government of the People's Republic of China. *In*: ELETRONIC Database of Investment Treaties (EDIT): base de dados. 2008. Artigo 4.2, item a. Disponível em: https://edit.wti.org/document/show/380fe42a-23e5-41cc-aa71-46627cd26f54?page=1. Acesso em: 4 jul. 2022).

[275] VAN AAKEN, Anne. Smart Flexibility Clauses in International Investment Treaties and Sustainable Development: A Functional View. *The Journal of World Investment & Trade*, Leiden, v. 15, nº 5–6, p. 827–861, 2014, p. 832.

[276] TITI, Aikaterini. *The Right to Regulate in International Investment Law*. Baden-Baden: Nomos, 2014, p. 50.

encontrar o equilíbrio adequado entre garantir o máximo de proteção aos investidores e, ao mesmo tempo, salvaguardar a habilidade dos Estados em regular o interesse público. A maior dificuldade que se instala, portanto, está na busca por uma estabilização entre liberalização e regulação.

Nesse diapasão, por um lado, as exceções de interesse público têm como fundamento uma maior preocupação das partes em relação a outros objetivos, que não aqueles voltados ao Direito dos Investimentos. Essas exceções relacionam-se a regulações em áreas como meio ambiente, saúde pública e segurança, em que várias normativas têm sido frequentemente desafiadas pelos investidores privados, como se pôde vislumbrar pelos casos Vattenfall v. Germany e Phillip Morris v. Uruguay.[277] Essa lista não é exaustiva, podendo ser incluídas também regulações trabalhistas, de proteção à cultura, de cunho monetário e, até mesmo, políticas de estabilização de preços de imóveis para garantir moradia a famílias de baixa renda ou medidas que visam reger a regulação, o preço ou a distribuição de produtos médicos e farmacêuticos.[278]

Ressalta-se que a inclusão dessas exceções aparece também como uma reação ao silêncio usual dos BITs às obrigações dos investidores[279] para com os Estados. Como ressaltado pela UNCTAD,[280] a reforma que se segue tem apresentado uma redução da desigualdade dos acordos de

---

[277] Destaca-se que o caso Vanttenfall v. Germany relaciona-se às alegadas restrições ambientais impostas pelo Estado alemão à empresa. Já o caso Phillip Morris v. Uruguay refere-se às medidas de saúde pública relacionadas a embalagens de cigarros impostas pelo Uruguai.

[278] Segundo Xavier Júnior, e segundo Valentina Vadi, muitos estudos têm analisado se as licenças compulsórias e as importações paralelas podem configurar uma expropriação indireta de patentes farmacêuticas. Apesar de o *Agreement on Trade-Related Aspects of Intellectual Property Rights* (TRIPS) permitir ambos, a questão permanece aberta sob a égide dos acordos de investimento e, até o momento, nenhuma demanda foi interposta em relação a essa questão específica. Contudo, no que concerne à comercialização de produtos farmacêuticos, no caso Servier v. Poland o tribunal arbitral reconheceu que a Polônia efetuou expropriação indireta por meio de autorização de comercialização de produtos farmacêuticos, violando o BIT entre França e Polônia (XAVIER JÚNIOR, Ely Caetano. *A crise do direito internacional dos investimentos*: análise empírica e soluções possíveis. 2018. Tese (Doutorado em Direito Internacional) – Faculdade de Direito, Universidade de São Paulo, São Paulo, 2018, p. 259; VADI, Valentina S. Towards a New Dialectics: Pharmaceutical Patents, Public Health and Foreign Direct Investments. *New York University Journal of Intellectual Property and Entertainment Law*, New York, v. 5, nº 1, p. 113-195, 2015, p. 157-158).

[279] TITI, Aikaterini. *The Right to Regulate in International Investment Law*. Baden-Baden: Nomos, 2014, p. 70.

[280] UNITED NATIONS (UN). United Nations Conference on Trade and Development (UNCTAD). *World Investment Report 2018*: Investment and New Industrial Policies. Geneva: United Nations, 2018, p. 98.

investimentos, pois, além do estabelecimento de uma certa limitação das regulações aptas a serem arguidas futuramente como expropriatórias e de reafirmação do direito do Estado de regular, há também a inclusão de cláusulas importantes, como a de responsabilidade social e corporativa – que preconiza um investimento mais responsável por parte do investidor em relação ao local e à comunidade onde se instalará – e a de compromisso de o investimento contribuir para o desenvolvimento sustentável, ambas conectadas com o novo contexto global e, também, com outros compromissos assumidos internacionalmente, como acordos nas áreas dos Direitos Humanos e do meio ambiente.[281]

No entanto, como salienta Dolzer,[282] os tratados internacionais devem ser interpretados de acordo com o artigo 31 da Convenção de Viena sobre o Direito dos Tratados (CVDT), o qual enfatiza que a interpretação deve focar no objeto e no propósito do tratado. Antigamente, esses acordos previam, dentro de suas diretrizes preambulares, somente a finalidade de facilitar e promover os investimentos. Entretanto, hoje também há objetivos de promoção do desenvolvimento sustentável,[283] observação da responsabilidade social e corporativa e, em alguns casos, reconhecimento dos compromissos assumidos no combate à corrupção.[284] Isso faz com que se reflita sobre o novo panorama em que os acordos estão inseridos, pois eles passam, de uma perspectiva em que eram interpretados de modo a favorecer exclusivamente os investidores, para um quadro em que já se vislumbram obrigações para ambas as partes, mesmo que esses acordos ainda sejam voltados majoritariamente para a proteção dos investidores.[285]

---

[281] SORNARAJAH, Muthucumaraswamy. *The International Law on Foreign Investment*. 4. ed. New York: Cambridge University Press, 2017, p. 440.

[282] DOLZER, Rudolph. Indirect Expropriations: New Developments? *New York University Environmental Journal*, New York, v. 11, nº 1, p. 64–93, 2002, p. 74.

[283] CANADA; BURKINA FASO. *Agreement Between the Government of Canada and the Government of Burkina Faso for the Promotion and Protection of Investments*. 2017. Preâmbulo. Disponível em: https://www.international.gc.ca/trade-commerce/trade-agreements-accords-commerciaux/agr-acc/burkina_faso/fipa-apie/index.aspx?lang=eng. Acesso em: 4 jul. 2022.

[284] CANADA; BURKINA FASO. *Agreement Between the Government of Canada and the Government of Burkina Faso for the Promotion and Protection of Investments*. 2017. Preâmbulo. Disponível em: https://www.international.gc.ca/trade-commerce/trade-agreements-accords-commerciaux/agr-acc/burkina_faso/fipa-apie/index.aspx?lang=eng. Acesso em: 4 jul. 2022.

[285] STERN, Brigitte. The Future of Investment Law: A Balance Between the Protection of Investors and the States' Capacity to Regulate. *In*: ALVAREZ, José E. *et al*. *The Evolving International Investment Regime*. New York: Oxford University Press, 2011, p. 174–192, p. 191.

Nesse caso, concorda-se com a afirmação de Anne van Aaken de que os APPRIs devem ser interpretados como mecanismos criados com o propósito de auxiliar a superação de problemas entre investidores nacionais dos Estados exportadores de capital e Estados receptores, de modo a gerar benefícios mútuos aos interessados. Os Estados receptores se comprometem a não infringir os direitos dos investidores, com o propósito de atrair mais investimentos para seus territórios e efetuando uma clara troca entre credibilidade e soberania. Esse movimento englobará a restrição das condutas regulatórias dos Estados, além de um controle centralizado representado por um mecanismo adjudicatório de solução de controvérsias.[286]

Contudo, essa limitação não é irrestrita ou absoluta,[287] nem pode ser; do contrário, haveria a contestação de toda e qualquer medida estatal em nome dos compromissos assumidos internacionalmente, minando por completo a soberania estatal e a persecução de interesses fundamentais à sociedade. Isso é deixado mais claro, portanto, a partir da inclusão das cláusulas de exceção de interesse público.

As exceções podem aparecer no corpo do acordo, em limitações de escopo que excluam explicitamente certos tipos de ativos da definição de investimentos, em cláusula específica relacionada a alguma das áreas que se pretende excetuar, na própria cláusula de expropriação, nos anexos ou, ainda, pode haver cláusula própria garantindo o direito de regular do Estado.[288] A consequência direta dessa inclusão para a concretização dos objetivos de interesse público é que, se os BITs tornam-se menos ambíguos a respeito das exceções de interesses comuns e dos impedimentos à análise externa de determinadas políticas públicas estatais, os árbitros terão menos abertura para não considerar o interesse público em suas decisões e, consequentemente, respeitarão as escolhas regulatórias dos Estados. Contudo, se não há exceções garantindo aos Estados o resguardo de seu *policy space*, ainda há a possibilidade de interpretação focada exclusivamente nos efeitos das medidas para os investidores, desconsiderando o propósito público da regulação.[289]

---

[286] VAN AAKEN, Anne. Smart Flexibility Clauses in International Investment Treaties and Sustainable Development: A Functional View. *The Journal of World Investment & Trade*, Leiden, v. 15, nº 5–6, p. 827–861, 2014, p. 829.

[287] NEWCOMBE, Andrew. The Boundaries of Regulatory Expropriation in International Law. *ICSID Review*: Foreign Investment Law Journal, Washington, v. 20, nº 1, p. 1–57, 2005, p. 27.

[288] UNITED NATIONS (UN). United Nations Conference on Trade and Development (UNCTAD). *World Investment Report 2018*: Investment and New Industrial Policies. Geneva: United Nations, 2018, p. 96.

[289] TITI, Aikaterini. *The Right to Regulate in International Investment Law*. Baden-Baden: Nomos, 2014, p. 69.

Entretanto, não se pode deixar de observar que, apesar de as exceções terem como fundamento o resguardo de áreas em que poderão ser desenvolvidas políticas públicas sensíveis à sociedade, isso não quer dizer que o Estado não pode exceder os limites de sua regulação legítima mesmo nessas áreas. Isso ocorreu, por exemplo, no caso Metalclad,[290] já citado anteriormente, em que a municipalidade e o governo do estado, mesmo no exercício de suas funções regulatórias em prol do meio ambiente, se excederam, prejudicando gravemente o investidor. Isso confere importância à análise caso a caso, pois a noção desses limites é "ainda bastante imprecisa e o fato de que as jurisprudências nacionais não são convergentes não contribui para seu esclarecimento".[291]

Por outro lado, apesar de os interesses de investidores e Estados receptores de investimento não estarem sempre alinhados, ao acomodá-los na configuração e na interpretação dos acordos de investimento[292] as partes tentam, racionalmente, prover mais estabilidade à relação. Ressalta-se que, no atual cenário, um ambiente totalmente desbalanceado, em que os Estados percebem que têm voz insuficiente, tanto na negociação dos acordos quanto nos resultados das arbitragens, eleva a chance de fuga ou saída do sistema, conjunta ou seletivamente,[293] frustrando a cooperação.

Alguns elementos desencadeiam questionamentos que vão muito além da falta de espaço político para os Estados receptores, entre eles: (i) termos pouco claros presentes nos acordos quanto à expropriação indireta, porém suficientes para serem utilizados sem hesitação como base para acionar a arbitragem de investimentos (às vezes até de maneira aventureira);[294] (ii) interpretações muito extensivas dos tribunais

---

[290] NORTH AMERICAN FREE TRADE AGREEMENT (NAFTA). *Metalclad Corporation v. The United Mexican States*. ICSID Case nº ARB(AF)/97/1. Award. 20 ago. 2000a.

[291] COSTA, José Augusto Fontoura. *Direito internacional do investimento estrangeiro*. Curitiba: Juruá, 2010, p. 150.

[292] VAN AAKEN, Anne. Smart Flexibility Clauses in International Investment Treaties and Sustainable Development: A Functional View. *The Journal of World Investment & Trade*, Leiden, v. 15, nº 5–6, p. 827–861, 2014, p. 830.

[293] Esse movimento pode ser visto, por exemplo, ao se considerar a saída de Bolívia, Venezuela e Equador do sistema, em períodos muito próximos (GABRIEL, Vivian Daniele Rocha; COSTA, José Augusto Fontoura. O Brasil e a proteção jurídica dos investimentos estrangeiros: da negociação de novos acordos à reflexão sobre o seu cumprimento a partir da arbitragem de investimentos. *Con-Texto Revista de Derecho y Economía*, Bogotá, v.1, nº 46, , p. 57–75, 2016. Disponível em: https://revistas.uexternado.edu.co/index.php/contexto/article/view/5237/6353. Acesso em: 13 ago. 2022).

[294] BALDI, Marino. Less May Be More: The Need for Moderation in International Investment Law. *In*: ECHANDI, Roberto; SAUVÉ, Pierre. *Prospects in International Investment Law and Policy*. Cambridge: Cambridge University Press, 2013, p. 443–449, p. 446.

arbitrais na análise das intenções das partes contratantes; (iii) exames enviesados das regulações, à luz somente do interesse dos investidores, inclusive no que tange também às políticas econômicas e monetárias;[295] e (iv) o fenômeno da *regulatory chill*, ou afrouxamentos regulatórios, em razão do temor de que políticas públicas suscitem arbitragens de investimento ou o pagamento de elevadas compensações no futuro.[296] [297] Essas questões tocam na legitimidade de todo o sistema.[298]

Nessa toada, as flexibilidades explícitas têm sido incluídas nos tratados de investimento mais modernos também como forma de acomodar interesses,[299] na tentativa de manter o sistema.[300] Ao excetuar, de forma mais precisa, algumas regulações da aplicação do tratado, opta-se por uma mudança *ex ante* nos acordos, o que refletirá, sobretudo, na arbitragem investidor-Estado, visto que, deixando os acordos um pouco mais claros, diminui-se a margem discricionária *ex post*.[301] Garante-se, então, que o espaço político seja fundamentado em bases legais sólidas e não somente na discrição do tribunal arbitral, bem como aumenta-se a

---

[295] Em razão da crise monetária argentina do início dos anos 2000, diversas medidas de cunho econômico e monetário foram tomadas pelo governo argentino, tendo elas refletido nos investimentos estrangeiros em território nacional. Isso desencadeou diversas arbitragens de investimento alegando expropriação indireta. Contudo, nem todos os tribunais arbitrais reconheceram as medidas como interferências nos direitos de propriedade estrangeiros, variando em sua interpretação.

[296] Esse fenômeno despertou a antipatia de países como a Austrália pela arbitragem de investimentos. Por esse motivo, desde 2004, quando o país firmou acordo de livre comércio com os Estados Unidos, já retirou do desenho de seu acordo a arbitragem investidor-Estado, anunciando o abandono oficial desse mecanismo a partir de 2011, posicionamento reafirmado, inclusive, à época do CPTPP.

[297] Muitos desses questionamentos ao sistema vigente levaram a reações mais drásticas, que, mesmo isoladas, devem ser levadas em consideração, como é o caso da resistência australiana à arbitragem de investimentos, da retirada de Bolívia, Venezuela e Equador do sistema ICSID e da decisão da África do Sul e da Indonésia de prorrogar a vigência dos acordos em vigor.

[298] TITI, Aikaterini. *The Right to Regulate in International Investment Law*. Baden-Baden: Nomos, 2014, p. 46; 70.

[299] STIFTER, Lukas; REINISCH, August. Expropriation in the Light of the UNCTAD Investment Policy Framework for Sustainable Development. *In*: HINDELANG, Steffen; KRAJEWSKI, Markus (ed.). *Shifting Paradigms in International Investment Law*: More Balanced, Less Isolated, Increasingly Diversified. Oxford: Oxford University Press, 2016. p. 81–96.

[300] TITI, Aikaterini. *The Right to Regulate in International Investment Law*. Baden-Baden: Nomos, 2014, p. 73.

[301] MUCHLINSKI, Peter. Towards a Coherent International Investment System: Key Issues in the Reform of International Investment Law. *In*: ECHANDI, Roberto; SAUVÉ, Pierre (ed.). *Prospects in International Investment Law and Policy*. Cambridge: Cambridge University Press, 2013. p. 411–442.

previsibilidade dos resultados e, também, das ações presentes e futuras tomadas pelos interessados.[302]

Salienta-se que esse movimento de mudança já tem acontecido concretamente por meio de alguns tratados, como é o caso dos modelos dos EUA e do Canadá, que focaram em técnicas como a inclusão de anexos e entendimentos compartilhados. O modelo de BIT americano de 2012[303] inclui especificações em seu anexo B sobre o significado da expropriação indireta e das exceções que podem ser justificadas com base no interesse público. Além disso, no corpo do tratado foram incluídas cláusulas específicas sobre meio ambiente e questões trabalhistas.

Já o acordo canadense é, de forma geral, bem semelhante ao americano em alguns pontos, também apresentando o entendimento compartilhado sobre expropriação indireta e os fatores que devem ser levados em consideração para quando da análise caso a caso, tais como o impacto econômico da medida, a extensão da medida para identificar a expropriação indireta e o modo como ela afeta as expectativas dos agentes e o caráter da medida. Por fim, o acordo também inclui as exceções de bem-estar público relacionadas às áreas de saúde, segurança e meio ambiente, que não constituirão expropriação indireta. Ressalta-se que o mais recente acordo canadense, firmado em 2018 com Moldova,[304] prevê, ainda, exceções gerais visivelmente baseadas no artigo XX do GATT.[305] O artigo 17, item (1) (a) (i), do BIT entre Canada e Moldova[306] dispõe que a parte poderá adotar medidas para proteger a vida ou a

---

[302] ORTINO, Federico. Refining the Content and Role of Investment 'Rules' and 'Standards': A New Approach to International Investment Treaty Making. *ICSID Review*, Washington, v. 28, nº 1, p. 152–168, 2013, p. 158; TITI, Aikaterini. *The Right to Regulate in International Investment Law*. Baden-Baden: Nomos, 2014, p. 41; VAN AAKEN, Anne. Smart Flexibility Clauses in International Investment Treaties and Sustainable Development: A Functional View. *The Journal of World Investment & Trade*, Leiden, v. 15, nº 5–6, p. 827–861, 2014, p. 832-833.

[303] UNITED STATES OF AMERICA (USA). *US Model BIT 2012*. 2012. Anexo B, artigo 4, item b. Disponível em: https://ustr.gov/sites/default/files/BIT%20text%20for%20ACIEP%20Meeting.pdf. Acesso em: 20 mar. 2019.

[304] Até dezembro de 2019, ainda não havia sido ratificado.

[305] Segundo Vera Thorstensen, o artigo XX do GATT aborda as exceções gerais, prevendo que "nada no Acordo deve impedir a adoção de medidas para proteger a moral pública e a saúde humana, animal ou vegetal; o comércio de ouro e prata; a proteção de patentes, marcas e direitos do autor; tesouros artísticos e históricos; recursos naturais exauríveis, e garantias de bens essenciais" (THORSTENSEN, Vera. *OMC – Organização Mundial do Comércio*: as regras do comércio internacional e a nova rodada de negociações multilaterais. São Paulo: Aduaneiras, 2001, p. 34).

[306] CANADA; MOLDOVA. *Agreement Between the Government of Canada and the Government of the Republic of Moldova for the Promotion and Protection of Investments*. 2018. Artigo 17. Disponível em: https://investmentpolicy.unctad.org/international-investment-agreements/treaty-files/5806/download. Acesso em: 4 jul. 2022.

saúde humana, animal ou vegetal. Acrescentam-se nas exceções aquelas medidas necessárias para assegurar o cumprimento da legislação interna que não sejam incompatíveis com o BIT, regulações sobre conservação dos recursos naturais esgotáveis vivos ou não vivos, em alusão ao desenvolvimento sustentável, além de medidas prudenciais relativas à manutenção do sistema financeiro. Ressalta-se que o enfoque canadense, por exemplo, foi espraiado para âmbito europeu, com a assinatura do *EU-Canada Comprehensive Economic and Trade Agreement* (CETA). O anexo 8-A do acordo confirma o entendimento compartilhado, já firmado no âmbito dos BITs canadenses, de que regulações atinentes ao bem-estar público não constituem expropriação indireta.[307] Assim, ambos os modelos têm servido de exemplo para vários outros acordos, tanto na modalidade bilateral quanto na regional, o que denota a importância desses países no processo de proliferação das normas referentes à expropriação indireta e às flexibilidades.[308]

Além desses dois acordos, outro modelo que levantou discussões foi o BIT da Noruega de 2007 (substituído por novo modelo em 2015). Apesar de não ter sido ratificado, por resistências internas e da comunidade internacional, esse padrão de acordo foi bastante inovador para a época, pois previa exceções de medidas que visassem proteger a moral pública ou manter a ordem pública; proteger a vida ou a saúde humana, animal ou vegetal; assegurar o cumprimento de leis e regulamentos que não fossem inconsistentes com o acordo; assegurar a proteção dos tesouros nacionais de obras artísticas, históricas ou de valor arqueológicas; e assegurar a proteção do meio ambiente.[309] Todas essas exceções foram mantidas no novo modelo.

---

[307] No original, segundo o anexo 8-A, item 3, do CETA: *"For greater certainty, except in the rare circumstance when the impact of a measure or series of measures is so severe in light of its purpose that it appears manifestly excessive, non-discriminatory measures of a Party that are designed and applied to protect legitimate public welfare objectives, such as health, safety and the environment, do not constitute indirect expropriations"* (CANADA; EUROPEAN UNION. *Comprehensive Economic and Trade Agreement (CETA) between Canada, of the one part, and the European Union*. 2016. Anexo 8-A, item 3. Disponível em: http://trade.ec.europa.eu/doclib/docs/2014/september/tradoc_152806.pdf. Acesso em: 3 maio 2019).

[308] STIFTER, Lukas; REINISCH, August. Expropriation in the Light of the UNCTAD Investment Policy Framework for Sustainable Development. *In*: HINDELANG, Steffen; KRAJEWSKI, Markus (ed.). *Shifting Paradigms in International Investment Law*: More Balanced, Less Isolated, Increasingly Diversified. Oxford: Oxford University Press, 2016, p. 81–96, p. 91–92.

[309] NORWAY. *Agreement between the Kingdom of Norway and... for the promotion and protection of investments*. 2007. Artigo 24 (i) a (v). Disponível em: https://investmentpolicy.unctad.org/international-investment-agreements/treaty-files/2873/download. Acesso em: 4 jul. 2022.

Destaca-se que todos os modelos citados a título exemplificativo seguem determinadas técnicas, já enaltecidas pela UNCTAD,[310] que delimitam a análise da expropriação indireta. A primeira consiste em estabelecer um critério de caracterização da expropriação indireta. A segunda, em definir em termos gerais que medidas não constituem expropriação indireta – no caso, regulações não discriminatórias e adotadas de boa-fé, normalmente relacionadas a saúde pública, segurança, proteção ao meio ambiente, dentre outras. A terceira, em esclarecer quais medidas específicas não constituem uma expropriação indireta, como licenças compulsórias em conformidade com as regras da OMC, as quais têm sido incluídas nos acordos mais modernos.

Desse modo, nota-se que, com a nova roupagem dada aos acordos de investimento mais modernos, a combinação das disposições de expropriação indireta com as exceções de interesse público tem um papel fundamental na tentativa de (i) reequilibrar direitos e responsabilidades para todos os atores do sistema,[311] (ii) prover mais estabilidade ao próprio sistema e, consequentemente, (iii) fomentar maior cooperação para a manutenção dos compromissos internacionais. As mudanças, não por acaso, iniciaram com os países desenvolvidos exportadores de capital, especialmente EUA e Canadá, os mesmos que iniciaram a difusão das premissas de expropriação indireta, ainda nas décadas de 1980 e 1990. A opção por preservar o direito de regular dos Estados nos acordos de investimento, limitar a amplitude que existia anteriormente para se questionar as medidas regulatórias dos Estados e restringir a margem de apreciação dos tribunais arbitrais em questões envolvendo expropriação indireta implica mais previsibilidade tanto primária – ou seja, a possibilidade de os atores envolvidos saberem de antemão como agir em função do conteúdo da norma – quanto secundária para os tribunais arbitrais aplicarem a regra.

Contudo, faz-se necessário analisar também se o custo-benefício desse arranjo foi satisfatório e se refletiu em modelos que ensejam mais cooperação entre os envolvidos. Desse modo, deve-se questionar se os novos desenhos de acordos que vêm surgindo são, de fato, cooperativos

---

[310] UNITED NATIONS (UN). United Nations Conference on Trade and Development (UNCTAD). *World Investment Report 2018*: Investment and New Industrial Policies. Geneva: United Nations, 2018.
[311] MUCHLINSKI, Peter. Towards a Coherent International Investment System: Key Issues in the Reform of International Investment Law. *In*: ECHANDI, Roberto; SAUVÉ, Pierre (ed.). *Prospects in International Investment Law and Policy*. Cambridge: Cambridge University Press, 2013, p. 411–442, p. 438.

na prática e se estão sendo realizados de modo a constituir uma estabilidade razoável entre os interesses dos investidores e os dos Estados.

2.5 Considerações preliminares

Desse modo, conclui-se preliminarmente que o estudo da expropriação indireta perpassa por diversos caminhos. Ele vai desde o entendimento acerca das linhas-mestras do instituto da expropriação até a compreensão das premissas da *regulatory taking* e do modo como esta foi transposta e modificada no âmbito internacional. Também não se pode olvidar, ao se realizar uma análise da evolução normativa do instituto, que seu aperfeiçoamento na área internacional tem se dado de forma pragmática e racional.

Como a premissa maior, quando do início da difusão do sistema internacional de proteção dos investimentos, era a proteção do investidor, era interessante que o instituto fosse o mais aberto possível para que, havendo qualquer interferência indireta em seus investimentos, os investidores pudessem arguir amplamente sobre as regulações domésticas dos Estados receptores. Contudo, após algumas décadas, o que se percebeu foi uma ampliação exponencial de decisões e interpretações nem sempre uniformes ou favoráveis aos investidores e uma ampla margem de apreciação da matéria pelos tribunais arbitrais. Ocorre que as análises *ex post* pelos tribunais podem influenciar o que os tribunais decidirão no futuro, além do comportamento dos Estados e dos investidores.[312]

Esse quadro, aliado a experiências negativas de alguns Estados no sistema, deu ensejo à solução pragmática de alterações *ex ante* no desenho dos acordos de investimento. Estes passaram a conter cláusulas de expropriação mais elaboradas em comparação às tradicionais, bem como foram incluídas exceções de interesse público, limitando a proteção dos investidores e reconhecendo o direito dos Estados de regularem suas políticas públicas nas áreas discriminadas nos acordos, as quais não são exaustivas. Esse desenho clausular já pode ser visto em vários

---

[312] KINGSBURY, Benedict; SCHILL, Stephen. Investor-State Arbitration as Governance: Fair and Equitable Treatment, Proportionality and the Emerging Global Administrative Law. *New York University School of Law, Public Law & Legal Theory Research Paper Series*, New York, nº 09-46, p. 1–56, 2009, p. 1; MUCHLINSKI, Peter. Towards a Coherent International Investment System: Key Issues in the Reform of International Investment Law. *In*: ECHANDI, Roberto; SAUVÉ, Pierre (ed.). *Prospects in International Investment Law and Policy*. Cambridge: Cambridge University Press, 2013, p. 411–442, p. 431.

BITs contemporâneos, como nos mais recentes modelos de acordos de EUA e Canadá, além de outros inúmeros tratados bilaterais e, também, em acordos de livre comércio que têm sido firmados.

Desse modo, considerando que os traços de mudanças nos desenhos dos acordos indicam uma tentativa de conciliação de interesses, neutralização de incerteza e busca por previsibilidade, é possível perceber, de antemão, que todos esses elementos fazem parte de uma tentativa de melhorar a cooperação entre as partes. Contudo, não se trata de tarefa simples e, por esse motivo, tem sido desenvolvido um extenso arcabouço teórico a respeito da cooperação mediante acordos internacionais.

Diante do indício de uma racionalidade inerente ao processo negociador, de o Direito Internacional dos Investimentos envolver, majoritariamente, acordos assimétricos em termos de poder político e econômico – porquanto envolvem países desenvolvidos e em desenvolvimento – e de um sistema de solução de controvérsias com características próprias, que se torna essencial para o sistema, para as decisões políticas e para o cumprimento dos acordos, optou-se pela exploração do racionalismo institucional como suporte explicativo para a nova realidade em que se encontra a expropriação indireta nos instrumentos jurídicos internacionais. Essa vertente teórica, desenvolvida no âmbito das Relações Internacionais, é trabalhada com foco em uma de suas ramificações, qual seja, a teoria do Continente do Direito Internacional, de modo que se possa compreender, por meio de instrumentos teóricos, a maneira como essas alterações foram pensadas e criadas. O objetivo final será, por meio de uma análise empírica, aplicar tal suporte teórico e analisar se os acordos atuais influenciam o sistema no sentido do aumento da cooperação no âmbito da expropriação indireta.

CAPÍTULO 3

CONTINENTE DO DIREITO INTERNACIONAL COMO INSTRUMENTO ANALÍTICO INSTITUCIONAL

Todos os anos os Estados negociam diversos acordos internacionais nas mais variadas áreas de interesse. Esses instrumentos visam elucidar problemas significativos, que transcendem as fronteiras nacionais e cuja superação exigirá uma ação conjunta das partes.[313] Contemporaneamente, os tratados internacionais que envolvem maior número de membros ou que implicam a criação de organizações internacionais têm ganhado mais destaque na mídia, com o público e com os estudiosos da área internacional. No entanto, apesar de os acordos multilaterais serem mais conhecidos e, também, de teóricos como Accioly, Nascimento e Silva e Casella[314] e de Bruno Simma[315] afirmarem que a tendência evolutiva do Direito e das Relações Internacionais está na passagem do bilateralismo pontual para o multilateralismo institucional, pautado pela persecução dos interesses da comunidade, trata-se apenas de uma parte de um vasto universo.

Nesse sentido, diversas são as teorias que se debruçam a examinar a atual formulação das regras internacionais, em particular para que se compreenda melhor quais fatores possibilitam maior disposição de cooperação entre as partes, seja em determinada área, seja em relação a alguma questão específica. Contudo, frisa-se que as discussões acerca

---

[313] KOREMENOS, Barbara. *The Continent of International Law Explaining Agreement Design*. Cambridge: Cambridge University Press, 2016, p. 1.

[314] ACCIOLY, Hildebrando; NASCIMENTO E SILVA, Geraldo Eulálio; CASELLA, Paulo Borba. *Manual de direito internacional público*. 18. ed. São Paulo: Saraiva, 2010, p. 411.

[315] SIMMA, Bruno. From Bilateralism to Community Interest in International Law. *Recueil des Cours de l'Académie de Droit International*, The Hague, v. VI, t. 250, p. 217-382, 1994.

dessa temática nem sempre estão inteiramente localizadas apenas na área jurídica, tendo se expandido também para outras áreas – por exemplo, no âmbito das Relações Internacionais. Nessa seara, uma das mais recentes teorias desenvolvidas, responsável por trazer o assunto à baila, é o Continente do Direito Internacional. Trata-se de desdobramento da teoria do desenho institucional racional, porém, ao utilizar suas premissas como base, não só as absorve, como também as refina.

Considerando que esse desdobramento teórico engloba elementos que se adéquam ao objeto da presente pesquisa – qual seja, a expropriação indireta no Direito Internacional dos Investimentos –, faz-se necessário um estudo teórico mais aprofundado a respeito do Continente do Direito Internacional, para que se compreenda melhor como tem se dado a formulação dos acordos mais modernos na área e se consistem em uma resposta eficiente para a manutenção da cooperação e da segurança jurídica no âmbito da expropriação indireta.

3.1 Acordos internacionais e cooperação

A ordem jurídica internacional consiste em uma imensidade de acordos internacionais – sejam multilaterais (de ordem global ou regional), sejam bilaterais –, os quais governam o quotidiano internacional.[316] Esses acordos têm como protagonistas os Estados, que, apesar de sofrerem a influência de outros atores interessados, como empresas transnacionais e Organizações Não Governamentais (ONGs), ainda se mantêm como os principais sujeitos capazes e responsáveis pela negociação e pela concepção dos tratados e das convenções no plano internacional.[317]

---

[316] KOREMENOS, Barbara. *The Continent of International Law Explaining Agreement Design*. Cambridge: Cambridge University Press, 2016, p. 1.

[317] Vale lembrar que a CVDT de 1969 prevê em seu artigo 6º que "todo Estado tem capacidade para concluir tratados". Nessa toada, os Estados, juntamente com as organizações internacionais, sob o respaldo da CVDT entre Estados e Organizações Internacionais ou entre Organizações Internacionais, de 1986, são os sujeitos capazes de figurarem como partes contratantes dos acordos internacionais. As organizações internacionais podem ser formadas só por Estados ou, em alguns casos, admitir também outras entidades em sua composição. Esse é o caso, por exemplo, da OMC, formada por Estados, entes-membros, a exemplo da União Europeia (formada por 27 Estados-membros, com a saída do Reino Unido em 31 de janeiro de 2020) e territórios aduaneiros, como Taiwan e Macau. Entretanto, o fato de as organizações internacionais, em sua maioria, serem formadas por Estados reforça a ideia de que eles ainda são os principais condutores das respostas negociadas para solucionar problemas comuns (ACCIOLY, Hildebrando; NASCIMENTO E SILVA, Geraldo Eulálio; CASELLA, Paulo Borba. *Manual de direito internacional público*. 18. ed.

Os acordos internacionais possuem estruturas jurídicas mutáveis, moldadas conforme as partes, os interesses em voga e as questões jurídicas que se pretende resolver de forma conjunta. Contudo, independentemente do regime e dos objetivos desses instrumentos jurídicos, a principal força motora para a concretização e a manutenção de todos os acordos é a cooperação. Segundo Robert O. Keohane,[318] trata-se de ação concreta entre as partes, as quais, diante de um estado de desarmonia preexistente, entram em concordância por meio de um processo de coordenação política. Para o autor, a dinâmica cooperativa envolve o esforço de cada parte em alterar seu comportamento, o que dependerá também da mudança da outra parte, em prol da potencialização futura de ganhos recíprocos. Caso uma das partes não coopere, o acordo será pouco efetivo, acarretando, de forma mais drástica, violações.

Por esse motivo, não basta simplesmente um desenho jurídico de acordo que planifique os propósitos temáticos a serem seguidos; deve-se engendrar também uma estrutura que tenha em seu eixo instrumentos que fomentem a máxima cooperação entre os sujeitos. Essa esquematização envolverá o exercício racional de escolha pelos Estados de uma combinação de cláusulas críveis e que auxiliem no alcance de interesses comuns[319] ao mesmo tempo que promovam um resultado Pareto Eficiente,[320] próprio de uma relação cooperativa, em que ambas as partes se beneficiarão.

Destaca-se que a relação entre a estrutura dos acordos internacionais e a expectativa de cooperação internacional, a qual acarretará a maior efetividade desses instrumentos jurídicos, tem sido estudada por vários modelos teóricos de base racional ou funcionalista[321] há algum

---

São Paulo: Saraiva, 2010, p. 156–157; 414; BRASIL. Decreto nº 7.030, de 14 de dezembro de 2009. Promulga a Convenção de Viena sobre o Direito dos Tratados, concluída em 23 de maio de 1969, com reserva aos Artigos 25 e 66. *Diário Oficial da União*, Brasília, DF, p. 59, 15 dez. 2009. Disponível em: http://www.planalto.gov.br/ccivil_03/_Ato2007-2010/2009/Decreto/D7030.htm. Acesso em: 21 mar. 2019.

[318] KEOHANE, Robert O. International Institutions: Two Approaches. *International Studies Quarterly*, Oxford, v. 32, nº 4, p. 379–396, 1988, p. 380.

[319] HASENCLEVER, Andreas; MAYER, Peter; RITTBERGER, Volker. Interests, Power, Knowledge: The Study of International Regimes. *Mershon International Studies Review*, Oxford, v. 40, nº 2, p. 177–228, 1996, p. 184.

[320] O resultado Pareto Eficiente ocorre quando não houver outro resultado que deixe qualquer ator em melhor situação e não faça com que nenhum Estado figure em situação pior do que aquela em que já estava (HASENCLEVER, Andreas; MAYER, Peter; RITTBERGER, Volker. Interests, Power, Knowledge: The Study of International Regimes. *Mershon International Studies Review*, Oxford, v. 40, nº 2, p. 177–228, 1996, p. 185).

[321] SIMMONS, Beth. International Law and International Relations. *In*: WHITTINGTON, Keith E.; KELEEN, R. Daniel; CALDEIRA, Gregory A. (ed.). *The Oxford Handbook of Law and Politics*. Oxford: Oxford University Press, 2008, p. 187–207, p. 193.

tempo. Estes tentam compreender por que, entre uma extensa gama de opções disponíveis, são escolhidos determinados desenhos de acordos internacionais em detrimento de outros. Para tanto, são examinadas as normas presentes nos tratados assim como o comportamento dos Estados, sua inserção no cenário internacional e a relação custo-benefício de seus compromissos e de suas interações.

Nesse sentido, frisa-se que, desde a década de 1980, a corrente neoliberal institucionalista das Relações Internacionais trata da dinâmica do papel da racionalidade estatal na formação das instituições, com o intuito de fomentar e preservar a cooperação.[322] Esse tipo de análise se torna relevante para o Direito Internacional uma vez que identifica os incentivos e as expectativas das partes no momento da formulação das cláusulas dos acordos, antevendo também os impactos jurídicos que cada decisão acarreta. O pior deles é, sem dúvida, o descumprimento do acordo por uma das partes, o que somente ocorrerá quando ela não visualizar mais benefícios na cooperação. Contudo, a depender das disposições inseridas nos tratados, essa situação poderá ser contornada, evitando que o acordo e a cooperação sejam frustrados e que a questão se transforme em uma controvérsia internacional.

Assim, considerando essa dinâmica, o desenho dos acordos internacionais em geral deve ser bem-formulado para que se evite a abdicação futura dos compromissos pactuados. Entretanto, isso não significa que todos os Estados devam incluir sempre os mesmos elementos em suas estruturas de acordo para que as partes cooperem, como normas substantivas indistintamente vinculantes, mecanismos centralizados de monitoramento e solução de controvérsias ou sistemas de votação assimétricos, mesmo porque cada desenho dependerá também das características dos Estados, do grau de transparência vislumbrado no tratado, do número de atores, dentre outros dispositivos. Há casos, por exemplo, em que os sujeitos envolvidos optam por incluir menos elementos, pois isso tornará mais factível o cumprimento do acordo pelas partes, o que é estrategicamente

---

[322] Segundo Alcindo Gonçalves e José Augusto Fontoura Costa: "Os neoliberais institucionalistas compartilham com os realistas clássicos alguns pressupostos, como a unidade atomística do Estado como único – ou, pelo menos, principal – ator internacional e a atitude racional, voltada à maximização de benefícios. Ainda assim, receberam a denominação 'neoliberais', em decorrência do fato de refletirem 'o argumento liberal clássico dos economistas sobre indivíduos e empresas envolvidos em trocas mutuamente benéficas' (ibidem), ao passo que a denominação 'institucionalistas' se dá mediante o vínculo com o novo institucionalismo econômico" (GONÇALVES, Alcindo; COSTA, José Augusto Fontoura. *Governança global e regimes internacionais*. São Paulo: Almedina, 2011, p. 174).

preferível a uma violação do acordo.³²³ Logo, à medida que as partes possam conjecturar, previamente, os problemas de cooperação a que estão vulneráveis, poderão, tanto quanto possível, tomar medidas prévias para mitigá-los.

Uma das perspectivas teóricas que tenta explicar com mais precisão por que há variação nos desenhos dos acordos é a teoria do Continente do Direito Internacional,³²⁴ desenvolvida por Barbara Koremenos. Sua premissa central é que, conforme certos problemas de cooperação e incertezas incidam na relação ou em determinada matéria, é possível escolher, de antemão, quais cláusulas seriam mais aconselháveis de forma a afastá-los.³²⁵ Assim, as disposições dos acordos não são escolhidas de forma aleatória, mas são moldadas pelos problemas de cooperação e pelas incertezas; e, ao combatê-los, busca-se sempre tornar a relação cooperativa a mais próxima do eficiente e diminuir as chances de o acordo ser violado.

Do ponto de vista pragmático, a teoria do Continente do Direito Internacional vai além de seus antecedentes e dispõe que os problemas de cooperação e as incertezas não incidem de forma isolada, mas sim combinada, podendo haver mais de um entrave, a depender da temática a ser analisada ou do acordo como um todo. Isso torna ainda mais complexa a escolha de um conjunto de cláusulas que se harmonize e, ao final, traga mais cooperação à relação como um todo ou a determinada matéria. Considerando que essa tarefa não é tão simples, a autora propõe que as dimensões clausulares escolhidas, tais como flexibilidade, centralização, escopo e controle, seriam ainda mais efetivas se fossem refinadas, tornando a projeção do desenho das cláusulas ainda mais precisa.

Dessa forma, para que se possa compreender verdadeiramente como a busca por mais cooperação internacional influencia a formação dos acordos internacionais faz-se necessário entender primeiro as possíveis falhas de cooperação nos acordos, uma vez que elas comprometerão a sua efetividade, devendo ser afastadas.³²⁶ E, para que esses entraves

---

[323] GUZMAN, Andrew T. The Design of International Agreements. *The European Journal of International Law*, Fiesole, v. 16, nº 4, p. 579–612, 2005.
[324] KOREMENOS, Barbara. *The Continent of International Law Explaining Agreement Design*. Cambridge: Cambridge University Press, 2016.
[325] KOREMENOS, Barbara. *The Continent of International Law Explaining Agreement Design*. Cambridge: Cambridge University Press, 2016, p. 10.
[326] KEOHANE, Robert O. International Institutions: Two Approaches. *International Studies Quarterly*, Oxford, v. 32, nº 4, p. 379–396, 1988, p. 381.

sejam dirimidos, será necessário selecionar racionalmente determinado tipo de cláusula que melhor auxilie nesse processo. Essa compreensão se torna importante, já que poderá ser aplicada, inclusive, no Direito Internacional dos Investimentos, uma vez que seus acordos também fazem parte do "Continente"[327] do Direito Internacional.

Logo, a pertinência da aplicação da teoria propugnada também se dá em razão de se tratar de um arcabouço teórico que pode ser aplicado independentemente da área do tratado, bem como das partes envolvidas e das características de associação. Isso ocorre, pois, a maioria dos entraves cooperativos e das cláusulas selecionadas estão presentes em grande parte dos acordos internacionais, mesmo com adaptações em função do número de atores envolvidos, das obrigações envolvidas e das características de cada área do Direito Internacional.

Ademais, observa-se que, em razão de a análise envolver alguns elementos que não são exclusivamente jurídicos, mas que contribuem diretamente para a formação do Direito Internacional, é inevitável que se esbarre na interdisciplinaridade entre Direito e Relações Internacionais. Essa interação acaba sendo de grande serventia para explicar como e por que as instituições são formadas da maneira que as conhecemos. Como já salientou Kenneth W. Abbott,[328] os estudiosos do Direito Internacional também devem atentar-se às abordagens advindas das Relações Internacionais para explicar os fenômenos jurídicos, pois esse campo de estudo produz instrumentos analíticos que auxiliarão no exame das normas, das instituições e do funcionamento de mecanismos de solução de controvérsias. Portanto, essa interação entre Relações Internacionais e Direito Internacional, para que se possa explicar os fenômenos correntes no plano internacional, especialmente quanto

---

[327] De acordo com Koremenos, cada fragmento do Direito Internacional, com suas mais diversas características, deve ser estudado como se fosse uma instituição. O conjunto dessas peças variadas representa, portanto, uma união de instituições, as quais formam um real "Continente". Entretanto, esse substrato conjuntural de tratados internacionais não é delineado da mesma forma nem, tampouco, possui os mesmos desafios a serem enfrentados para que seja efetivo. Por isso, o propósito dessa evolução teórica é estudar, de acordo com o contexto internacional, com a identificação de novos problemas de cooperação e com as características desagregadas dos Estados, como se dá a variação das escolhas racionais desses sujeitos na confecção do Direito Internacional, formando, ao final, a completude desse Continente (KOREMENOS, Barbara. *The Continent of International Law Explaining Agreement Design*. Cambridge: Cambridge University Press, 2016, p. 64).

[328] ABBOTT, Kenneth W. Modern International Relations Theory: A Prospectus for International Lawyers. *Yale Journal of International Law*, New Haven, v. 14, nº 2, p. 225–411, 1989.

à formulação e à análise de instrumentos jurídicos internacionais, torna-se rica para os estudos tanto das ciências humanas quanto das ciências jurídicas, não sendo de forma alguma excludentes, mas sim entrelaçados.

Por fim, acredita-se que a teoria do Continente do Direito Internacional será um importante instrumento de análise institucional e organizacional do Direito Internacional dos Investimentos. No atual cenário internacional, os acordos de investimento passam a apresentar linguagem menos imprecisa e uma configuração evolutiva marcada pela inclusão progressiva de exceções, além de outros elementos que têm surgido e que influenciam na cooperação. Isso leva a acreditar que é possível e crível aplicar a teoria ao recorte de análise da temática da expropriação indireta. Essa aplicação *a posteriori* tornar-se-á importante para que, depois, se compreenda se os acordos em desenvolvimento fomentam a cooperação ou se seu desenho pouco tem auxiliado para tanto.

Contudo, não se pode olvidar que o Continente do Direito Internacional está inserido na corrente racional institucionalista das Relações Internacionais. O antecedente direto desta, apesar de haver outras influências, é a teoria do desenho institucional racional, fundada por Barbara Koremenos, Charles Lipson e Duncan Snidal,[329] que criara a premissa basilar, refinada e aplicada posteriormente, de forma individual por Koremenos. Por isso, antes de adentrar a teoria do Continente, examinar-se-á seu principal antecedente.

3.2 Antecedentes: a teoria do desenho institucional racional

A teoria do Continente do Direito Internacional deriva de algumas bases teóricas fundamentais. De início, a teoria tem forte inspiração na teoria dos jogos, já que as partes deverão antever os resultados de uma ação racional tomada e, a partir de uma avaliação das circunstâncias presentes e dos óbices e das incertezas sobre a cooperação futura entre as partes, tomarão suas decisões. Além disso, essa vertente teórica também tem como forte influência a teoria dos

---

[329] KOREMENOS, Barbara; LIPSON, Charles; SNIDAL, Duncan. The Rational Design of International Institutions. *In*: KOREMENOS, Barbara; LIPSON, Charles; SNIDAL, Duncan (org.). *The Rational Design of International Institutions*. Cambridge: Cambridge University Press, 2004. p. 1–39.

regimes internacionais, pois sua agenda de pesquisa engloba regras, normas e processos de tomada de decisão ao redor das expectativas dos agentes em determinada área.[330] Tanto a teoria dos jogos quanto a teoria dos regimes internacionais foram apropriadas pelo institucionalismo racional, mais especificamente pela teoria do desenho institucional racional, que conferiu uma aplicabilidade distinta às suas premissas, contextualizada à realidade das Relações Internacionais.

De acordo com Alcindo Gonçalves e José Augusto Fontoura Costa,[331] a teoria do desenho institucional racional é um importante instrumento analítico para o estudo e a avaliação das arquiteturas institucionais e organizacionais. Ela se baseia na premissa de que os Estados soberanos desenvolvem o Direito Internacional racionalmente, na forma de instituições, com a finalidade de promover coerentemente seus interesses, conforme tentam afastar problemas de cooperação. As instituições internacionais, por sua vez, são acordos explícitos negociados entre atores internacionais e prescrevem, proscrevem e/ou autorizam comportamentos.[332] Essas instituições envolvem um conjunto persistente e conectado de regras (formais ou informais) que, segundo Keohane,[333] estabelecem papéis comportamentais, restringem atividades e modelam expectativas sobre eventos futuros, tudo isso para que se cumpra uma das maiores funções das instituições – qual seja, a redução das incertezas entre as partes e a promoção de segurança jurídica.

Apesar de a utilização do termo "atores internacionais" ser abrangente, a teoria abordada é integralmente dirigida aos Estados, os quais são considerados agentes racionais responsáveis pela negociação dos acordos e das convenções internacionais.[334] Essa racionalidade

---

[330] KRASNER, Stephen D. Structural Causes and Regime Consequences: Regimes as Intervening Variables. *International Organization*, Cambridge, v. 36, nº 2: International Regimes, p. 185–205, primavera 1982; SIMMONS, Beth. International Law and International Relations. *In*: WHITTINGTON, Keith E.; KELEEN, R. Daniel; CALDEIRA, Gregory A. (ed.). *The Oxford Handbook of Law and Politics*. Oxford: Oxford University Press, 2008, p. 187–207, p. 193.

[331] GONÇALVES, Alcindo; COSTA, José Augusto Fontoura. *Governança global e regimes internacionais*. São Paulo: Almedina, 2011, p. 195.

[332] KOREMENOS, Barbara; LIPSON, Charles; SNIDAL, Duncan. The Rational Design of International Institutions. *In*: KOREMENOS, Barbara; LIPSON, Charles; SNIDAL, Duncan (org.). *The Rational Design of International Institutions*. Cambridge: Cambridge University Press, 2004, p. 1–39, p. 2.

[333] KEOHANE, Robert O. International Institutions: Two Approaches. *International Studies Quarterly*, Oxford, v. 32, nº 4, p. 379–396, 1988, p. 383.

[334] GONÇALVES, Alcindo; COSTA, José Augusto Fontoura. *Governança global e regimes internacionais*. São Paulo: Almedina, 2011, p. 196.

demonstra-se em razão de as partes, estrategicamente, calcularem como executarão a persecução dos objetivos pactuados, como realizarão o monitoramento dos acordos e como conferirão efetividade aos próprios instrumentos internacionais, para propiciarem interações duradouras[335] e bem-sucedidas entre as partes do acordo,[336] tendo em conta todos os custos embutidos. Dentre eles, se incluem as renúncias, os custos materiais e os custos reputacionais, que especificam os termos de troca.[337]

Considerando a miríade de elementos que surgem ao se promover um exame analítico dos problemas de cooperação e das instituições existentes, o primeiro esforço de Koremenos, Lipson e Snidal está na separação das variáveis dependentes e independentes, para que se identifique se quando, de um lado, uma variável dependente muda, de outro a variável independente também se altera ou continua estável. A partir das informações que se poderá extrair dessa interação, será possível, então, efetuar correlações e interpretar, em termos causais, os resultados. Dessa maneira, serão separados os problemas de cooperação e incertezas das dimensões pontuais ou características das cláusulas, que são consideradas como aspectos vitais na colaboração mútua e influenciarão para que as instituições variem.

Para o presente estudo, focar-se-á, primeiro, nas dimensões, classificadas como variáveis dependentes, seguindo a ordem explicativa dos autores, para, depois, abordar os problemas de cooperação e as incertezas, que constituem as variáveis independentes. Koremenos, Lipson e Snidal avaliaram que, apesar da existência de outras variáveis dependentes, cinco dimensões poderiam ser selecionadas e examinadas racionalmente quando da formação do desenho institucional dos acordos. São elas: (i) associação; (ii) escopo ou âmbito material; (iii) centralização; (iv) controle; e (v) flexibilidade.[338] A escolha dessas variáveis se justifica com base nas vantagens que poderão trazer para uma pesquisa sistemática. Além de serem consideradas relevantes para os negociadores internacionais e para os estudiosos

---

[335] AXELROD, Robert. *The Evolution of Cooperation*. New York: Basic Books, 1984.
[336] KOREMENOS, Barbara. *The Continent of International Law Explaining Agreement Design*. Cambridge: Cambridge University Press, 2016, p. 8.
[337] KEOHANE, Robert O. International Institutions: Two Approaches. *International Studies Quarterly*, Oxford, v. 32, nº 4, p. 379–396, 1988, p. 387.
[338] KOREMENOS, Barbara; LIPSON, Charles; SNIDAL, Duncan. The Rational Design of International Institutions. *In*: KOREMENOS, Barbara; LIPSON, Charles; SNIDAL, Duncan (org.). *The Rational Design of International Institutions*. Cambridge: Cambridge University Press, 2004, p. 1–39, p. 3.

do institucionalismo, elas são de fácil identificação e comparação e aplicam-se à matriz completa do Direito Internacional, do acordo mais complexo ao mais simples, do mais forte ao mais fraco,[339] de forma intertemporal.

3.2.1 Variáveis dependentes

3.2.1.1 Associação

A primeira dimensão refere-se à associação, ou seja, ao conjunto efetivo de membros, cuja admissão depende de normas específicas, as quais podem explicitar critérios mais ou menos exigentes. Essa vertente abarca questões relacionadas ao total de participantes aptos a aderir ao acordo e à abrangência deste. É nessa dimensão que se discute, por exemplo, se se trata de instrumento bilateral ou multilateral, e se a instituição está disposta a alargar seu número de participantes – o que ocorre naturalmente a partir do momento em que mais Estados se sintam atraídos pelas vantagens de aderir a tal estrutura jurídica – ou a restringi-lo.

Esse quesito também é importante, pois, quando se reúnem vários participantes, se torna mais difícil a comunicação e o alcance de consensos, o que pode desencadear, muitas vezes, o aprofundamento da centralização para a coordenação, o monitoramento e a execução do acordo, entre outras nuances. Dois exemplos concretos seriam, de um lado, o da ONU, que é constituída pela Carta de São Francisco e conta com uma participação ampla de vários membros; de outro, os BITs, que, como o próprio nome sugere, possuem apenas dois membros, são diversos em seu conteúdo e não são responsáveis pela fundação de uma organização internacional. Ambos os desenhos institucionais são assentados nas variáveis dependentes abordadas; porém, como a variável associação difere tanto para um quanto para outro em sua extensão, a dinâmica de cada acordo será diferente.

---

[339] KOREMENOS, Barbara. *The Continent of International Law Explaining Agreement Design*. Cambridge: Cambridge University Press, 2016, p. 41.

3.2.1.2 Escopo ou âmbito material

A segunda dimensão trata-se do escopo ou âmbito material, isto é, da cobertura presente nos acordos internacionais, dos temas gerais ou específicos que são prescritos e/ou proscritos, tendo em conta que o instrumento jurídico em questão será uma resposta a uma determinada situação-problema. Essa dimensão engloba uma gama de questões que envolvem desde incentivos para cumprimento, como recompensas futuras, até punições ligadas ao descumprimento dos tratados ou devidas a qualquer outra circunstância. Dentre as especificidades, destaca-se que o escopo das cláusulas poderá ser aberto ou fechado em função de sua alta tecnicidade,[340] o que justificaria sua maior restrição. Ademais, um dos maiores entraves é a obscuridade ao se retratar os problemas de ordem material nas cláusulas. A depender da linguagem empregada, o conteúdo da cláusula poderá ser vago, o que faz com que se questione se ele é mesmo um problema.[341]

3.2.1.3 Centralização

A terceira dimensão consiste na centralização, a qual diz respeito à existência de entidades responsáveis pela tomada de decisões ou pela fiscalização do tratado. Essa função poderá ser assumida pelos próprios Estados ou por entidade específica que concentrará funções e competências. Dentre elas, destacam-se a disseminação de informações e outras ações para a redução de custos de negociação e transação, além do incentivo ao cumprimento das obrigações institucionalizadas. Esse órgão conduzirá, por exemplo, a fiscalização do cumprimento do tratado, a coleta e a disseminação de informações e a aplicação de sanções, se for o caso. É possível que haja distintos níveis de centralização em uma mesma instituição, o que reforça a profundidade dessa dimensão, assim como pode haver acordos dotados de descentralização, a depender da preferência dos Estados e do que considerem mais efetivo para a cooperação.

---

[340] KOREMENOS, Barbara; LIPSON, Charles; SNIDAL, Duncan. The Rational Design of International Institutions. *In*: KOREMENOS, Barbara; LIPSON, Charles; SNIDAL, Duncan (org.). *The Rational Design of International Institutions*. Cambridge: Cambridge University Press, 2004, p. 1–39, p. 10.

[341] KOREMENOS, Barbara; LIPSON, Charles; SNIDAL, Duncan. The Rational Design of International Institutions. *In*: KOREMENOS, Barbara; LIPSON, Charles; SNIDAL, Duncan (org.). *The Rational Design of International Institutions*. Cambridge: Cambridge University Press, 2004, p. 1–39, p. 11.

Em determinadas áreas, especialmente as de caráter econômico, nota-se a transição da condição de descentralização para a de centralização. Um exemplo marcante seria a transição durante a evolução do sistema multilateral do comércio: antigamente, notava-se um ambiente descentralizado, em que os próprios membros se retaliavam entre si quando achavam apropriado; contudo, com a criação do sistema multilateral do comércio e seu adensamento de juridicidade, hoje consubstanciado pela OMC, os painéis e o Órgão de Apelação centralizam as sanções. Assim sendo, cabe ao Órgão de Apelação aprovar ou não a aplicação de uma retaliação caso a decisão proferida não seja cumprida e o membro violador continue a desrespeitar as normas multilaterais do comércio.

3.2.1.4 Controle

A quarta dimensão trata-se do controle, que compreende as tomadas de decisão coletivas. Nesta, estão incluídas a seleção dos representantes, funcionários ou julgadores, as estruturas de votação e a ingerência conforme a contribuição orçamentária, relevante, por exemplo, no caso da análise cooperativa no âmbito de uma organização internacional. Essa dimensão abrange questões como a inclusão de direitos de veto e sistemas de maioria.[342] É o caso, por exemplo, do Conselho de Segurança da ONU, que centraliza a tomada de decisões sobre paz e segurança em um organismo mais restrito, composto por 11 membros, em que apenas 5 são permanentes, e os demais membros rotativos. Ele se diferencia da AGNU, em que todos os membros possuem representação e direito de voto igualitários. O controle, então, se distingue da centralização, pois se volta para as regras de votação, que mesmo se alteradas, podem não afetar o nível de centralização existente.

3.2.1.5 Flexibilidade

A quinta e última dimensão, a da flexibilidade, consiste na capacidade institucional de resposta às novas condições e circunstâncias do ambiente, as quais não podem ser antecipadas à época da negociação.

---

[342] GONÇALVES, Alcindo; COSTA, José Augusto Fontoura. *Governança global e regimes internacionais*. São Paulo: Almedina, 2011, p. 197.

As flexibilidades caracterizam-se em dois tipos: adaptativa e transformacional.[343] A adaptativa abrange respostas a perturbações circunstanciais, isolando-as sem que isso afete a instituição, como quando da aplicação das cláusulas de salvaguarda. Já a transformacional refere-se à renegociação ou à negociação periódica ou *ad hoc*, realizada após determinado período de tempo, podendo modificar as disposições do acordo ou a abordagem de novas situações-problema que não foram originalmente vislumbradas, mas que surgem diante de novas circunstâncias.

As variáveis dependentes retratam aspectos vitais para a cooperação que podem ser avaliados de forma mensurável, em extensões mais amplas ou mais restritas.[344] No entanto, a configuração dos acordos internacionais, por meio da variação dessas dimensões, tem como norte o desenvolvimento de tratados que promovam, sobretudo, um resultado Pareto Eficiente com custos mínimos.[345] Segundo a teoria do desenho institucional racional, isso dependerá da análise dos problemas de cooperação subjacentes que os Estados enfrentarão. Eles são caracterizados como variáveis independentes, que são cruciais na influência sobre o formato e o contorno das variáveis dependentes. Consequentemente, as variáveis independentes, ao interagirem com as variáveis dependentes, geram uma gama variada de possibilidades de arranjos de acordos internacionais[346] pensados para fomentar e preservar a cooperação entre as partes.

3.2.2 Variáveis independentes

As variáveis independentes representam a causa da variação das variáveis dependentes e são representadas pelos problemas e

---

[343] GONÇALVES, Alcindo; COSTA, José Augusto Fontoura. *Governança global e regimes internacionais*. São Paulo: Almedina, 2011, p. 197.

[344] KOREMENOS, Barbara; LIPSON, Charles; SNIDAL, Duncan. The Rational Design of International Institutions. *In*: KOREMENOS, Barbara; LIPSON, Charles; SNIDAL, Duncan (org.). *The Rational Design of International Institutions*. Cambridge: Cambridge University Press, 2004, p. 1–39, p. 9.

[345] HASENCLEVER, Andreas; MAYER, Peter; RITTBERGER, Volker. Interests, Power, Knowledge: The Study of International Regimes. *Mershon International Studies Review*, Oxford, v. 40, nº 2, p. 177–228, 1996, p. 185.

[346] KOREMENOS, Barbara; LIPSON, Charles; SNIDAL, Duncan. The Rational Design of International Institutions. *In*: KOREMENOS, Barbara; LIPSON, Charles; SNIDAL, Duncan (org.). *The Rational Design of International Institutions*. Cambridge: Cambridge University Press, 2004, p. 1–39, p. 15.

pelas incertezas na cooperação institucional. Dentre as variáveis independentes selecionadas pelo desenho institucional racional estão: (i) problema quanto à distribuição; (ii) problema quanto ao cumprimento; (iii) problema quanto ao número de atores; (iv) incerteza quanto ao comportamento; (v) incerteza quanto ao estado do mundo; e (vi) incerteza quanto às preferências.

3.2.2.1 Problema quanto à distribuição

O problema quanto à distribuição é aquele em que mais de um arranjo é possível e implica ganhos às partes, visto que cada Estado detém sua preferência sobre determinada cláusula. Por esse motivo, a magnitude desse problema depende de como cada ator comparará sua opção com as demais escolhidas pelos outros Estados. Trata-se de um jogo de pura coordenação de interesses, em que o melhor cenário se dá quando os sujeitos escolhem os mesmos pontos de coordenação nas disposições dos acordos.

Quando as implicações distributivas de uma escolha são pequenas, ou seja, quando apenas um resultado eficiente é possível ou a sombra do resultado futuro é pequena, os custos de negociação serão relativamente pequenos. Contudo, em situações em que as implicações distributivas são grandes, como quando há múltiplas opções e interesses possíveis, os custos de barganha serão provavelmente elevados, pois a negociação se alongará por mais tempo até que se alcance um consenso.

Essa variável independente torna-se problemática na medida em que, se um desenho implica ganhos maiores para uma das partes, isso faz com que haja o chamado "jogo de soma zero", em que apenas um dos lados alcança vantagens, deixando o outro lado em um resultado pior, o que pode interferir na cooperação entre as partes. Na área do comércio internacional há uma série de exemplos relativos ao problema de distribuição – por exemplo, quando Estados frequentemente discordam quanto às tarifas a abaixar ou, então, no campo do desarmamento, em que questões sobre armas a serem banidas ou reduzidas são frequentemente controversas e de difícil consenso.[347]

---

[347] KOREMENOS, Barbara. *The Continent of International Law Explaining Agreement Design*. Cambridge: Cambridge University Press, 2016, p. 33.

3.2.2.2 Problema quanto ao cumprimento

O problema quanto ao cumprimento ocorre quando os sujeitos têm incentivos individuais para renunciar a um compromisso enquanto as outras partes cooperam. Esse problema traduz, portanto, a tentação de uma das partes de abandonar o compromisso. Nesse contexto também estão inseridas as avaliações futuras – por exemplo, se valerá seguir com o acordo, mesmo que isso implique o sacrifício, pelo Estado, de um ganho maior e imediato (absoluto ou relativo) em troca de uma cooperação em longo prazo. Isso existe, por exemplo, quando Estados se comprometem com o desarmamento nuclear, porém um dos Estados não cumpre com o compromisso assumido por avaliar que estará em situação vantajosa se não o fizer enquanto os outros se desarmam. Tal situação envolve o quadro em que uma parte se aproveita da cooperação da outra, beneficiando-se da cooperação sem contribuir para ela, caracterizando o problema do efeito carona (em inglês, *free rider*). Esse problema é um dos mais centrais na análise das instituições internacionais, tendo grande repercussão por envolver mecanismos de solução de controvérsia, e também será explorado na teoria do Continente do Direito Internacional.

3.2.2.3 Problema quanto ao número de atores

O problema quanto ao número de atores refere-se aos entraves resultantes, principalmente, da elevação do número de participantes. Entretanto, o problema relativo ao número de atores não pode ser confundido com a associação. Ele diz respeito a variável exógena em que, dependendo da situação-problema, o comportamento estratégico de certos Estados afetará os resultados obtidos pelos demais atores.[348] Já a associação consiste em uma variável endógena analisada no curso do estabelecimento, da mudança ou da operação da instituição na formação do desenho.[349]

O número também engloba distribuições assimétricas de poder dos atores, o que se verifica, por exemplo, quando há assuntos em que

---

[348] GONÇALVES, Alcindo; COSTA, José Augusto Fontoura. *Governança global e regimes internacionais*. São Paulo: Almedina, 2011, p. 198.
[349] KOREMENOS, Barbara; LIPSON, Charles; SNIDAL, Duncan. The Rational Design of International Institutions. *In*: KOREMENOS, Barbara; LIPSON, Charles; SNIDAL, Duncan (org.). *The Rational Design of International Institutions*. Cambridge: Cambridge University Press, 2004, p. 1–39, p. 17.

Estados podem ser nominalmente envolvidos, porém somente alguns realmente conduzem a questão, seja em razão de seu poder político, seja por seu peso econômico.[350] Segundo o entendimento de Kenneth A. Oye,[351] há três acepções a respeito do modo como as variações quanto ao número de atores comprometem a cooperação. A primeira aponta que o aumento de Estados participantes acarreta uma elevação proporcional nos custos de transação e informação. A segunda enfoca a dificuldade de punição dos traidores ou desertores; esta diminui conforme aumenta o número de Estados, decrescendo também os incentivos para o cumprimento dos compromissos assumidos e culminando na sua abdicação. Ainda, o aumento na quantidade de atores poderá dificultar o reconhecimento e a troca de informação sobre o comportamento dos próprios Estados, deixando menos evidente a reciprocidade. Dessa forma, a depender do número de atores e da maneira como estes se comportam, reflexos serão sentidos também nas outras partes, comprometendo a cooperação.

Finalmente, um dos maiores óbices à cooperação é a incerteza. O cenário de incerteza normalmente é caracterizado quando os sujeitos não estão totalmente cientes do comportamento dos outros agentes e/ou de suas preferências. Quanto mais aguda a situação de insegurança, mais riscos incidem sobre a efetivação do tratado. Nesse sentido, as incertezas podem ser realçadas conforme as escolhas e as preferências dos Estados e também de acordo com as consequências de ambas, que podem suscitar distintas implicações para o desenho dos tratados. Desse modo, três aspectos da incerteza são abordados como problemas de cooperação: (iv) incerteza quanto ao comportamento; (v) incerteza quanto às preferências; e (vi) incerteza quanto ao estado do mundo.

3.2.2.4 Incerteza quanto ao comportamento

A incerteza quanto ao comportamento refere-se à insegurança sobre o que os outros Estados estão fazendo e sobre o efetivo cumprimento das obrigações por eles assumidas nos acordos internacionais.

---

[350] KOREMENOS, Barbara; LIPSON, Charles; SNIDAL, Duncan. The Rational Design of International Institutions. *In*: KOREMENOS, Barbara; LIPSON, Charles; SNIDAL, Duncan (org.). *The Rational Design of International Institutions*. Cambridge: Cambridge University Press, 2004, p. 1–39, p. 17-18.

[351] OYE, Kenneth A. Explaining Cooperation under Anarchy: Hypotheses and Strategies. *In*: OYE, Kenneth A. (org.). *Cooperation Under Anarchy*. Princeton: Princeton University Press, 1986, p. 1–24, p. 19.

Isso ocorre, pois, não é possível que os Estados saibam com absoluta certeza se uma das partes está cumprindo com seus compromissos de forma coerente com o esperado, o que gera, portanto, incerteza. Um exemplo seria a dificuldade de se certificar de que os Estados que se comprometeram a proibir armas de destruição em massa, inclusive publicamente, não estão desenvolvendo projetos domésticos desse tipo.[352] Como esse tipo de incerteza é frequente em acordos de diversas áreas, também é abordado no Continente do Direito Internacional.

3.2.2.5 Incerteza quanto às preferências

A incerteza quanto às preferências baseia-se na desconfiança dos Estados sobre o que as outras partes realmente almejam. Isso se dá, por exemplo, quando os Estados estão incertos sobre preferências e motivações de outros Estados quando se vinculam a um compromisso internacional. Um exemplo seria a desconfiança dos membros da União Europeia em aceitar a Turquia como membro ingressante na iniciativa regional. Isso faz com que os países europeus fiquem incertos sobre a expansão da União para abarcar esse país, pois não têm certeza de suas reais motivações.[353] Esse tipo de incerteza é frequente em uma relação de elevada insegurança jurídica e, por isso, é analisado novamente no Continente do Direito Internacional.

3.2.2.6 Incerteza quanto ao estado do mundo

A incerteza quanto ao estado do mundo tem um caráter mais abstrato e diz respeito ao conhecimento dos Estados sobre as consequências de suas ações e das ações de outros Estados ou instituições internacionais. Ela se volta, portanto, para a criação de convicções e consensos sobre o modo como o Estado percebe sua participação nas relações internacionais individualmente e em relação ao seu papel no tratado a que está vinculado.[354] Isso pode ocorrer, por exemplo, quando a China restringe o acesso às suas águas, incluindo as rotas comerciais,

---

[352] KOREMENOS, Barbara. *The Continent of International Law Explaining Agreement Design*. Cambridge: Cambridge University Press, 2016, p. 37.
[353] KOREMENOS, Barbara. *The Continent of International Law Explaining Agreement Design*. Cambridge: Cambridge University Press, 2016, p. 38.
[354] GONÇALVES, Alcindo; COSTA, José Augusto Fontoura. *Governança global e regimes internacionais*. São Paulo: Almedina, 2011, p. 199.

em razão de uma suposta medida de urgência devido a vazamentos de óleo e danos ambientais. Contudo, torna-se difícil ter certeza sobre a veracidade dessa situação se não há acesso à área.[355] Ressalta-se, ainda, que, apesar de a distinção entre os tipos de incerteza ser conceitualmente útil, na prática eles podem ser aplicados de forma combinada.[356] A análise dessa variável é retomada, em razão de sua importância, quando de sua incidência no Continente do Direito Internacional.

Desse modo, de acordo com as variáveis dependentes e independentes apresentadas, segundo a teoria do desenho institucional racional, faz-se necessária a interação entre elas para que se possa identificar os desenhos possíveis. O processo se inicia isolando um conjunto de variáveis independentes, que determinará a escolha das variáveis dependentes, o que resultará no formato do desenho institucional.

Para a confecção das molduras possíveis, os autores destacam quatro presunções do próprio desenho racional que devem ser analisadas para avaliar as relações entre as variáveis independentes e dependentes, quais sejam: (i) *desenho racional*, isso é, os Estados (ou outros atores), agindo em seu próprio interesse, desenham instituições na busca de interesses conjuntos; (ii) *sombra do futuro*, ou seja, necessidade de definir se os benefícios futuros são consistentes o suficiente para sustentar um acordo cooperativo; (iii) *custos de transação*, por ser a participação nas instituições tarefa onerosa, envolvendo custos materiais, reputacionais e renúncias; e (iv) *aversão ao risco*, pois os Estados temem riscos e efeitos adversos da criação e da modificação das instituições internacionais.[357]

---

[355] Koremenos também exemplifica esse problema de cooperação com o caso da Convenção Internacional para a Conservação do Atum e afins do Atlântico, de 1969, em que, com o avanço tecnológico, se vislumbrava, à época de sua negociação, a ameaça de que haveria de pronto um excesso de pesca de atum. Ocorre que, apesar da preocupação, os Estados envolvidos não tinham certeza de vários itens relevantes para a implementação do acordo ao longo do tempo, como quais seriam as quantidades de pesca consideradas sustentáveis, quais os métodos corretos para se evitar a pesca excessiva ou quais os custos e os benefícios de tais medidas. Assim sendo, havia incerteza sobre a melhor forma de cuidar desse recurso comum à época e sobre o modo como a cooperação engendrada, presente e futura poderia afetar tanto a pesca quanto o próprio bem-estar econômico dos Estados (KOREMENOS, Barbara. *The Continent of International Law Explaining Agreement Design*. Cambridge: Cambridge University Press, 2016, p. 39).

[356] KOREMENOS, Barbara; LIPSON, Charles; SNIDAL, Duncan. The Rational Design of International Institutions. *In*: KOREMENOS, Barbara; LIPSON, Charles; SNIDAL, Duncan (org.). *The Rational Design of International Institutions*. Cambridge: Cambridge University Press, 2004, p. 1–39, p. 19.

[357] GONÇALVES, Alcindo; COSTA, José Augusto Fontoura. *Governança global e regimes internacionais*. São Paulo: Almedina, 2011, p. 199; KOREMENOS, Barbara; LIPSON, Charles; SNIDAL, Duncan. The Rational Design of International Institutions. *In*:

Considerando todos esses elementos, os autores traçaram conjecturas paradigmáticas combinando variáveis independentes e dependentes. Cada conjectura expõe o efeito esperado de uma mudança em uma variável independente em particular – como é o caso do nível de incerteza ou do problema quanto à distribuição – sobre uma das variáveis dependentes – tais quais associação ou flexibilidade –, formando um esquema de acordo. Por exemplo, quando há um aumento na incerteza sobre o estado do mundo, os Estados avaliarão se devem moldar os tratados com mais ou menos flexibilidades e, a depender da decisão, serão formados dois padrões distintos de acordo, um mais flexível e outro mais enrijecido ou inflexível.

Essa limitação de conjecturas, enfatizada pela determinação dos efeitos das variáveis independentes, foi realizada para que se tentasse deslindar o imenso quadro de possibilidades existente, tendo em vista um nível de generalidade teórica que pudesse ser aplicado de forma empírica. Destarte, a principal questão que se coloca para a confecção de conjecturas acaba sendo a seguinte: como uma mudança nos problemas de cooperação afetará o equilíbrio do desenho institucional do acordo?[358]

A partir dos estudos de Koremenos, Lipson e Snidal[359] e dos pressupostos da teoria do desenho institucional racional, foi elaborado o Quadro 1, para ilustrar as generalidades resultantes das conjecturas provenientes da interação entre as variáveis independentes e dependentes. Optou-se por seguir a ordem de raciocínio de Gonçalves e Costa[360] em sua explanação sobre a referida teoria, posicionando no Quadro 1 a seguir as variáveis independentes à esquerda, pois simbolizam as causas, e as variáveis dependentes à direita, já que ilustram os resultados ou efeitos, que representarão as cláusulas que configurarão o desenho do acordo. Foram realizadas algumas adaptações do original, de modo a tentar facilitar a compreensão dos impactos das escolhas racionais pelos Estados.

KOREMENOS, Barbara; LIPSON, Charles; SNIDAL, Duncan (org.). *The Rational Design of International Institutions*. Cambridge: Cambridge University Press, 2004, p. 1–39, p. 21-22.

[358] KOREMENOS, Barbara; LIPSON, Charles; SNIDAL, Duncan. The Rational Design of International Institutions. *In*: KOREMENOS, Barbara; LIPSON, Charles; SNIDAL, Duncan (org.). *The Rational Design of International Institutions*. Cambridge: Cambridge University Press, 2004, p. 1–39, p. 22.

[359] KOREMENOS, Barbara; LIPSON, Charles; SNIDAL, Duncan. The Rational Design of International Institutions. *In*: KOREMENOS, Barbara; LIPSON, Charles; SNIDAL, Duncan (org.). *The Rational Design of International Institutions*. Cambridge: Cambridge University Press, 2004, p. 1–39, p. 37.

[360] GONÇALVES, Alcindo; COSTA, José Augusto Fontoura. *Governança global e regimes internacionais*. São Paulo: Almedina, 2011, p. 200.

Quadro 1 - Conjecturas da teoria do desenho institucional racional

(continua)

Variável independente	Extensão	Solução	Variável dependente	Desenho da cláusula	Efeito
Problema quanto à distribuição	Mais intenso	Ampliação do número de membros ou multilateralização	Associação	Mais inclusiva	Mais custoso
		Ampliação das questões tratadas	Âmbito material	Escopo mais aberto	Mais custoso
		Criação de mecanismos de flexibilidade	Flexibilidade	Flexibilidades mais amplas ou mais cláusulas envolvendo flexibilidades	Mais custoso
Problema quanto ao cumprimento	Mais intenso	Redução do número de membros ou bilateralização	Associação	Mais restritiva	Menos custoso
		Cumprimento facilitado pela maior articulação com outras questões	Âmbito material	Escopo mais aberto	Menos custoso
		Criação de órgão centralizador	Centralização	Mais centralização	Menos custoso
Problema quanto ao número	Mais assimetria	Proteção individual por meio do veto	Controle	Mais assimetria entre os membros	Menos custoso
	Maior	Criação de órgão centralizador de informações	Centralização	Mais centralização	Ônus menores, pois são divididos entre os membros
		Esquemas de votação não igualitário ou qualificada	Controle individual	Diminui	Menos custoso
		Acordo mais amplo	Âmbito material	Escopo mais aberto	Mais custoso

(conclusão)

Variável independente	Extensão	Solução	Variável dependente	Desenho da cláusula	Efeito
		Flexibilidades menores ou inclusão de outras flexibilidades	Flexibilidade	Renegociações menores e mais esparsas ou mais cláusulas envolvendo outras flexibilidades	Menos custoso
Incerteza em relação ao comportamento	Maior	Criação de um órgão centralizador	Centralização	Mais centralização	Ônus menores, pois são divididos entre os membros
Incerteza em relação às preferências	Maior	Menos membros	Associação	Mais restritiva	Menos custoso
Incerteza em relação ao estado do mundo		Criação de órgão centralizador para disseminação de informações	Centralização	Mais centralização	Ônus menores, pois são divididos entre os membros
		Criação de mecanismos de veto	Controle (individual)	Aumenta (veto)	Menos custoso
		Criação de mais flexibilidades	Flexibilidade	Flexibilidades mais amplas ou mais cláusulas envolvendo flexibilidades	Mais custoso

Fonte: Elaborado pela autora com base em Gonçalves e Costa (2011, p. 200) e Koremenos, Lipson e Snidal (2004, p. 37).

Esse quadro deve ser interpretado a partir das variáveis independentes ou problemas de cooperação, os quais, em situação hipotética e abstrata, serão agravados, o que requererá uma solução baseada na adoção das variáveis dependentes. Estas variarão o necessário para tentar reequilibrar o acordo e cada cláusula se tornará uma parte do desenho total. Assim, destacam-se a seguir as conjecturas ilustradas no Quadro 1.

3.2.2.7 Incidência de problema de distribuição

Quando se identifica um problema de distribuição, os caminhos possíveis para neutralizá-lo serão: (i) cláusula de associação mais abrangente ou inclusiva; (ii) ampliação do âmbito material; e (iii) mais flexibilidade. Segundo a teoria do desenho institucional racional, os Estados são entidades racionais que buscam interesses próprios em suas interações, o que faz com que se comparem a outros Estados para cotejar seus ganhos relativos. Esse comportamento baseado na comparação de desempenho prejudica a cooperação, especialmente quando esta é bilateral ou envolve poucos membros.

Por isso, a primeira solução vislumbrada nesses casos é uma nova equalização dos benefícios da cooperação, que, por excelência, deve envolver todos os membros. Para tanto, seria aconselhável uma cláusula de associação mais abrangente ou inclusiva, elevando o número de Estados envolvidos rumo à multilateralização.

Outra alternativa possível seria o alargamento do escopo do tratado internacional. A ação de articular várias opções de cobertura possíveis em um único instrumento faz com que se instituam mais interesses, tentando ampliar os benefícios do tratado, redistribuir os custos e afastar abdicações de compromissos.

Além disso, a inclusão de flexibilidades, ou seja, cláusulas que permitam ajustes no acordo quando choques adversos ocorrerem, também se torna uma opção. Elas são preferíveis, pois, quanto maior a gama de alternativas, interesses e membros, mais provável que as condições se alterem devido à sua complexidade. Logo, a existência de flexibilidades – por exemplo, revisões e renegociações – permitirá que os Estados sustentem a barganha cooperativa e não deixem de cooperar.

Nos três casos, as soluções implicarão custos mais altos para as partes, visto que elas terão de lidar com mais participantes (o que torna mais complexa a relação, desde a comunicação até o alcance de consensos), realizar negociações mais aprofundadas (tendo em conta a inclusão de novas disposições materiais, o que pode ser moroso e desgastante) ou arcar com o ônus de uma negociação ou da retirada de alguma das partes do tratado (o que também envolve custos de tempo, custos financeiros e desgaste na relação entre as partes).

3.2.2.8 Incidência de problema quanto ao cumprimento

Quando ocorrer um problema quanto ao cumprimento do acordo, ele pode ser resolvido por meio de: (i) associação mais restrita; (ii) ampliação do âmbito material; e (iii) aumento da centralização. Koremenos, Lipson e Snidal[361] aduzem que, havendo um contexto em que o cumprimento do compromisso internacional é mais difícil de ser alcançado, quanto mais exclusivo for o acordo, mais os Estados visualizarão incentivos e assumirão os ônus para fazerem parte dele, uma vez que os não membros serão excluídos dos mesmos benefícios. Por esse motivo, a diretriz elaborada pela teoria do desenho institucional racional para solucionar o problema de cumprimento é que se restrinja a associação para que haja mais cooperação, definindo-se melhor os limites da associação.

Outra alternativa para se atenuar os problemas de cumprimento seria a ampliação do âmbito material do acordo, articulando mais questões entre si para incentivar o cumprimento. Isso faria com que o descumprimento de uma das matérias, caso estivesse interligada a outras, implicasse a falha de cooperação de todas elas. Além dessa interligação de matérias, outro item atinente à ampliação material seria o estabelecimento de recompensas e punições para incentivar o cumprimento e inibir renúncias.

O problema quanto ao cumprimento poderá ser ajustado também por meio de um aumento da centralização. A delegação de poder a terceiros ou a um órgão centralizador auxiliará na disseminação de informações sobre o comportamento dos atores – para que se fiscalize se os Estados estão mesmo cumprindo o acordo –, além de permitir que tal organismo exerça funções adjudicatórias para que se faça cumprir os acordos. Em última instância, o órgão central poderá expelir o Estado caso este não cumpra com suas obrigações, ou seja, não coopere. Além dessa sanção direta, também poderão ocorrer perdas reputacionais, o que refletirá nas interações futuras entre as partes.[362]

Nesse contexto, as três opções acarretarão efeitos menos custosos às partes. Em um número reduzido de atores a probabilidade de

---

[361] KOREMENOS, Barbara; LIPSON, Charles; SNIDAL, Duncan. The Rational Design of International Institutions. *In*: KOREMENOS, Barbara; LIPSON, Charles; SNIDAL, Duncan (org.). *The Rational Design of International Institutions*. Cambridge: Cambridge University Press, 2004, p. 1–39, p. 23.

[362] GUZMAN, Andrew T. The Design of International Agreements. *The European Journal of International Law*, Fiesole, v. 16, nº 4, p. 579–612, 2005, p. 582.

preferências similares é maior e a de contrastes torna-se menor, o que implica menos fricções e um ambiente mais favorável ao cumprimento. Ademais, apesar de a ampliação material de um acordo envolver custos financeiros e de tempo, do ponto de vista do cumprimento o efeito é menos custoso, pois articula o cumprimento de várias matérias de forma integrada e institui um mecanismo de punições e recompensas. Por fim, uma maior centralização ainda será menos onerosa do que a permanência em um ambiente com assimetrias de informação e retaliações constantes, da perspectiva tanto dos custos monetários quanto dos relacionais.

3.2.2.9 Incidência de maior número de Estados

Os problemas de cooperação podem se tornar mais complexos pelo número de atores envolvidos e pela assimetria entre os envolvidos. Isso ocorre quando há membros com níveis de importância distintos em uma instituição, tendo alguns mais relevância, seja por contribuírem financeiramente com quantias mais altas, seja por terem um papel vital para o sucesso da instituição. Esses membros tenderão a demandar mais equilíbrio conforme sua participação e sua contribuição. Essa assimetria de poder é retomada na teoria do Continente do Direito Internacional.

Assim, se a assimetria entre os vários membros é elevada, a cooperação poderá ser preservada por meio do estabelecimento de regras que instituam diferenças de peso nas votações que se darão no âmbito do tratado, priorizando os Estados mais relevantes para a cooperação, os quais poderão exercer o veto. O efeito disso será um custo mais baixo aos membros porquanto as decisões finais serão tomadas de forma mais célere por um número limitado de membros e, caso estes não concordem com a condução pelos outros membros, obstarão seu seguimento, evitando desgastes.

A incidência de um elevado número de membros e o receio de que se comprometa a cooperação poderão ser atenuados por cláusulas com: (i) mais centralização; (ii) menos controle individual; (iii) ampliação do âmbito material; e (iv) menos flexibilidade.

Com um aumento da centralização, haverá concentração das informações e da comunicação sobre diversos membros e a substituição das várias negociações bilaterais ou multilaterais descentralizadas por uma estrutura organizacional que reduz os custos de transação e de tomada de decisões. Isso fará também com que os Estados coordenem comportamentos, evitando esforços contrapostos ou duplicados, o que favorecerá um aumento do equilíbrio.[363]

Ademais, outra opção a ser considerada refere-se à diminuição dos controles individuais à medida que mais Estados participem do acordo. Essa perda dos vetos individuais seria resultado dos sacrifícios realizados pelas partes para o alcance dos benefícios coletivos do acordo e teria como consequência direta impedir que as diversas partes possam bloquear votações ou o cumprimento do acordo. Ocorre que, mesmo perdendo seu poder de veto individual, um Estado ainda concordará com o controle, porque este também neutraliza o poder de veto dos outros Estados. Assim, quando o controle individual é limitado para que haja mais cooperação, o que resta é o estabelecimento de regras bem-definidas de controle coletivo – por exemplo, o desenvolvimento de esquemas de votação qualificada.[364]

Outro meio de recuperar o equilíbrio na cooperação quando há grande número e heterogeneidade de membros é a ampliação (ou alargamento) do âmbito material do acordo. Apesar de implicar custos mais altos de negociação, quanto mais Estados e quanto mais distintos estes forem entre si, mais pulverizados serão os interesses. Assim sendo, quanto mais alta for a probabilidade de que seus interesses sejam cobertos pelo instrumento jurídico em questão, maior a chance de cooperação entre os atores.

O último arranjo proposto para o aumento no número de Estados é a diminuição das flexibilidades. O custo da implementação das flexibilidades é consideravelmente alto, visto que poderão envolver dinâmicas onerosas, como é o caso das renegociações periódicas. A tendência é, normalmente, que, depois da primeira renegociação, estas diminuam ou cessem. Por esse motivo, se a renegociação – um dos tipos de flexibilidade exemplificados – se torna mais custosa, outras

---

[363] KOREMENOS, Barbara; LIPSON, Charles; SNIDAL, Duncan. The Rational Design of International Institutions. *In*: KOREMENOS, Barbara; LIPSON, Charles; SNIDAL, Duncan (org.). *The Rational Design of International Institutions*. Cambridge: Cambridge University Press, 2004, p. 1–39, p. 28.

[364] Koremenos, Lipson e Snidal frisam que, apesar de não poderem utilizar o veto individual, os Estados desenvolvem outras técnicas para frear as decisões, como é o caso de táticas de bloqueio de votações em grupo. Por isso, tendo em conta que as votações serão decididas por esquemas de votos não igualitários, elas tendem a ser mais céleres, poupando processos teoricamente mais trabalhosos e longos até que se chegue a uma decisão final (KOREMENOS, Barbara; LIPSON, Charles; SNIDAL, Duncan. The Rational Design of International Institutions. *In*: KOREMENOS, Barbara; LIPSON, Charles; SNIDAL, Duncan (org.). *The Rational Design of International Institutions*. Cambridge: Cambridge University Press, 2004, p. 1–39, p. 31-32).

formas de flexibilidade poderão ser menos custosas, como as cláusulas de exceção ou escape. A crítica que se coloca é que a substituição de uma flexibilidade pela outra não é tão simples, visto que cada uma delas é mais adequada para certa combinação de problemas do que para outros.[365]

3.2.2.10 Incertezas

Entre os problemas de cooperação mais marcantes nos desenhos de acordos estão aqueles relativos às incertezas. Dentre elas, destacam-se as incertezas (i) quanto ao comportamento; (ii) quanto às preferências; e (iii) quanto ao estado do mundo.

Uma forma de atenuar a incerteza quanto ao comportamento é pelo aumento da centralização. Com um mecanismo centralizado, favorece-se a disseminação das informações acerca do comportamento dos membros, além da disponibilização de interpretações acerca dessas ações – se estão conformes ou disformes. Isso torna mais fácil, por exemplo, identificar se um comportamento estatal não se configura como cooperativo, se merece retaliação ou punição ou se consiste em exceção mediante circunstância atenuante. Assim, a socialização de custos da criação de um órgão do gênero acaba sendo menos custosa, no longo prazo, para as partes do acordo, já que eleva a transparência, evitando futuras disputas ou denúncias do tratado.

Sobre óbice em relação à incerteza em relação às preferências, segundo a teoria do desenho institucional racional, essa poderá ser diminuída em função da restrição da associação. Logo, a redução do número de partes no acordo facilitará o reforço do compromisso e a cooperação. Como a associação a um tratado pode ser custosa, isso implica os Estados-partes do tratado terem certeza de que os membros pretendem mesmo vincular-se aos compromissos estabelecidos e estão dispostos a enfrentar os custos necessários para ajustar-se ao instrumento. Assim sendo, o custo de restringir o número de membros acaba sendo mais baixo, em comparação a uma futura traição.

Por fim, há também o problema da incerteza em relação ao estado no mundo. Para que se consiga reduzir esse entrave, as alternativas

---

[365] KOREMENOS, Barbara; LIPSON, Charles; SNIDAL, Duncan. The Rational Design of International Institutions. *In*: KOREMENOS, Barbara; LIPSON, Charles; SNIDAL, Duncan (org.).*The Rational Design of International Institutions*. Cambridge: Cambridge University Press, 2004, p. 1–39, p. 34-35.

possíveis são: (i) mais centralização; (ii) mais controle individual (veto); e (iii) mais flexibilidade.

Nesse caso, a centralização auxiliaria no afastamento dessa incerteza, pois uma instituição centralizada reúne informações de todas as partes e as divulga ao restante dos Estados,[366] reduzindo a assimetria de informações por meio de mais transparência.

Outro arranjo possível seria o aumento do poder individual de bloquear resultados indesejáveis, ou seja, a criação de mecanismos de veto nas votações. Apesar de os desenhos institucionais serem pautados na cooperação e na renúncia de controles individuais em nome de benefícios coletivos, essa ainda é uma opção que pode aparecer no desenho dos acordos para se tentar afastar os riscos de circunstâncias imprevisíveis e que podem se alterar conforme o contexto internacional.

Ainda, a incerteza em relação ao estado do mundo também poderá ser resolvida com mais flexibilidades no seio do acordo. Esses dispositivos servem para uma análise futura do modo como o tratado é executado, já em um novo contexto. Visar-se-á, por exemplo, após exame, renegociá-lo no todo ou em parte, após avaliação se o acordo tem (e em que medida) beneficiado os Estados, podendo-se alterar as disposições que não estejam funcionando satisfatoriamente. A criação de flexibilidades, assim como nos outros problemas discutidos, aumenta os custos, quando há novas negociações, retiradas do tratado ou exceções. No entanto, frisa-se que, apesar dos desgastes inevitavelmente embutidos, o custo-benefício das flexibilidades é positivo em longo prazo, pois, havendo alguma incerteza sobre a condição do acordo e seu desenvolvimento no âmbito externo, ele poderá ser readaptado. A interação dessas variáveis é considerada importante também no desdobramento do Continente do Direito Internacional, especialmente considerando a proliferação de exceções de interesse público, o que é abordado mais adiante.

Por fim, ressalta-se que, das três alternativas elencadas, as que envolvem a centralização e o controle individual serão menos custosas, pois um órgão centralizado implica a socialização de custos imediatos entre os membros em prol da simetria de informações a respeito da condição e do contexto do acordo no cenário internacional.

---

[366] O principal entrave dessa variável será a possível ausência de divulgação, pelos Estados, de todas as informações de forma honesta, como parte de alguma estratégia política, o que sem dúvida comprometerá a cooperação (KOREMENOS, Barbara; LIPSON, Charles; SNIDAL, Duncan. The Rational Design of International Institutions. *In*: KOREMENOS, Barbara; LIPSON, Charles; SNIDAL, Duncan (org.).*The Rational Design of International Institutions*. Cambridge: Cambridge University Press, 2004, p. 1–39, p. 28).

3.2.2.11 Considerações sobre o desenho institucional racional

Conclui-se que a essência da teoria do desenho institucional racional é o pragmatismo no funcionamento das instituições internacionais. Sua contribuição está na criação de subsídios teóricos para orientar a tomada de decisões, de forma racional, no momento de formulação e readaptação dos acordos internacionais, de modo a aumentar sua credibilidade e sua efetividade. Isso foi realizado por meio da seleção de variáveis independentes e dependentes e do estudo dos cenários possíveis[367] resultantes de sua interação, possibilitando uma variação de hipóteses. De acordo com Koremenos,[368] toda essa variação no desenho do Direito Internacional nada mais é que um sinal de que os Estados se preocupam e, por isso, empregam tempo e esforços para negociar especificidades em seus tratados que sejam adequadas às demandas de cada situação.

Assim sendo, a teoria do desenho institucional racional é uma construção teórica que, atualmente, já conta com desdobramentos, sendo o Continente do Direito Internacional um deles. Antes de se adentrar à teoria principal a ser aplicada, foi necessário discorrer sobre seu principal antecedente, em razão de seu impacto no objeto do presente estudo, para que fosse possível chegar ao desdobramento propugnado.

3.3 O Continente do Direito Internacional

Mais de uma década após a publicação da teoria do desenho institucional racional por Koremenos, Lipson e Snidal,[369] os tratados internacionais já totalizavam mais de duzentos mil instrumentos jurídicos em vigor.[370] No âmbito teórico, o desenho institucional racional já havia

---

[367] Ressalta-se que, de acordo com Gonçalves e Costa, esses cenários não são mutuamente excludentes, porém podem vir a sê-lo se submetidos a critérios epistemologicamente muito restritos (GONÇALVES, Alcindo; COSTA, José Augusto Fontoura. *Governança global e regimes internacionais*. São Paulo: Almedina, 2011, p. 215-216).

[368] KOREMENOS, Barbara. *The Continent of International Law Explaining Agreement Design*. Cambridge: Cambridge University Press, 2016, p. 4.

[369] KOREMENOS, Barbara; LIPSON, Charles; SNIDAL, Duncan. The Rational Design of International Institutions. *In*: KOREMENOS, Barbara; LIPSON, Charles; SNIDAL, Duncan (org.).*The Rational Design of International Institutions*. Cambridge: Cambridge University Press, 2004. p. 1–39.

[370] KOREMENOS, Barbara. *The Continent of International Law Explaining Agreement Design*. Cambridge: Cambridge University Press, 2016, p. 2.

se proliferado pela literatura institucionalista na tentativa de explicar o esforço racional dos Estados na busca de arranjos variáveis para seus acordos internacionais, cada qual com vistas a solucionar determinados problemas materiais e de cooperação, para atender aos seus interesses e gerar uma situação Pareto Eficiente. Pesquisas mais aprofundadas prosseguiram com o estudo sobre como os problemas na cooperação poderiam afetar a variação dos desenhos dos tratados internacionais e sua efetividade na superação do que se propõem a resolver.

Nessa esteira, Koremenos[371] desenvolveu um projeto de pesquisa denominado "Continente do Direito Internacional", que se dispõe a estudar, de forma atualizada e atentando para detalhes antes não abordados, a perspicaz variação que se verifica no Direito Internacional em relação ao desenho dos acordos. Esse projeto tem um ponto de partida na teoria do desenho institucional racional, em suas variáveis e em suas conjecturas; entretanto, seu mérito e sua inovação estão na ampliação e no aprimoramento técnico da construção teórica e na aplicação empírica em diversas áreas.

Esse refinamento pode ser observado, segundo a autora, na maior precisão teórica na análise dessa teoria, adaptando-se alguns elementos e acrescentando outros.[372] Algumas variáveis, tais como centralização, flexibilidade e, em menor medida, controle e escopo, são cuidadosamente desagregadas. Essa ação é importante, visto que deixa claro nos mecanismos de flexibilidade que cada um deles, em análise separada, é governado por um conjunto ímpar de problemas de cooperação e que um mecanismo não substitui o outro, porquanto resolvem problemas diferentes e são analiticamente distintos.

Contudo, um dos maiores progressos técnicos da presente teoria foi o alargamento da gama de problemas de cooperação, adicionando os problemas de comprometimento ou inconsistência temporal, de coordenação (a qual, frequentemente, vinha sendo confundida com problemas de distribuição) e de exportação da norma, e o refinamento das conjecturas,[373] especificando, por exemplo, as flexibilidades adequadas a cada situação-problema, dentre outras variáveis dependentes que tiveram suas subdimensões mais bem trabalhadas.

---

[371] KOREMENOS, Barbara. *The Continent of International Law Explaining Agreement Design*. Cambridge: Cambridge University Press, 2016, p. 2.
[372] KOREMENOS, Barbara. *The Continent of International Law Explaining Agreement Design*. Cambridge: Cambridge University Press, 2016, p. 10.
[373] KOREMENOS, Barbara. *The Continent of International Law Explaining Agreement Design*. Cambridge: Cambridge University Press, 2016, p. 11.

Além da contribuição teórica, também merece destaque a agregação empírica que esse desdobramento teórico traz, uma vez que a teoria é testada em uma gama de acordos internacionais nas mais diversas áreas, como economia, meio ambiente, direitos humanos e segurança. A autora extraiu, a partir de então, novas generalizações, fazendo com que a teoria fosse aplicada nos mais distintos âmbitos do Direito Internacional. Por exemplo, durante o desenvolvimento da explanação sobre a teoria do Continente há uma variedade de exemplos diretamente relacionados ao Direito Internacional Econômico, sendo a dinâmica da OMC frequentemente citada, e também ao Direito Internacional dos Investimentos, sendo ressaltado o modo como os APPRIs lidam com os problemas de cooperação e quais têm sido as soluções encontradas para que se confira mais efetividade a esses instrumentos. Ademais, a partir dessa análise, a autora extrai ponderações concretas e comprovações, inclusive ressaltando a incidência de mais de uma variável independente em determinado acordo, já que a combinação delas pode ser, por ora, decisiva no delineamento das variáveis dependentes a serem adotadas.

Como já estudado anteriormente, sabe-se que o desenho de cada acordo internacional, assim como a comparação entre eles, inicia-se pela compreensão dos problemas de cooperação jurídica que os acordos tentam resolver. No Continente do Direito Internacional há uma expansão desses entraves e a inclusão do problema quanto à coordenação – que anteriormente se mesclava com o problema de distribuição, sendo, agora, individualizado –, além do acréscimo dos problemas quanto a comprometimento/inconsistência temporal e exportação da norma. Ademais, incorporam-se também à análise as características dos Estados em agregado.[374] Essa variável explanatória abrange algumas características antes abordadas de maneira mesclada com outros problemas, como é o caso do número de Estados. Este era, originalmente, tratado como problema de cooperação; porém, como era uma questão muito ampla e abarcava tanto o número de Estados em si quanto as assimetrias entre eles, a autora preferiu operacionalizar o número de Estados e a assimetria entre eles como variáveis separadas. Em razão dessa alteração, que impacta diretamente a interação com as variáveis dependentes, a análise é iniciada pelas variáveis independentes.[375]

---

[374] KOREMENOS, Barbara. *The Continent of International Law Explaining Agreement Design*. Cambridge: Cambridge University Press, 2016, p. 27-31.
[375] KOREMENOS, Barbara. *The Continent of International Law Explaining Agreement Design*. Cambridge: Cambridge University Press, 2016, p. 40.

3.3.1 Problemas de cooperação no Continente do Direito Internacional

No Continente do Direito Internacional, os obstáculos para a cooperação são aprimorados, tendo sido selecionados oito problemas específicos. Diferentemente da teoria do desenho institucional racional, que trata os problemas de cooperação juntos, agora eles são divididos em dois grupos. O primeiro representa os problemas relacionados aos interesses, e o segundo, os ligados a constrangimentos ou coações.

3.3.1.1 Problemas relacionados aos interesses

Na vertente relacionada aos interesses, há problemas de: (i) distribuição; (ii) cumprimento; (iii) coordenação; (iv) compromisso; e (v) exportação da norma.

Dentre os problemas de cooperação relacionados aos interesses, destacam-se os problemas quanto à distribuição e ao cumprimento, que já foram analisados anteriormente na teoria do desenho institucional racional e são replicados nesta análise sem importantes alterações. Contudo, em razão de os exemplos utilizados por Koremenos na explicação desses problemas interessarem para o presente estudo, pois são relacionados diretamente à área econômica e ao Direito Internacional dos Investimentos, passa-se à sua análise, além de se abordarem os novos problemas incluídos.

3.3.1.1.1 Distribuição

Os óbices quanto à distribuição basicamente abordam as preferências divergentes que os Estados têm sobre os termos substantivos do acordo e, consequentemente, a distribuição de custos e benefícios a respeito.[376] Para exemplificar esse entrave, Koremenos[377] traz à baila o caso do Acordo de Compensação entre Holanda e Egito, de 1971, relacionado à área do Direito Internacional dos Investimentos. O acordo foi realizado em razão da nacionalização de ativos holandeses pelo Egito, o que desencadeou a demanda dos nacionais holandeses por restituição.

---

[376] KOREMENOS, Barbara. *The Continent of International Law Explaining Agreement Design*. Cambridge: Cambridge University Press, 2016, p. 33.

[377] KOREMENOS, Barbara. *The Continent of International Law Explaining Agreement Design*. Cambridge: Cambridge University Press, 2016, p. 33.

A questão referia-se ao valor da compensação devida, e cada parte detinha uma proposta distinta e que a favoreceria no respectivo cálculo. Isso, portanto, revelava um claro problema de distribuição de ganhos.

3.3.1.1.2 Cumprimento

Os problemas quanto ao cumprimento, de forma geral, derivam de situações em que os atores detêm incentivos individuais para abdicarem da cooperação enquanto outros cooperam. Nesse caso, há um aproveitamento da cooperação dos outros, em benefício individual próprio. No Direito Internacional dos Investimentos esse problema ocorre, por exemplo, quando os incentivos para o Estado receptor continuar tratando o investidor estrangeiro de forma discriminatória em comparação ao investidor nacional são maiores que os incentivos para cumprir a cláusula de tratamento nacional pactuada.

3.3.1.1.3 Coordenação

O problema quanto à coordenação, nova categoria incluída nesse desdobramento teórico, refere-se à situação em que os Estados devem coordenar exatamente um resultado para melhor cooperarem na sua efetivação. Caso isso não seja possível, abrir-se-á margem para que os Estados prefiram ações unilaterais à cooperação conjunta, minando o acordo.[378] Esse tipo de problema ocorre, por exemplo, quando tratados abrangendo questões críticas envolvem, na prática, diferentes políticas ou equilíbrios, que devem ser coordenados para que o acordo seja efetivo.

Koremenos faz alusão à seara dos direitos humanos para contextualizar esse problema, citando o exemplo em que dois Estados assinam um acordo para abolir o trabalho infantil, porém, para um dos Estados, criança representa todo indivíduo menor de 18 anos de idade, enquanto para o outro país a maioridade já é alcançada com 15 anos de idade. Nesse caso, o objetivo pode até ser mais abrangente para um lado do que para o outro, mas a coordenação deve se dar mesmo com distintas políticas domésticas a respeito do tema, pois a concretização de seu efeito, mesmo com diferentes extensões, será melhor do que se

---

[378] KOREMENOS, Barbara. *The Continent of International Law Explaining Agreement Design*. Cambridge: Cambridge University Press, 2016, p. 35.

não houvesse nenhum resultado e o tratado não fosse cumprido por uma das partes ou por ambas. Por isso, faz-se necessário que os Estados superem esse óbice e se coordenem de antemão para que a efetividade do compromisso seja alcançada.

Apesar de a maioria dos problemas de coordenação estarem associados a entraves de distribuição, um problema de coordenação não implica necessariamente um problema de distribuição. Ou seja, existindo um acordo internacional sobre determinado assunto, poderá haver diferentes políticas sobre a temática entre as partes, o que não implica automaticamente preferências divergentes (o que representaria um problema de distribuição), assim como o contrário também não é intuitivo.[379]

3.3.1.1.4 Comprometimento

O problema de comprometimento ou inconsistência temporal, outra categoria nova inserida na teoria do Continente, incide quando uma divergência doméstica sobre o compromisso atrapalha a cooperação. Nesse sentido, o problema ocorre quando um Estado assume um compromisso por meio de acordo internacional e, no curso da aplicação do tratado, já em um momento futuro, há uma mudança que torna inconsistente a cooperação. Isso acontece, por exemplo, quando um determinado Estado firma um tratado internacional e, passado um tempo, o novo governante, que assume a liderança política do país, discorda da manutenção de tal compromisso internacional, pois, a seu ver, o instrumento não seria a melhor opção para os interesses de seu Estado. Desse modo, as preferências futuras poderão ser inconsistentes com as preferências presentes.

Outrossim, Koremenos[380] exemplifica o problema quanto ao comprometimento novamente fazendo alusão ao Direito Internacional dos Investimentos ao citar o caso do acordo de investimentos entre Reino Unido e Bangladesh, de 1980. Esse acordo foi negociado após a eclosão de diversos golpes de Estado e instabilidades políticas em Bangladesh – o que despertava consternações internacionais sobre a segurança jurídica dos investimentos estrangeiros nesse território –,

---

[379] KOREMENOS, Barbara. *The Continent of International Law Explaining Agreement Design*. Cambridge: Cambridge University Press, 2016, p. 36.
[380] KOREMENOS, Barbara. *The Continent of International Law Explaining Agreement Design*. Cambridge: Cambridge University Press, 2016, p. 34.

com o objetivo de chancelar um compromisso jurídico internacional caso alguma instabilidade política viesse novamente a se suceder e, consequentemente, o país cedesse a pressões futuras dos governantes seguintes para nacionalizar ou expropriar investimentos sem o pagamento de devida compensação. Essa vinculação ao compromisso internacional firmado torna-se relevante na medida em que revela a percepção do Reino Unido sobre a probabilidade de futuras mudanças no ambiente político de Bangladesh. Além disso, é interessante notar, com base no exemplo, que, diante de um histórico de instabilidades, os investidores, ao final, não estão propensos a investir em território estrangeiro sem que haja algum comprometimento crível do Estado receptor, por mais imprevisíveis que as mudanças políticas sejam.

3.3.1.1.5 Exportação da norma

O último problema relacionado aos interesses, e que também é uma inovação teórica do Continente, refere-se à exportação da norma. Koremenos passou a incluir essa variável independente ao perceber que, principalmente na seara dos Direitos Humanos, muitos países favorecem-se da exportação de norma própria, visto que se poupam dos custos de adequação e familiarização em comparação ao Estado importador da norma.

A exportação da norma corresponde à criação de normas semelhantes às (ou ao espraiamento de) normas já existentes no arcabouço jurídico de um Estado, seja no âmbito internacional, seja no âmbito doméstico, para a realização de um novo acordo. Esse fenômeno é uma manifestação da racionalidade dos Estados em prol de seus interesses e é relevante tanto para os Estados nacionais que exportam a norma quanto para os países que a importam. Isso significa que, de um lado, os Estados se beneficiam ao exportar seu Direito, pois não precisarão alterar suas regras, seus comportamentos ou suas preferências em seu âmbito interno em função de um novo tratado, pois já vinham implementando o prescrito ou proscrito na norma internacional. Dessa forma, haverá baixos custos ou nenhum ônus no estabelecimento do compromisso internacional.

Lado outro, as contrapartes importadoras da norma terão como benefício o acesso ao conteúdo da nova norma e, a depender do tratamento interno já conferido àquela temática, isso implicará muitas ou poucas mudanças. Os Estados que não conferem o mesmo tratamento para determinada questão jurídica precisarão realizar mudanças

– algumas de caráter mais profundo, dependendo do teor – para que possam cumprir com as obrigações internacionais assumidas. As consequências diretas da exportação da norma para o Estado importador desta serão as alterações forçadas no comportamento e nas preferências de uma sociedade e a restrição do poder regulatório, em alguns casos, além de todos os custos políticos, econômicos e sociais que isso implicará.

Apesar de o ônus ser maior para a parte que importa a norma, quando seu arcabouço jurídico interno não confere tratamento parecido à matéria, essa decisão é tomada conscientemente por esse Estado, visto que seu interesse está na expectativa de concretizar o instrumento internacional e auferir os benefícios advindos dele, mesmo que isso resulte em custos consideráveis na internalização desse Direito. Já para a outra parte, torna-se interessante um tratado que vise fomentar sua relação com outro Estado ou grupos de Estados sem que tenha que alterar suas preferências ou realizar qualquer tipo de alteração comportamental.[381]

Nesse sentido, entende-se que a exportação da norma pode se dar tanto replicando modelos de tratados internacionais já firmados por um Estado quanto simplesmente transpondo normas de Direito doméstico para o Direito Internacional. Essa última hipótese trata-se, basicamente, do transplante do Direito interno de uma das partes para o âmbito internacional, o que se diferencia, por exemplo, de um trabalho fruto do Direito Comparado,[382] em que, havendo um problema jurídico, estuda-se o modo como este é tratado em sistemas jurídicos diversos para então construir a norma internacional da forma mais apropriada para a questão transnacional que se coloca.

Entretanto, a questão da transposição da norma se torna sensível uma vez que é requisito essencial, antes de se exportar uma norma, considerar a variação nos valores políticos, morais, sociais e econômicos que existem entre quaisquer sociedades, visto que há questões jurídicas que são trabalhadas de distintas formas em cada Estado.[383]

---

[381] KOREMENOS, Barbara. *The Continent of International Law Explaining Agreement Design*. Cambridge: Cambridge University Press, 2016, p. 37.

[382] Segundo Watson, o Direito Comparado é mais que a simples comparação entre sistemas jurídicos; é o estudo da relação entre sistemas jurídicos distintos e suas regras (WATSON, Alan. *Legal Transplants*: An Approach to Comparative Law. 2. ed. Athens: The University of Georgia Press, 1993, p. 5).

[383] Segundo Watson, muitos problemas jurídicos não são os mesmos para todos os Estados, a não ser que se trate de um assunto muito técnico e que, portanto, é mais padronizado (WATSON, Alan. *Legal Transplants*: An Approach to Comparative Law. 2. ed. Athens: The University of Georgia Press, 1993, p. 4).

Segundo Alan Watson,[384] em raras ocasiões pode ser que se descubra que o problema abordado é idêntico ou, no mínimo, muito semelhante em todas as partes do tratado, como é o caso de situações envolvendo negócios transfronteiriços.

No entanto, para que haja uma verificação, o ponto de partida deve ser uma análise sobre a comparabilidade do problema; depois, avalia-se se regras também podem ser cotejadas, sobressaindo-se também o ponto de vista sociológico do exame.[385] Nessa toada, acrescenta-se, ainda, a necessidade do exame sob a perspectiva das Relações Internacionais, uma vez que a racionalidade se conecta também considerando as relações de poder presentes na produção das normas internacionais. Isso porque um Estado mais proeminente no cenário internacional terá não somente mais inclinação a exportar suas normas, para diminuir seus custos políticos, sociais e econômicos internos, mas também mais sucesso, haja vista ser, possivelmente, um parceiro preferencial para vários atores que visam benefícios com sua parceria.

Koremenos[386] assevera que a exportação da norma revela a intenção de um Estado (ou grupo de Estados) em alterar as preferências de outro Estado (ou grupo de Estados), o que pode ser complexo, sensível e de difícil implementação em termos cooperativos. Embora a exportação da norma ocorra em searas distintas, exemplos paradigmáticos figuram na área dos Direitos Humanos. Por já fazerem parte de diversos instrumentos multilaterais de direitos humanos, vários Estados não necessitam alterar nenhuma de suas políticas, enquanto outros devem percorrer todo o processo de importação da norma, o que pode gerar mudanças comportamentais profundas, longas e com impactos severos em sua sociedade.

Faz-se necessário notar que esse problema de cooperação também pode estar associado à assimetria de poder entre os Estados. Em alguns casos, como nos BITs entre países desenvolvidos e em desenvolvimento, há uma diferença natural entre o poder econômico de um Estado para o outro. Pode ocorrer de os países desenvolvidos pressionarem, na negociação do acordo, para o acréscimo de disposições materiais semelhantes às presentes na sua legislação ou inspiradas nela, o que

---

[384] WATSON, Alan. *Legal Transplants*: An Approach to Comparative Law. 2. ed. Athens: The University of Georgia Press, 1993, p. 5.
[385] WATSON, Alan. *Legal Transplants*: An Approach to Comparative Law. 2. ed. Athens: The University of Georgia Press, 1993, p. 5.
[386] KOREMENOS, Barbara. *The Continent of International Law Explaining Agreement Design*. Cambridge: Cambridge University Press, 2016, p. 36.

lhes confere maior familiaridade com as normas em relação às outras partes. Em razão da alta expectativa de benefícios que a parceria com um Estado economicamente mais robusto poderá trazer, o Estado em desenvolvimento pode realizar uma avaliação de custo-benefício de forma não irracional, mas superficial ou apressada, deixando de analisar com mais afinco a sombra de seu futuro diante das disposições a que se vincula. Isso poderá acarretar consequências graves futuras, não somente diante do cenário doméstico e de sua operacionalização, que pode ser conflitante, mas também no plano internacional, no que tange às disputas internacionais e às possíveis condenações, uma vez que os compromissos podem ser mais conhecidos por uma parte do que por outra, diante de sua exportação.

Logo, apesar dos impactos discutidos, por mais que se incorpore um Direito alienígena à outra parte, ainda há, para o Estado importador da norma e assimetricamente menos poderoso, grande expectativa sobre os ganhos a serem incorporados em médio e longo prazo com o acordo, pois isso ainda poderia ser considerado melhor do que não se chegar a acordo nenhum. Lado outro, do ponto de vista do Estado exportador da norma, isso seria satisfatório, pois não precisaria desgastar-se para se adaptar à outra norma.

3.3.1.2 Problemas relacionados a constrangimentos ou coações

3.3.1.2.1 Incertezas

Superados os problemas relacionados aos interesses, há também aqueles relacionados a constrangimentos ou coações, consubstanciados nas incertezas que poderão obstruir os ganhos conjuntos provenientes da cooperação internacional. O Continente do Direito Internacional, assim como o desenho institucional racional, distingue as incertezas nas espécies: (i) incerteza em relação ao comportamento; (ii) incerteza em relação às preferências; e (iii) incerteza em relação ao estado do mundo. As incertezas são semelhantes àquelas já introduzidas pelo desenho racional institucional. Contudo, uma característica inovadora é a introdução do papel dos atores não estatais na fiscalização ou no monitoramento dos acordos, o que pode auxiliar no afastamento dessas incertezas.

3.3.1.2.1.1 Em relação ao comportamento

A incerteza em relação ao comportamento, já explorada anteriormente, baseia-se na dificuldade de saber o que os outros Estados estão fazendo – mais especificamente, se estão cooperando ou se abandonaram os compromissos assumidos. Isso tem sido mais discutido atualmente, visto que ONGs, associações, *experts* ou quaisquer outros membros da sociedade civil têm ganhado cada vez mais destaque tanto ao fiscalizar o cumprimento dos compromissos de Direitos Humanos pelas partes quanto ao analisar se o comportamento dos Estados está sendo adequado ao propugnado no acordo.

Ressalta-se que a atuação das entidades não estatais não se restringe aos Direitos Humanos, tendo ela ganhado mais destaque nas últimas décadas no campo do Direito Internacional Econômico, seja no âmbito da OMC, tendo em conta a participação de *amicus curiae* em algumas demandas adjudicatórias, seja na seara do Direito Internacional dos Investimentos, considerando que acordos mais modernos incluem em seu bojo a abertura para a participação de parte não litigante e a apresentação de relatórios de *experts* quando das disputas envolvendo a arbitragem investidor-Estado. O papel de monitoramento das partes privadas é tratado posteriormente na análise das conjecturas.

Quanto às demais incertezas, elas são de difícil fiscalização tanto para entes estatais quanto para entes não estatais.

3.3.1.2.1.2 Em relação às preferências

A incerteza em relação às preferências volta-se ao fato de que, embora os Estados tenham ciência das suas próprias preferências, não há como ter certeza sobre o que o outro Estado realmente pretende com a cooperação.

3.3.1.2.1.3 Em relação ao estado do mundo

Já a incerteza em relação ao estado do mundo, que se debruça sobre a maneira como o acordo funcionará na prática e a longo prazo, é uma incerteza sobre o futuro; é não saber se as condições e a conjuntura serão favoráveis ou não para a concretização dos compromissos, considerando as características dos próprios Estados e do cenário global, que pode ser influenciado, por exemplo, por avanços econômicos e tecnológicos. A questão central é se as partes serão influenciadas sem que haja abdicações por parte dos Estados signatários do acordo ou se essas alterações incertas as levarão à abdicação de compromissos.

3.3.2 Características dos Estados em agregado e sua influência

De acordo com a teoria do Continente do Direito Internacional, as características dos Estados em agregado são consideradas variáveis explanatórias, influenciando também na mensuração das variáveis dependentes e impactando o desenho dos acordos internacionais. Dentre as características selecionadas pela teoria, destacam-se: (i) o número de Estados; (ii) a assimetria entre os atores (ou assimetria de poder); (iii) a diferença de regime político; e (iv) a heterogeneidade de preferências.

Essa não era uma variável considerada nos antecedentes do Continente, sendo que algumas das características, como o número de Estados ou a assimetria de poder entre os atores, eram frequentemente analisadas no bojo de alguns problemas de cooperação, o que fazia com que fossem analisadas amplamente. A individualização delas tem como objetivo melhorar sua operacionalização durante a análise e a extração de sua influência nos acordos e no momento de interação entre variáveis.

3.3.2.1 Número de Estados

A característica relativa ao número de atores envolvidos já tem sido contabilizada na teoria do desenho institucional racional há algum tempo. Nesta, ela era explicitada como uma variável independente separada e incluía, de forma ampla, a quantidade de atores e as assimetrias entre eles. Entretanto, no desdobramento da teoria do Continente, tanto o número de Estados quanto a assimetria entre eles foram analisados individualmente, uma vez que se trata de acepções distintas.

Nesse sentido, o número de atores envolvidos tem seu impacto durante todo o processo de cooperação, desde as negociações iniciais até a implementação do acordo. Isso ocorre porque quanto mais Estados estão envolvidos, mais difícil se torna a cooperação em tarefas, desde a mais simples, como aquelas ligadas à comunicação entre os Estados, até as mais complexas, como votações ou revisões dos acordos. Por isso, ao se traçar um paralelo entre a cooperação bilateral e a multilateral, nota-se que elas serão provavelmente diferentes, dados os desafios que a reunião de um maior número de atores, cada um com sua complexidade, suas preferências e seus objetivos, desencadeia.

3.3.2.2 Assimetria entre os atores (ou assimetria de poder)

A assimetria entre os atores – em particular, as assimetrias de poder – também é relevante para a concretização da cooperação. Na ordem jurídica internacional existem situações cooperativas envolvendo tanto países com graus de poder similares – por exemplo, os membros permanentes do CSNU – quanto Estados com níveis de poder distintos – como é o caso da maioria dos acordos de investimento em vigor até hoje, envolvendo países desenvolvidos e em desenvolvimento. Contextualizando para a área do Direito Internacional dos Investimentos, é possível citar o BIT entre EUA e Albânia,[387] em que um dos Estados é uma potência econômica e o outro é pequeno e menos relevante para a geoeconomia mundial. Assim, assimetrias na esfera política, econômica ou militar, além de outras áreas pertinentes que também envolvam uma desigualdade de poder, também se manifestam no desenho do Direito Internacional e não podem ser ignoradas.[388]

3.3.2.3 Diferença de regime político

As características relacionadas aos tipos de regime político doméstico referem-se, por exemplo, aos sistemas de governo democráticos e autocráticos, que acabam influenciando diretamente a cooperação interestatal e a moldura jurídica dos acordos internacionais à época de sua formação. Nesse caso, ressalta-se a nuance de que há Estados que firmam acordos com determinados tipos de países, dentre outros motivos, por considerarem mais fácil cooperar com sujeitos de Direito Internacional que adotem uma postura mais semelhante à sua, como é o caso da estrutura de governo democrática.

---

[387] UNITED STATES OF AMERICA; ALBANIA. *Treaty Between the Government of The United States of America and the Government of the Republic of Albania Concerning the Encouragement and Reciprocal Protection of Investment*. 1995. Disponível em: https://investmentpolicy.unctad.org/international-investment-agreements/treaty-files/39/download. Acesso em: 4 jul. 2022.

[388] KOREMENOS, Barbara. *The Continent of International Law Explaining Agreement Design*. Cambridge: Cambridge University Press, 2016, p. 41.

3.3.2.4 Heterogeneidade de preferências

A última característica a ser considerada é a da heterogeneidade de preferências ou interesses entre os Estados. Como já citado, sua análise era anteriormente interligada à da elevação no número de Estados vinculados ao tratado, partindo do pressuposto de que quanto maior o número de participantes, maiores as chances de suas preferências serem distintas, o que poderia se revelar um problema para o alcance de consensos e gerar incertezas e, até mesmo, problemas quanto ao seu cumprimento.

Nesse aspecto, destaca-se a apreensão dos atores na cooperação com nações que tenham preferências muito distintas das suas, devido à imprevisibilidade e à insegurança que isso pode trazer. Essa diversidade de preferências pode proliferar incertezas severas, acarretando o abandono da cooperação. O raciocínio que pode surgir é o de que, em determinada relação, se os Estados têm preferências semelhantes, haverá mais segurança e os ganhos com a cooperação refletem interesses compartilhados, e não individuais. Em outras palavras, para as partes com preferências próximas, o risco de traição ou abdicação dos compromissos será menor.[389]

3.3.3 Dimensões e subdimensões

Para que os problemas de cooperação sejam eliminados e os acordos sejam cumpridos da forma mais eficiente possível, o Continente do Direito Internacional seleciona algumas variáveis dependentes que têm papel fundamental na busca por mais segurança jurídica e que podem ser mensuradas – permitindo comparar as instituições e verificar a evolução de um mesmo modelo de acordo ao longo do tempo – e aplicadas a qualquer tratado, desde o arranjo mais simples até o mais complexo. Essas variáveis dependentes serão influenciadas conforme sobrevenham as variáveis independentes, resultando, de forma generalizada, nos desenhos dos acordos internacionais. São elas: (i) flexibilidade; (ii) centralização; (iii) âmbito material ou escopo; e (iv) controle.[390]

---

[389] KOREMENOS, Barbara. *The Continent of International Law Explaining Agreement Design*. Cambridge: Cambridge University Press, 2016, p. 40-41.

[390] Destaca-se que, no Continente do Direito Internacional, foi deixada de lado a variável associação ou membros, presente no desenho institucional racional.

Como uma inovação desse suporte teórico, Koremenos optou por uma ótica em que as quatro variáveis descritas são analisadas com foco em suas subdimensões. Para a presente análise, faz mais sentido que as dimensões sejam rapidamente abordadas nesta seção e que as subdimensões o sejam com mais profundidade durante a explicação das conjecturas resultantes da interação entre variáveis independentes e dependentes, para que se foque nas subdimensões mais úteis às situações-problema mencionadas.

No âmbito das flexibilidades, o detalhamento das subdimensões torna-se benéfico, pois deixa mais precisa e menos abstrata a análise, visto que cada flexibilidade possui uma característica e uma função específica na eliminação dos problemas de cooperação, sendo impreciso e pouco útil citar, na formulação de conjecturas, apenas sua dimensão geral. Ademais, nem todas as subdivisões são efetivas para cada situação, por isso torna-se cabível determinar qual flexibilidade seria adequada para cada situação-problema.[391]

A título exemplificativo, as subdimensões relativas à flexibilidade podem abarcar disposições ligadas a reservas, declarações e interpretações, requisitos para entrada em vigor, limites para aplicação territorial, cláusulas referentes à duração do acordo, procedimentos que versam sobre emendas e revisão, regras sobre suspensão, saída ou denúncia do acordo e término do acordo, se este for por tempo determinado. Além disso, também se inclui nas flexibilidades o grau de precisão dos termos substantivos do acordo. Desse modo, no presente trabalho elas são explanadas à medida que forem abordadas as conjecturas resultantes da interação entre as variáveis dependentes e independentes.

Assim como nos antecedentes já citados, quanto ao âmbito material, algumas dessas cláusulas têm o condão tanto de incentivar comportamentos, pois deixam claras as expectativas de recompensas futuras, quanto de abrir margem para punições caso os comportamentos sejam reprováveis. As sanções, mais especificamente, servem de instrumento *ex ante* para influenciar o cumprimento dos acordos, visto que, estando a punição presente no acordo, já será conhecida a consequência do descumprimento pelas partes e, se uma destas o assumir, estará se apropriando do risco.

Na teoria do Continente, a dimensão da centralização tem bem claro seu papel, que engloba o monitoramento, a resolução de disputas,

---

[391] KOREMENOS, Barbara. *The Continent of International Law Explaining Agreement Design*. Cambridge: Cambridge University Press, 2016, p. 103-191.

a aplicação de punições designadas no acordo e a revisão de *performance* dos Estados. Essa continua sendo uma dimensão importante a ser incluída nos acordos, visto que o ônus de sua implementação é menor, pois em todas as suas funções, os custos são divididos entre os membros.

Já a dimensão referente ao controle possui uma abordagem próxima à apresentada anteriormente, referindo-se às regras de representação e votação, que poderão variar dependendo do contexto de cada tratado internacional, de suas áreas e dos Estados que se vinculam a esse instrumento jurídico internacional.

3.3.4 Conjecturas e aprofundamentos

Apresentadas as variáveis independentes e dependentes a serem utilizadas nessa vertente teórica, a fase seguinte consiste na interação entre os dois tipos de variáveis por meio de conjecturas *ad hoc*. Nesse processo, são verificadas algumas distinções entre a presente teoria e seus antecedentes. A primeira delas é que são excluídas as conjecturas relacionadas à associação e outras que não são relevantes para disposições processuais,[392] como é o caso dos desenhos frutos da interação entre âmbito material com problemas de distribuição e número. A segunda é que são verificadas também novas conjecturas, baseadas nos novos problemas de cooperação trazidos na teoria do Continente. Além disso, a análise é complexificada também pelo acréscimo mais sistemático das características. As conjecturas trabalhadas na teoria do Continente do Direito Internacional estão representadas no Quadro 2.

---

[392] KOREMENOS, Barbara. *The Continent of International Law Explaining Agreement Design*. Cambridge: Cambridge University Press, 2016, p. 46.

Quadro 2 - Conjecturas do Continente do Direito Internacional

(continua)

Variável independente	Extensão	Solução	Variável dependente	Desenho da cláusula	Efeito
Problema quanto à distribuição	Mais intenso	Criar mecanismos de flexibilidade	Flexibilidade	Imprecisão e reservas	Mais custoso
Problema quanto ao cumprimento	Mais intenso	Incluir mecanismos para constranger comportamentos políticos domésticos de não cumprimento	Âmbito material	Inclusão de mecanismos de punição	Menos custoso
		Criar órgão centralizador	Centralização	Centralização por meio de mecanismos de monitoramento delegado e solução de disputas	Ônus menor, pois é dividido entre os membros
Problema quanto à coordenação	Maior	Evitar futuras modificações da instituição	Flexibilidade	Menos provável a inclusão de flexibilidades	Menos custoso
Problema quanto ao comprometimento	Maior	Criar órgão centralizador	Centralização	Centralização por meio de mecanismos de monitoramento delegado e solução de disputas	Ônus menor, pois é dividido entre os membros
	Maior	Incluir mecanismos para obstar o não comprometimento	Âmbito material	Inclusão de mecanismos de punição	Menos custoso
Incerteza em relação ao comportamento	Maior	Criar órgão centralizador	Centralização	Centralização por meio de mecanismos de monitoramento delegado, solução de disputas e punição	Ônus menor, pois é dividido entre os membros

(conclusão)

Variável independente	Extensão	Solução	Variável dependente	Desenho da cláusula	Efeito
Incerteza em relação ao estado do mundo	Maior	Criar órgão centralizador para disseminação de informações	Centralização	Centralização por meio de mecanismo de monitoramento delegado e solução de disputas	Ônus menor, pois é dividido entre os membros
	Maior	Incorporar flexibilidades nos acordos	Flexibilidade	Duração determinada e cláusulas de escape ou exceção	Mais custoso
Número de Estados	Maior	Reduzir as flexibilidades àquelas que não impõem custos de renegociação	Flexibilidade	Menos provável a inclusão de flexibilidades que não sejam duração por tempo determinado e imprecisão	Menos custoso
	Maior	Criar órgão centralizador para ordenar o funcionamento do acordo entre vários atores	Centralização	Centralização por meio de mecanismo de monitoramento delegado, solução de disputas e punição	Ônus menor, pois é dividido entre os membros
Assimetria de poder entre os participantes	Maior	Concentrar as decisões nos participantes mais poderosos	Controle	Procedimentos de votação assimétricos, regras de decisão baseadas no poder e requisitos de unanimidade	Menos custoso

Fonte: Elaborado pela autora com base em Koremenos (2016, p. 46).

Frisa-se que o Quadro 2 deve ser interpretado como uma seleção de conjecturas em que, hipoteticamente, há um desequilíbrio quanto a determinado problema de cooperação. Isso requererá uma solução baseada no redimensionamento da variável dependente, o que modificará o desenho da cláusula. Como cada escolha de desenho de tratado implicará custos de transação mais altos ou mais baixos, isso também deverá ser levado em consideração no momento da decisão pela moldura jurídica selecionada.

O Quadro 2 foi desenvolvido para planificar tanto quanto possível as diretrizes atualizadas elaboradas por Koremenos, apresentando o esquema de interação de variáveis elaborado pela autora. Nesse espectro, buscando coerência com a espinha dorsal do estudo – a área do Direito Internacional dos Investimentos –, optou-se por realçar um pouco mais, no momento da explanação conjectural, as ramificações e os exemplos dos acordos de caráter econômico – em particular, aos acordos de investimento.

Logo, por uma questão didática, para explicar o Quadro 2 inverter-se-á a ordem de análise de exposição das variáveis, preferindo-se abordar primeiro a maneira como cada variável dependente pode auxiliar na resolução dos problemas de cooperação, seja quando estes ocorrerem de forma isolada, seja quando incidirem de forma combinada. O propósito é que se preste atenção ao fato de que é comum que as variáveis independentes incidam conjuntamente, o que não estava muito claro na teoria anterior. Assim, combinações distintas de problemas de cooperação interagindo implicam a variação de desenhos de acordos.[393]

3.3.4.1 Flexibilidade

A dimensão flexibilidade constitui-se como solução para certos problemas de cooperação na medida em que permite que a parte se desvincule legalmente do acordo ou de parte dele em determinadas situações ou quando ele deixa de apresentar os benefícios originalmente vislumbrados. Entretanto, para o Continente do Direito Internacional, nem todas as flexibilidades poderão ser aplicadas a todas as variáveis independentes, pois algumas não se mostram tão úteis diante de certas situações-problema. Logo, a depender da dificuldade enfrentada, serão cabíveis determinadas flexibilidades em vez de outras.

---

[393] KOREMENOS, Barbara. *The Continent of International Law Explaining Agreement Design*. Cambridge: Cambridge University Press, 2016, p. 56.

Um dos primeiros refinamentos da teoria do Continente do Direito Internacional é a subdivisão das flexibilidades, para que se possa melhor entender o papel de cada uma na resolução dos problemas de cooperação e se compreenda sua inclusão nas respectivas conjecturas. Dentre as flexibilidades selecionadas estão: (i) cláusula de duração por tempo determinado; (ii) cláusula de exceção ou escape; (iii) cláusula de denúncia, saída ou retirada; (iv) imprecisão na linguagem; e (v) reservas.

Essas subvariáveis da flexibilidade são aplicáveis, principalmente, na resolução dos seguintes problemas: (i) incerteza em relação ao estado do mundo; (ii) problemas quanto à distribuição; (iii) problemas quanto à coordenação; e (iv) número de Estados. Para cada um desses problemas de cooperação, uma (ou mais de uma) subespécie de flexibilidade será adotada com o intuito de se restabelecer os níveis ótimos de cooperação.

3.3.4.1.1 Incerteza em relação ao estado do mundo

Em primeiro lugar, quando a incerteza em relação ao estado do mundo é maior, a probabilidade da incorporação de flexibilidades, de forma geral, é alta. Isso ocorrerá em razão da imprevisibilidade e do receio das partes em relação a uma possível alteração no cenário internacional futuro e no contexto do acordo, o que acarretaria consequências diretas a respeito dos benefícios originalmente esperados com o acordo. Assim, quando incide esse tipo de incerteza, as partes concebem uma variação em seus ganhos, seja para mais, seja para menos. Essa incerteza, segundo Koremenos,[394] poderá ser dirimida por meio das cláusulas de: (i) duração por tempo determinado (ou termo) e (ii) exceções.

3.3.4.1.1.1 Cláusulas de duração por tempo determinado

No primeiro caso, delinear-se-á uma cláusula de duração do acordo com longevidade curta e, caso as partes decidam alongá-la ao final de seu termo, haverá a possibilidade de que o acordo seja renegociado, no todo ou em parte. Assim sendo, o contexto da renegociação do acordo será outro se comparado ao de negociação original, seja perante a ordem internacional, seja no que tange à relação entre as partes. As partes

---

[394] KOREMENOS, Barbara. *The Continent of International Law Explaining Agreement Design*. Cambridge: Cambridge University Press, 2016, p. 110-111.

poderão analisar quais têm sido os benefícios do acordo e se valeria a pena continuar com o compromisso mesmo diante das circunstâncias à época da renegociação. Por esse motivo, diante da insegurança das partes em relação a uma suposta alteração no ambiente externo e nas relações entre os Estados, a designação de um termo ao acordo e, com isso, a possibilidade de renegociação se tornam uma opção plausível, mesmo que implique custos de transação mais altos, configurados pelos custos de renegociação.

Adicionalmente, algumas características dos Estados poderão influenciar a complexidade da relação entre as variáveis. Um elemento que poderá fomentar a duração mais curta dos acordos internacionais é o aumento da heterogeneidade de preferências presente neles. Hipoteticamente, quanto mais as preferências dos Estados fragmentarem-se, mais distantes ficarão as partes da distribuição de ganhos originalmente engendrada. Isso fará com que as partes prefiram renegociar o acordo o quanto antes ou de forma mais frequente para que se alcance o reequilíbrio logo.

Outra característica que afeta complementarmente essa interação é a elevação no número de participantes em um acordo que apresente duração determinada. Devido a esse alargamento, os custos de renegociação poderão ser ainda mais altos em função do tempo a ser gasto e da complexidade da tarefa de buscar consensos em grandes grupos de Estados. Por isso, considerando a equação que engloba um acordo com duração determinada, em que incida baixa incerteza em relação ao estado do mundo e um aumento no número de membros, o mais aconselhável seria que esse acordo fosse alongado, reduzindo a flexibilidade existente.

3.3.4.1.1.2 Exceções

No segundo caso, as flexibilidades relativas às cláusulas de exceção ou escape correspondem à isenção dos compromissos internacionais de uma parte, à alteração de suas obrigações ou à evasão de responsabilidade da parte pelo não cumprimento do acordo sob certas condições. As exceções normalmente têm caráter temporário, o que faz com que se diferenciem das cláusulas de denúncia, saída ou retirada, cujo efeito é permanente. Vale ressaltar que as exceções não somente são fruto das incertezas em relação ao estado do mundo, mas também resultam de choques políticos domésticos, assumindo um caráter extraordinário. Isso ocorre, por exemplo, quando há um caso fortuito ou de força maior, como um desastre natural ou uma guerra civil. Nesses casos, os Estados-partes concordam com uma redução da cooperação do membro afetado diante das dificuldades visualizadas para que este cumpra com o acordo. Por isso, na formulação dos acordos internacionais, diante de indícios de que imprevisibilidades internas poderão surgir e comprometer seu cumprimento, os Estados podem optar por incluir cláusula de exceção, sem que cesse definitivamente a cooperação para as partes.

Com o intuito de evitar ações oportunistas dos Estados, alguns acordos exigem que o acionamento dessas exceções passe, preliminarmente, pela aprovação de um órgão centralizado específico criado no âmbito do acordo. Essa não é a regra, porém se torna importante, pois esse organismo estabelecerá o limite temporal e as particularidades dessa suspensão no cumprimento das obrigações assumidas, bem como fiscalizará o acordo.

Nesse particular, Koremenos[395] identificou em sua pesquisa empírica que os acordos de caráter econômico são os que mais apresentam cláusulas de exceção. Esse é o caso dos BITs, que possuem exceções amplas e vagas, normalmente eximindo os Estados ou os nacionais das partes envolvidas de cumprirem integralmente determinada matéria, especialmente por questões motivadas pelo interesse público, como saúde pública, segurança e meio ambiente.[396] Diante disso, essa exceção fundamenta o afastamento da incidência de expropriação indireta, já que as medidas buscam proteger objetivos legítimos de bem-estar público.

Nesse sentido, de forma mais específica, Van Aaken[397] destaca dois tipos de flexibilidade frequentes nos BITs: (i) flexibilidade implícita, em que termos legais indeterminados devem ser interpretados por um tribunal, e (ii) flexibilidade explícita, que permite de forma mais clara que medidas estatais violem o tratado, representada por cláusulas de necessidade ou cláusulas que permitem explicitamente a tomada de certas medidas baseadas no interesse público. Esse é o caso das

---

[395] KOREMENOS, Barbara. *The Continent of International Law Explaining Agreement Design.* Cambridge: Cambridge University Press, 2016, p. 130.

[396] Esse é o caso, por exemplo, do artigo 4 (b), anexo B, do modelo de BIT dos Estados Unidos de 2012 (UNITED STATES OF AMERICA (USA). *US Model BIT 2012.* 2012. Anexo B, artigo 4 (b)).

[397] VAN AAKEN, Anne. Smart Flexibility Clauses in International Investment Treaties and Sustainable Development: A Functional View. *The Journal of World Investment & Trade*, Leiden, v. 15, nº 5–6, p. 827–861, 2014, p. 832-833.

disposições do artigo 6º (1) e do artigo 4º (b) do anexo B do modelo de BIT americano, o qual especifica que regulações direcionadas à proteção de objetivos de bem-estar público, como as de saúde pública, segurança e meio ambiente, não constituem expropriações indiretas.[398]

Segundo Koremenos,[399] uma cláusula típica de expropriação abrange as duas dimensões expostas por Van Aaken.[400] Utilizam o termo "interesse público" de forma explícita – de modo que a cláusula permita que os Estados, sob certas condições, tomem ações que não seriam permitidas em outras hipóteses e de forma indeterminada, requerendo interpretação *a posteriori* de um tribunal arbitral de investimentos ou, em alguns casos menos frequentes, por meio da adjudicação internacional.[401]

Apesar de as exceções serem custosas, já que sua contestação e sua deslegitimação implicariam o pagamento de elevadas compensações, tanto o investidor quanto o Estado que invoca as cláusulas de exceção o fazem somente se os benefícios dessa ação se sobrepõem aos custos esperados. Por exemplo, o artigo 5º, item 1, do BIT entre Reino Unido e Iêmen[402] dispõe que, se os investimentos são expropriados em razão de interesse público, a compensação deve ser paga imediatamente, sendo sujeita a revisão judicial. A remissão à revisão judicial poderá aumentar o custo para as partes, diante da possibilidade de revogação e mudança do entendimento anterior, por isso a necessidade de se ponderar qualquer ação e se analisar com cuidado a redação existente em cada acordo.

---

[398] UNITED STATES OF AMERICA (USA). *US Model BIT 2012*. 2012. Anexo B, artigo 4 (b). Disponível em: https://ustr.gov/sites/default/files/BIT%20text%20for%20ACIEP%20Meeting.pdf. Acesso em: 20 mar. 2019.

[399] KOREMENOS, Barbara. *The Continent of International Law Explaining Agreement Design*. Cambridge: Cambridge University Press, 2016, p. 130.

[400] VAN AAKEN, Anne. Smart Flexibility Clauses in International Investment Treaties and Sustainable Development: A Functional View. *The Journal of World Investment & Trade*, Leiden, v. 15, nº 5–6, p. 827–861, 2014, p. 832-833.

[401] Segundo Koremenos, em razão disso há quem argumente que essas disposições nos BITs simplesmente delimitam o escopo da obrigação de não expropriar. No entanto, essas disposições encaixam-se no sentido de exceções (KOREMENOS, Barbara. *The Continent of International Law Explaining Agreement Design*. Cambridge: Cambridge University Press, 2016, p. 131).

[402] UNITED KINGDOM (UK); YEMEN. *Agreement Between the Government of the United Kingdom of Great Britain and Northern Ireland and the Government of the Yemen Arab Republic for the Promotion and Protection of Investments*. Artigo 5, item 1.1982. Disponível em: https://investmentpolicy.unctad.org/international-investment-agreements/treaty-files/2377/download. Acesso em: 4 jul. 2022.

Nesse sentido, tem-se que as exceções incidem nos BITs, como ressaltam Krzysztof J. Pelc e Johannes Urpelainen,[403] em razão do desenho institucional racional desses instrumentos, visto (i) que essas cláusulas são modelos eficientes[404] que autorizam a violação de obrigação e (ii) que a comprovação de que a medida excedeu o limite do interesse público é tarefa complexa conduzida, de forma centralizada, pelos tribunais arbitrais de investimento ou outro mecanismo de solução de controvérsias legitimado para tanto, de modo *ex post*.[405]

Ademais, em razão da utilização dos mecanismos de exceção de forma oportunista, muitos Estados são relutantes em incluir esse tipo de cláusula, especialmente quando se torna difícil obter informações sobre as políticas domésticas das outras partes no acordo. Para Leonardo Baccini,[406] por exemplo, a transparência doméstica de um Estado seria um fator importante na decisão de incluir ou não tais disposições. Isso posto, o autor ainda conecta seu argumento com o regime político adotado pelos Estados, pressupondo que, como Estados democráticos são mais transparentes, é mais provável que estes incluam exceções em seus desenhos, em comparação a Estados autocráticos.

Nesse diapasão, outro refinamento da teoria em relação às flexibilidades reside no fato de que, embora a incerteza sobre o estado do mundo seja um condutor dos mecanismos de flexibilidade, ela não está isolada; interage com outros problemas de cooperação, o que também influencia na caracterização da moldura jurídica dos acordos. Dentre os outros problemas com que essa incerteza se relaciona estão os óbices ao cumprimento, sendo que a combinação de ambos é considerada quase como condição necessária para que os Estados incorporem exceções.[407]

---

[403] PELC, Krzysztof J.; URPELAINEN, Johannes. When do International Economic Agreements Allow Countries to Pay to Breach? *The Review of International Organizations*, [s.l.], v. 10, nº 2, p. 231–264, 2015.

[404] PELC, Krzysztof J.; URPELAINEN, Johannes. When do International Economic Agreements Allow Countries to Pay to Breach? *The Review of International Organizations*, [s.l.], v. 10, nº 2, p. 231–264, 2015, p. 231.

[405] Nesse sentido, cita-se, por exemplo, a CEDH, que, no caso James v. United Kingdom, de 1986, julgou o caso em que os demandantes alegaram perante a CEDH que o *Leasehold Reform Act* de 1967 os privou do direito de sua propriedade. A CEDH, por sua vez, asseverou que os objetivos legítimos de interesse público, como perseguidos nas medidas econômicas de reforma ou medidas designadas para alcançar justiça social, poderiam resultar em menor compensação do que o valor integral de mercado.

[406] BACCINI, Leonardo. Explaining Formation and Design of EU Trade Agreements: The Role of Transparency and Flexibility. *European Union Politics*, Thousand Oaks, v. 11, nº 2, p. 192–217, 2010.

[407] KOREMENOS, Barbara. *The Continent of International Law Explaining Agreement Design*. Cambridge: Cambridge University Press, 2016, p. 137.

Isso ocorre, pois, se há imprevisibilidade futura em relação ao mundo e ao modo como será cumprido o acordo, abre-se margem para um possível abandono dos compromissos tão logo os membros não vejam mais benefícios em manter um instrumento incerto ou não visualizem formas de efetivá-lo.

Assim sendo, as cláusulas de exceção se mostram úteis, pois resguardarão a cooperação entre as partes sem que nenhuma delas se desvencilhe do acordo diante das adversidades. Nesse sentido, quando um Estado utiliza a exceção para suspender suas obrigações ligadas à cooperação, legalmente e sem receio de ser retaliado, afasta a traição como uma de suas opções, o que faz com que as outras partes se sintam mais seguras de que a cooperação prosseguirá, depois que o choque tiver passado.[408]

Outra flexibilidade a ser destacada e que também está presente em muitos acordos de investimento são as cláusulas de denúncia, saída ou retirada. Em tratados multilaterais, esse mecanismo faz com que o Estado se retire do acordo sem que se viole o instrumento jurídico em questão. Contudo, há de se destacar que, em acordos bilaterais, a simples denúncia por uma parte faz com que o acordo deixe de existir.

As cláusulas de denúncia normalmente preveem um período de notificação, uma obrigação de período de aviso prévio, que os Estados deverão cumprir antes de sair de um tratado, e obrigação de período de espera, um lapso temporal entre a ratificação e a completa desvinculação do tratado em que os Estados são obrigados a se manter vinculados ao acordo.[409] Ambos os períodos suscitam maior previsibilidade e segurança jurídica para os membros restantes no acordo. Por exemplo, o período de espera torna-se útil para que os Estados restantes no acordo ajustem suas políticas domésticas até a efetiva saída da parte, o que pode ser complexo, a depender do caso.

Alguns acordos preveem a extensão do período de vínculo obrigacional, mesmo após a saída do Estado. Esse é o caso, por exemplo, do BIT entre China e Suécia, de 1982, que, em seu artigo 9º, dispõe que as obrigações permanecerão em vigor por um período de quinze anos e continuarão válidas, a menos que, após o termo do período inicial de catorze anos, qualquer Estado contratante notifique por escrito

---

[408] KOREMENOS, Barbara. *The Continent of International Law Explaining Agreement Design*. Cambridge: Cambridge University Press, 2016, p. 133.
[409] KOREMENOS, Barbara. *The Continent of International Law Explaining Agreement Design*. Cambridge: Cambridge University Press, 2016, p. 141.

o outro Estado contratante da sua intenção de denunciar o acordo. A notificação da intenção de saída do acordo se tornará efetiva um ano após ter sido recebida pelo outro Estado contratante. Ademais, o acordo permanecerá em vigor por mais quinze anos a contar da notificação para os investimentos realizados antes da data em que a notificação de retirada se tornar efetiva.[410] Logo, nesse caso, do período de espera até que o Estado denunciante esteja livre em definitivo do acordo, terão se passado trinta anos.

Uma das hipóteses levantadas pela teoria do Continente é que as cláusulas de denúncia auxiliam os Estados quando problemas de comprometimento também incidem na cooperação, pois aumentam a previsibilidade entre os membros. Isso faz sentido uma vez que o Estado, embora vá abdicar do compromisso, o fará no tempo determinado pelo acordo, seja no prazo de notificação, seja no prazo de espera, trazendo mais segurança jurídica para as outras partes.

A cláusula de denúncia também é útil ao alterar a estrutura de incentivos dos Estados ao ponderar os custos e os benefícios de uma possível traição, colaborando para o cumprimento do acordo. De todo modo, a melhor opção para quando há uma ampliação da incerteza em relação ao mundo, bem como problemas em relação ao comprometimento e ao cumprimento do acordo, seriam cláusulas de denúncia com períodos longos de notificação ou espera,[411] evitando-se que os Estados saiam prematuramente dos acordos[412] e impedindo as perdas em rede que esse ato poderá implicar.[413]

---

[410] No original: "*Article 9 (2) This Agreement shall remain in force for a period of fifteen years and shall continue in force thereafter unless, after the expiry of the initial period of fourteen years, either Contracting State notifies in writing the other Contracting State of its intention to terminate this Agreement. The notice of termination shall become effective one year after it has been received by the other Contracting State*" (SWEDEN; CHINA. *Agreement on the Mutual Protection of Investments between the Government of the Kingdom of Sweden and the Government of the People's Republic of China*. 1982. Disponível em: https://investmentpolicy.unctad.org/international-investment-agreements/treaty-files/6044/download. Acesso em: 8 abr. 2019).

[411] KOREMENOS, Barbara. *The Continent of International Law Explaining Agreement Design*. Cambridge: Cambridge University Press, 2016, p. 149.

[412] Ocorre que, segundo o artigo 54 (b) da CVDT, de 1969, os Estados podem retirar-se a qualquer tempo de um acordo se assim preferirem. Contudo, a preferência pelas flexibilidades se dá, em particular, para a preservação da relação entre as partes, evitando-se, assim, custos de transação e reputacionais, deixando os acordos politicamente palatáveis (BRASIL. Decreto nº 7.030, de 14 de dezembro de 2009. Promulga a Convenção de Viena sobre o Direito dos Tratados, concluída em 23 de maio de 1969, com reserva aos Artigos 25 e 66. *Diário Oficial da União*, Brasília, DF, p. 59, 15 dez. 2009. Disponível em: http://www.planalto.gov.br/ccivil_03/_Ato2007-2010/2009/Decreto/D7030.htm. Acesso em: 21 mar. 2019).

[413] KOREMENOS, Barbara. *The Continent of International Law Explaining Agreement Design*. Cambridge: Cambridge University Press, 2016, p. 157.

3.3.4.1.2 Problema quanto à distribuição

Outro tipo de entrave à cooperação que as flexibilidades tentam dissuadir refere-se aos problemas de distribuição. Diferentemente da teoria do desenho institucional racional, a teoria do Continente seleciona como alternativas: (i) a criação de mecanismos de flexibilidade consubstanciados pela imprecisão na linguagem do acordo e (ii) a interposição de reservas.

3.3.4.1.2.1 Imprecisão na linguagem

O grau de precisão ou ambiguidade de um acordo refere-se à exatidão ou à vagueza de suas prescrições, de suas proscrições ou de seus comportamentos autorizados.[414] Para se identificar se o acordo é preciso ou vago, é necessário refletir primeiro sobre quão fácil ou quão difícil seria verificar se um ator está em conformidade com o acordo a partir da redação de suas regras. A partir daí, é preciso também prestar atenção em detalhes e sutilezas inseridos nas nuances da redação e verificar se os acordos têm anexos mais explicativos a respeito de alguma disposição central do tratado.

No entanto, a precisão nem sempre é o melhor caminho para solucionar os entraves cooperativos. Quando há elevada assimetria de interesses proveniente do grande número de participantes e da maximização dos problemas de distribuição, a teoria do Continente afirma ser preferível a seleção de disposições mais vagas e amplas, pois isso faz com que se tente acomodar as diferenças.[415] Vale lembrar que as partes não têm somente interesses divergentes no âmbito internacional, mas também interesses institucionalizados em seu ambiente doméstico que podem ser distintos. Isso, pois, muitas nações têm em seu Direito doméstico regras essencialmente nacionais ou internalizadas provenientes de acordos internacionais. Destarte, se o acordo em voga muda seu âmbito material ou sua linguagem, isso impactará diretamente

---

[414] Segundo Koremenos, o grau de precisão poderá ser verificado nos acordos pelos termos utilizados, como *shall* ou *shall not*, que significam uma norma imperativa de dever ou não dever realizar tal obrigação, assim como pela quantidade de detalhes acordados entre as partes para cada comportamento normatizado (KOREMENOS, Barbara. *The Continent of International Law Explaining Agreement Design*. Cambridge: Cambridge University Press, 2016, p. 160).

[415] KOREMENOS, Barbara. *The Continent of International Law Explaining Agreement Design*. Cambridge: Cambridge University Press, 2016, p. 171.

a ordem jurídica interna dos Estados.[416] Portanto, se a alteração for realizada por meio de uma linguagem menos precisa, o acordo será vago em relação a certos compromissos sensíveis para a ordem interna de determinado Estado ou grupo de Estados, tornando mais baixos os custos de transação com as alterações domésticas.

No entanto, salienta-se que, quanto mais compreensível for a linguagem do acordo, mais fácil será identificar se o comportamento do Estado é adequado e se o direito do investidor está mesmo protegido. A precisão restringe a gama de interpretações razoáveis possíveis,[417] e impede que Estados tirem vantagem da indeterminação da linguagem jurídica para justificar o curso de sua ação. Contudo, se a linguagem dos tratados internacionais é vaga, maiores são as chances de que a interpretação desses instrumentos seja delegada para a adjudicação ou para a arbitragem internacional.[418] Esses mecanismos centralizados, por sua vez, também podem tornar os acordos mais precisos ao longo do tempo por meio de sua restrição interpretativa, o que acaba gerando certa instabilidade, uma vez que cada tribunal poderá restringir como preferir os acordos. Por isso, a melhor opção ainda é a restrição interpretativa *ex ante*. No caso dos tribunais arbitrais de investimento, por exemplo, a inferência dos árbitros é importante e válida para solucionar controvérsias e elucidar certas disposições, porém não é vinculante para os casos a serem analisados a seguir, podendo haver, inclusive, uma fragmentação de entendimentos sobre a mesma matéria.[419]

Nesse contexto, traz-se novamente à discussão a racionalidade por detrás do desenho dos acordos; possivelmente, muitos deles são

---

[416] KOREMENOS, Barbara. *The Continent of International Law Explaining Agreement Design.* Cambridge: Cambridge University Press, 2016, p. 171.

[417] SIMMONS, Beth. Treaty Compliance and Violation. *Annual Review of Political Science,* [CA, EUA], v. 13, nº 1, p. 273–296, 2010, p. 277.

[418] Acordos mais precisos são aqueles em que os comportamentos são facilmente quantificáveis e exatos, como acordos envolvendo quantidade de quotas, ou acordos de caráter militar que proíbem determinado tipo de comportamento. Já os acordos de direitos humanos e relativos ao meio ambiente, segundo Koremenos, têm linguagem mais vaga, como é o caso da Carta de Banjul, em seus artigos 9 (2) e 24, considerados ambos vagos (KOREMENOS, Barbara. *The Continent of International Law Explaining Agreement Design.* Cambridge: Cambridge University Press, 2016, p. 160-161).

[419] Essa é uma das grandes críticas à arbitragem de investimentos: não possuir um conjunto de decisões efetivamente vinculantes, que possam ser utilizadas como precedentes, apesar de serem frequentemente utilizadas por investidores, Estados e pelos próprios árbitros na análise das questões jurídicas discutidas. Entretanto, por não vincularem os entendimentos futuros, é comum nessa subárea que haja posicionamentos distintos, de tempos em tempos, sobre a mesma matéria, dependendo de uma análise caso a caso.

engendrados para serem propositalmente mais imprecisos ou vagos,[420] haja vista que isso abrirá margem para que a interpretação seja encaminhada a um organismo centralizado, havendo maiores chances, devido à subjetividade dos julgadores, de que se reconheça o pleito. Nesse caso, a linguagem imprecisa, portanto, funcionaria como forma de flexibilidade, permitindo ambiguidade interpretativa suficiente para que o Estado coopere ou deixe de fazê-lo.

Contudo, no âmbito internacional, a linguagem vaga e a delegação para um órgão centralizado são escolhas diferentes e inversamente relacionadas.[421] De um lado, flexibilidades como o grau de precisão da linguagem do acordo são criadas para evitar problemas de distribuição. De outro, a inclusão nos acordos de mecanismos de solução de controvérsia delegados é realizada para se neutralizar problemas de cumprimento. Isso não quer dizer que não interajam; pelo contrário, o fato de um órgão centralizado analisar o grau de precisão de um acordo faz com que a dimensão utilizada para se combater problemas de cumprimento também seja aplicada para dissuadir problemas de distribuição de ganhos, o que leva à interação das variáveis independentes nesse caso.

Além disso, faz-se necessário destacar também a incidência conjunta de problemas de distribuição e coordenação. Essa ocorrência não é rara nos acordos de caráter econômico, como aqueles envolvendo compra e venda de *commodities*, uma vez que, além da acomodação da distribuição de ganhos no acordo, também será necessário que as partes se coordenem, seja para estabilizar, seja para aumentar o preço dos produtos e adequar a exata demanda para garantir que o preço seja aquele propugnado inicialmente no acordo. Nesse contexto, a linguagem do acordo deverá ser a mais precisa possível, para que o preço e a demanda também sejam adequados, o que faz com que se diminua a flexibilidade a respeito da imprecisão da norma.

3.3.4.1.2.2 Reservas

A segunda flexibilidade adequada para combater o problema de distribuição e especificada na teoria do Continente consiste nas

---

[420] KOREMENOS, Barbara. *The Continent of International Law Explaining Agreement Design.* Cambridge: Cambridge University Press, 2016, p. 165.
[421] KOREMENOS, Barbara. *The Continent of International Law Explaining Agreement Design.* Cambridge: Cambridge University Press, 2016, p. 189.

reservas, cláusulas que permitem que o Estado não se atrele a certas disposições enquanto permanece vinculado ao resto do tratado. Esse tipo de flexibilidade permite que se acomodem os interesses dos Estados por meio de um veto em relação a determinadas matérias e faz com que se preserve a cooperação nos acordos, evitando denúncias do tratado e, sobretudo, traições. Outrossim, ao estabelecerem reservas, os Estados demonstram que ainda estão dispostos a fazer parte da estrutura cooperativa, contanto que sejam excluídos das obrigações ressalvadas.

De forma complementar, as reservas também contribuem para que se neutralize outro tipo de variável independente, qual seja, a incerteza em relação às preferências, visto que expõem publicamente o desejo do Estado de não se vincular a matérias específicas enquanto permanece atrelado às demais. Desse modo, infere-se que, em acordos mais longos e com um escopo mais robusto, a probabilidade de existirem reservas é mais alta, diante da extensão material e temporal do acordo.

É interessante notar que, sob o ponto de vista de Koremenos,[422] o problema da distribuição também é reflexo do fenômeno da exportação da norma. Nesse diapasão, Martha Finnemore e Kathryn Sikkink[423] trazem à baila a questão do ciclo de vida das normas em evolução. Para elas, os Estados tentam persuadir outros sujeitos a incorporarem uma nova norma, socializando potenciais seguidores normativos, o que faz com que surja um movimento em cascata. Em um último momento, essas regras em cascata são internalizadas pelos Estados, podendo, eventualmente, se tornar o padrão dominante de adequação.

Ocorre que, como essa prática envolve o transplante do Direito de uma das partes para o âmbito do referido acordo internacional, essas normas não necessariamente acomodam os reais interesses ou consideram as particularidades de todos os Estados no acordo. Diante da assimetria de poder ou de informações, essas normas podem ter sido inseridas de forma célere e com discussões pouco aprofundadas a respeito, principalmente, de seus impactos futuros. Diante desse quadro, as reservas configuram-se como um mecanismo que servirá para manifestar a intenção do Estado de não se vincular a essas normas exportadas, obstando-se de cumpri-las em razão dos altos custos de transação embutidos. Assim sendo, conforme os Estados inserem

---

[422] KOREMENOS, Barbara. *The Continent of International Law Explaining Agreement Design*. Cambridge: Cambridge University Press, 2016, p. 186-187.
[423] FINNERMORE, Martha; SIKKINK, Kathryn. International Norm Dynamics and Political Change. *International Organization*, Cambridge, v. 52, nº 4, p. 887–917, 1998, p. 891.

reservas, isso colabora para o início da cooperação em curto e médio prazo. No longo prazo, de acordo com o ciclo evolutivo da norma, essas reservas podem ser retiradas, desde que os Estados identifiquem mais benefícios na alteração para padrões normativos mais acurados e que admitam o conteúdo do que antes foi obstado nas reservas.

Logo, nos acordos em que predominam os problemas quanto à distribuição, sem que haja interação com outras variáveis independentes, é provável a incidência da imprecisão na linguagem, bem como das reservas, o que estrategicamente é adotado para que não se prolonguem ainda mais as negociações e se inicie a cooperação o quanto antes. Essas opções abrem margem para discussões e alterações futuras, seja no momento de renegociação, em que é possível ajustar a linguagem do acordo e retirar as reservas, seja na elucidação por um órgão centralizado, no caso da vagueza do texto do documento.

3.3.4.1.3 Problema quanto à coordenação

Ressalta-se que, nos casos em que houver apenas o problema de coordenação, o mais importante não é quem ganhará mais com o acordo, em alusão a um clássico problema de distribuição, mas como colaborar mais, coordenando os movimentos para que o propósito do acordo se concretize. Um exemplo ilustrativo são os acordos de bitributação, em que ambas as partes deverão coordenar suas legislações internas e promover a troca de informações para implementar com sucesso o acordo, prevenir a evasão fiscal e limitar a dupla tributação. Nesse caso, a linguagem mais precisa favoreceria a coordenação entre as partes em prol de sua finalidade. Assim sendo, existindo problemas de coordenação, com ou sem problemas de distribuição, a linguagem será sempre mais precisa,[424] ou seja, menos flexível.

3.3.4.1.4 Número de atores

O aumento no número de atores, como variável independente, traz consigo complexidades resultantes da heterogeneidade de preferências entre os membros. Isso gera dificuldade de coordenação e na

---

[424] KOREMENOS, Barbara. *The Continent of International Law Explaining Agreement Design*. Cambridge: Cambridge University Press, 2016, p. 172.

distribuição de ganhos entre as partes. Como os custos de transação com sucessivas renegociações entre muitos membros com preferências diversas é alto, é menos provável a incidência de cláusulas com termo de curta duração, sendo preferíveis acordos com termos mais longos e linguagem mais precisa.[425] Desse modo, a atenuação dos problemas de cooperação gerados pelo elevado número de Estados será realizada pela diminuição das flexibilidades, sendo menos provável a inclusão da imprecisão de linguagem e de cláusulas de curta duração, para se evitar os custos de renegociação.

3.3.4.2 Centralização

Outra dimensão utilizada nos desenhos dos acordos para reequilibrá-los frente aos problemas e às incertezas quanto à cooperação, reforçada na teoria do Continente do Direito Internacional, é a centralização. Os Estados delegam a um órgão específico a função de interface com os membros, reunião e disseminação de informações e/ou solução de controvérsias. Salienta-se que a centralização é a variável dependente que mais aparece nas conjecturas engendradas no Continente do Direito Internacional.

As cláusulas que estabelecem mecanismos mais centralizados serão inseridas quando da incidência das seguintes variáveis independentes: (i) problema quanto ao cumprimento; (ii) problema quanto ao comprometimento; (iii) incerteza em relação ao comportamento; (iv) incerteza em relação ao estado do mundo; e (v) número de Estados.

De acordo com a teoria do Continente, existem três subdimensões da centralização: (i) mecanismos de monitoramento delegado; (ii) mecanismos de solução de controvérsias; e (iii) punições. A depender do problema de cooperação, podem surgir mecanismos de centralização focados em cada uma das subdimensões ou – o que é mais comum em certas áreas, como nos acordos de caráter econômico – pode haver um único mecanismo que centralize as três subdimensões.

Ademais, em razão de suas características, nem todos os problemas de cooperação são resolvidos pelos mesmos mecanismos de solução de controvérsias. Alguns serão mais bem enfrentados por meio

---

[425] KOREMENOS, Barbara. *The Continent of International Law Explaining Agreement Design*. Cambridge: Cambridge University Press, 2016, p. 118.

de um mecanismo mais centralizado, como é o caso dos problemas de cumprimento e comprometimento, e outros mais bem resolvidos por um sistema mais descentralizado – por exemplo, a incerteza em relação a comportamento.

Assim sendo, Koremenos[426] identifica quatro tipos de mecanismos de solução de controvérsias, classificados, evolutivamente, do menos centralizado ao mais centralizado: (i) os mecanismos informais (diplomacia e negociações amigáveis); (ii) a mediação (um pouco mais formal, por envolver uma terceira parte); (iii) a arbitragem; e (iv) a adjudicação (ambos envolvendo maior institucionalização). Entretanto, há múltiplas formas de solucionar uma controvérsia, mesclando mecanismos formais e informais.

Além dessa subdivisão, há também a delegação interna ou externa da solução de controvérsias. A delegação interna se dá quando a resolução do litígio é delegada a um órgão composto pelos representantes dos Estados-membros ou quando as regras são elaboradas para que um corpo de julgadores possa ser constituído para resolver a disputa. Esse é o caso da solução de disputas pela arbitragem de investimentos, em que as partes devem escolher os árbitros para formarem o painel - cada uma delas escolhe um árbitro e o terceiro árbitro é selecionado por consenso entre as partes. Contudo, caso isso não seja possível, o tratado poderá estabelecer a delegação dessa escolha para outra entidade, como o ICSID. Já a delegação externa transfere a resolução de disputas a um ente externo, como um tribunal ou uma terceira parte que auxiliará na negociação ou na mediação.

3.3.4.2.1 Problema quanto ao cumprimento

O problema quanto ao cumprimento, que envolve como premissa maior a disposição do Estado em cooperar, sem que ceda para o descumprimento do acordo, pode ser reforçado por um órgão centralizador, delegado e formal (por meio da arbitragem ou da adjudicação), focado nos mecanismos de monitoramento e solução de controvérsias.

Por meio desse mecanismo, será possível centralizar as informações a respeito do comportamento das partes e disseminá-las aos membros, para que verifiquem se elas estão cumprindo com o acordo.

---

[426] KOREMENOS, Barbara. *The Continent of International Law Explaining Agreement Design*. Cambridge: Cambridge University Press, 2016, p. 204.

Caso um dos Estados incorra em traição, o mecanismo identificará as violações e imporá custos materiais e reputacionais aos violadores.[427]

3.3.4.2.2 Problema quanto ao comprometimento

O problema quanto ao comprometimento ocorre, por exemplo, quando o Estado se compromete com o acordo no presente e, diante de modificações posteriores em seu contexto doméstico, as chances de cumprimento da obrigação diminuem ou são ameaçadas. O estabelecimento de um órgão centralizado, delegado e formal, consubstanciado pela arbitragem ou pela adjudicação, nesse caso, imporia constrangimentos ou coações ao comportamento doméstico desse Estado.

Isso diminuiria a possibilidade de os governos futuros se evadirem dos compromissos. Nesse caso, os mecanismos de solução de controvérsias oferecem aos sujeitos um recurso para se punir um Estado por desvios dos compromissos originais assumidos, alterando a estrutura de incentivos que induzem à traição diante de uma possível punição.[428]

3.3.4.2.3 Incerteza quanto ao comportamento

Quando há um aumento da incerteza em relação ao comportamento, segundo a teoria do Continente, a melhor solução para combatê-la é valer-se de mecanismos de monitoramento e disseminação de informação para que se aumente a previsibilidade e a transparência dos comportamentos das partes. Esse monitoramento poderá ser realizado de forma centralizada, por um organismo interno formal criado pelo acordo ou uma organização internacional encarregada dessa tarefa, ou, informalmente, por um ator não estatal que atue nessa fiscalização, como ONGs ou outras entidades da sociedade civil. O monitoramento também poderá se dar de maneira descentralizada, por meio de relatórios das próprias partes ou da fiscalização entre si dos próprios Estados que são partes no acordo.[429]

---

[427] KOREMENOS, Barbara. *The Continent of International Law Explaining Agreement Design.* Cambridge: Cambridge University Press, 2016, p. 208.
[428] KOREMENOS, Barbara. *The Continent of International Law Explaining Agreement Design.* Cambridge: Cambridge University Press, 2016, p. 209.
[429] KOREMENOS, Barbara. *The Continent of International Law Explaining Agreement Design.* Cambridge: Cambridge University Press, 2016, p. 265.

Em um cenário provável, havendo incerteza em relação ao comportamento e poucos incentivos para traição, o monitoramento se daria por um mecanismo mais descentralizado, pelo relato e repasse de informações pelos próprios Estados. Entretanto, a utilidade desse instrumento é limitada, considerando o receio de que os Estados falhem em reportar acuradamente o andamento de suas atividades – receio esse que será potencializado se houver incentivos para traição.

Caso o problema seja agravado por um aumento de incentivos para se abdicar dos compromissos, o monitoramento seria mais apropriado se fosse realizado por um mecanismo mais centralizado por meio de autoridade delegada. A centralização de informações se daria por meio de um procedimento formal, que cuidaria da coleta e da disseminação de informações de forma institucionalizada, empenhando-se para resolver o problema da assimetria de informações. Isso tornaria a cooperação mais robusta e afastaria as dúvidas em relação ao comportamento de qualquer outra parte.

A chance da inclusão de um sistema centralizado de monitoramento também se eleva com o aumento do número de Estados envolvidos na cooperação, visto que isso implica probabilidade mais alta de abandono dos compromissos pactuados. Além disso, a instauração de um mecanismo centralizado também seria benéfica às partes, pois reduziria custos de transação, que seriam compartilhados com os membros.[430]

No entanto, as funções de monitoramento também podem ser delegadas a apenas uma das partes do acordo, sem a criação de organismo centralizado específico. Esse é o caso do Acordo de Garantia de Investimentos entre Nova Zelândia e Samoa Ocidental, de 1970, que estabelece que o governo de Samoa Ocidental submeteria relatórios com a função de fiscalização, obrigação da qual o governo da Nova Zelândia estaria isento.[431]

De igual modo, não se pode ignorar a possibilidade de que essa fiscalização dos acordos também seja realizada por meios alternativos. Isso ocorre quando da participação de outros atores internacionais no processo de monitoramento, tais como ONGs,[432] que, em sua maioria,

---

[430] KOREMENOS, Barbara. *The Continent of International Law Explaining Agreement Design*. Cambridge: Cambridge University Press, 2016, p. 277.
[431] KOREMENOS, Barbara. *The Continent of International Law Explaining Agreement Design*. Cambridge: Cambridge University Press, 2016, p. 267.
[432] KOREMENOS, Barbara. *The Continent of International Law Explaining Agreement Design*. Cambridge: Cambridge University Press, 2016, p. 270-272; 279.

atuam de maneira informal,[433] ou *experts*, que fazem parte da comunidade epistêmica do Direito e têm sido frequentemente citados, por exemplo, em alguns BITs,[434] em especial os canadenses. Nos últimos anos, esses *experts* têm operado, especialmente no âmbito do comércio internacional, dos investimentos, dos direitos humanos e do meio ambiente, em caráter consultivo sob a condição de *amicus curiae*. Os avanços que mostram a disposição *ex ante* de aproximação dos Estados dessas comunidades não estatais e representantes dos interesses da sociedade civil são parte de um movimento que tenta trazer mais legitimidade aos foros internacionais e participação de entidades que representam a comunidade local, regional ou global, a mais impactada seja qual for o caráter do acordo. Essa tendência é benéfica e aproxima atores não estatais dos foros internacionais,[435] fomentando a transparência nas instituições.

Em suma, as três primeiras conjecturas a respeito da centralização primam por dar efetividade ao acordo por meio de punições materiais e reputacionais, para aliviar os problemas de cooperação. Quanto aos problemas de assimetria de informações, presente quando da incerteza sobre o comportamento dos agentes, o mecanismo de solução de controvérsias também assume o encargo de auxiliar na troca de informações.

---

[433] As ONGs poderão atuar de maneira formal se o acordo assim prever. Seu papel se torna importante, visto que complementa outros órgãos. Ainda sobre o tema, é interessante notar que o governo americano tem assumido também um papel no monitoramento informal de regimes e práticas de outros Estados, por exemplo, nas áreas de segurança e direitos humanos. Por meio de legislação interna que o legitima para tanto, como a *Resolution 4310 (112th): National Defense Authorization Act* para o ano fiscal de 2013, com o título X, subtítulo E, que requer relatórios sobre armas nucleares não somente dos Estados Unidos, mas também da China e da região pacífica ocidental, e o subtítulo G, que exige relatórios militares e de segurança envolvendo a Coreia do Norte e a Síria. Assim, os Estados Unidos realizam formalmente esforços de fiscalização que vão além do pactuado nos acordos internacionais (KOREMENOS, Barbara. *The Continent of International Law Explaining Agreement Design*. Cambridge: Cambridge University Press, 2016, p. 290-291).

[434] Esse é o caso, por exemplo, dos BITs canadenses mais recentes, que citam a possibilidade de um tribunal nomear um *expert* para apresentar um relatório por escrito sobre uma questão factual relativa a meio ambiente, saúde, segurança ou outras questões científicas levantadas por uma das partes (CANADA; SERBIA. *Agreement Between Canada and the Republic of Serbia for the Promotion and Protection of Investments*. 2014. Artigo 34, item 1. Disponível em: https://investmentpolicy.unctad.org/international-investment-agreements/treaty-files/3152/download. Acesso em: 4 jul. 2022).

[435] BENEDEK, Wolfgang. Multi-Stakeholderism in the Development of International Law. *In*: FASTENRATH, Ulrich *et al*. *From Bilateralism to Community Interest*: Essays in Honour of Judge Bruno Simma. Oxford: Oxford University Press: 2011, p. 201–210, p. 208; MIKADZE, Kirsten. Uninvited Guests: NGOs, Amicus Curiae Briefs, and the Environment in Investor-State Dispute Settlement. *Journal of International Law & International Relations*, Toronto, v. 12, nº 1, p. 36–81, 2016.

Em todos os casos, o ônus da criação de um mecanismo centralizado de solução de controvérsias, ao final, é socializado entre as partes, o que também traz equilíbrio à relação.

Após a análise empírica realizada por Koremenos para testar tais conjecturas, concluiu-se que os problemas de cumprimento e comprometimento, de fato, são tão severos que a probabilidade de incidência de mecanismo de solução de controvérsias formais delegados para atenuá-los é alta. Já em relação à incerteza quanto ao estado do mundo, a hipótese foi refutada, visto que a situação é conduzida de forma mais efetiva por outros elementos do desenho do acordo, como é o caso das flexibilidades, que atenuam os incentivos para traição, fazendo com que os mecanismos formais de solução de controvérsias não sejam tão necessários.[436] Por outro lado, quando há incerteza em relação ao comportamento, ou seja, em situações com elevado grau de assimetria de informação, a troca de informações mostra-se útil e efetiva, fazendo com que procedimentos formais de solução de disputas ou adjudicação não sejam necessários.

3.3.4.2.4 Incerteza quanto ao estado do mundo

O terceiro problema ocorre quando há incerteza quanto ao estado do mundo, situação em que os futuros benefícios e custos da cooperação não são facilmente previsíveis, o que faz com que as chances de traição sejam elevadas. Por isso, a implementação de disposições delegadas formais sobre solução de controvérsias auxiliaria a prevenir a violação de compromissos por uma das partes, o que, nesse caso, não seria resolvido por uma simples troca de informações, mas por um mecanismo que intimidaria esse tipo de comportamento.

3.3.4.2.5 Número de Estados

Quando o número de Estados envolvidos na cooperação se eleva, é mais provável que ocorra a inclusão de meios formais centralizados de solução de controvérsias. Isso se deve à dificuldade de fiscalizar os comportamentos e promover uma comunicação mais efetiva entre as partes, à heterogeneidade de preferências e à elevação de chances de

---

[436] KOREMENOS, Barbara. *The Continent of International Law Explaining Agreement Design*. Cambridge: Cambridge University Press, 2016, p. 215.

eventuais abdicações dos compromissos, todas essas questões podendo ser tratadas por uma entidade central.

3.3.4.2.6 Centralização

Nesse diapasão, a conclusão de Koremenos é que o mecanismo centralizado assume diferentes tarefas, que são ditadas pelos problemas de cooperação. Os problemas de cumprimento e comportamento requerem centralização delegada formal. Já a incerteza em relação ao estado do mundo não está relacionada à resolução de disputas para que seu equilíbrio seja restaurado. A incerteza em relação ao comportamento, por sua vez, pode ser mais bem solucionada por meio de mecanismos informais, ou mecanismos de monitoramento, diminuindo a necessidade de um sistema de controvérsias centralizado.

Adicionalmente, a autora[437] faz ponderações importantes acerca do uso dos mecanismos de solução de controvérsias e sua efetividade. Em primeiro lugar, pontua que os sistemas de resolução de disputas dependem do poder de constrangimento ou coação dos acordos. Se os Estados anteciparem as decisões provenientes de um mecanismo jurisdicional de solução de controvérsias e as associarem com punições, outros Estados evitarão violar os compromissos assumidos. Isso quer dizer que a mera existência de um mecanismo de solução de controvérsias capaz de aplicar punições inibirá violações.

Como já exposto, problemas de comprometimento ocorrem frequentemente no âmbito do Direito Internacional dos Investimentos; contudo, a mera existência de um mecanismo robusto de solução de controvérsias serve para auxiliar os Estados a dissuadirem violações, visto que os custos materiais e reputacionais impostos por esse sistema adjudicatório ao violador serão altos. Em relação aos problemas de cumprimento, desde que o acordo contenha cláusula instaurando um mecanismo formal de solução de controvérsias, haverá sempre a possibilidade de punição de um dos Estados infratores. Se a ameaça da futura punição for suficientemente elevada, a traição poderá ser reprimida.[438]

Em segundo lugar, a sua efetividade depende dos sistemas de solução de controvérsia e da influência tanto de um desenho racional

---

[437] KOREMENOS, Barbara. *The Continent of International Law Explaining Agreement Design.* Cambridge: Cambridge University Press, 2016, p. 220-221.
[438] KOREMENOS, Barbara. *The Continent of International Law Explaining Agreement Design.* Cambridge: Cambridge University Press, 2016, p. 221.

consciente quanto da sombra do direito[439] em promover uma solução informal à controvérsia. Tal efetividade dependerá de os mecanismos formais projetarem quais os resultados possíveis caso não haja uma solução negociada.[440] Trata-se da mesma premissa desenvolvida por Mnookin e Kornhauser,[441] em 1979, em que se assume que sempre será possível a negociação de um desfecho melhor do que as partes encontrariam caso aceitassem os resultados provenientes da adjudicação. Nesse sentido, as partes negociarão à luz do possível resultado caso se optasse por uma solução não negociada. Se a sombra do direito é bem-definida, as partes terão ciência de que haverá a possibilidade de resolução de conflitos pelo mecanismo delegado formal de solução de controvérsias instaurado, com a aplicação dos preceitos legais estabelecidos pelo acordo. Assim, as partes conseguirão calcular e avaliar a melhor alternativa para um acordo negociado e, então, aprimorá-lo.[442] Desse modo, o sistema formal de resolução de conflitos adotado influenciará diretamente um desfecho negociado e informal, o que denota sua importância.

Destarte, a área do Direito Internacional dos Investimentos é paradigmática para se contextualizar o uso e a efetividade dos mecanismos de solução de controvérsias. Os BITs preveem cláusulas de solução de controvérsias, em sua maioria, que direcionam a disputa à arbitragem investidor-Estado, em que serão proferidos laudos arbitrais finais e autoexecutórios.[443] De acordo com o artigo 54 (1) da Convenção

---

[439] A teoria da sombra do direito foi desenvolvida no final da década de 1970 por Robert H. Mnookin e Lewis Kornhauser no artigo *Bargaining in the Shadow of the Law: The Case of Divorce*. Neste, os autores examinam o impacto dos sistemas legais nas negociações e barganhas no âmbito do Direito de Família americano ocorridas preliminarmente ao julgamento das controvérsias pelas cortes estatais. Na negociação, as partes, racionalmente, farão um prognóstico do resultado caso não haja acordo e prossigam com uma solução jurisdicional para o caso. Segundo os autores, a incerteza sobre a preferência de cada um dos lados estimula as partes a firmarem um acordo antes que a disputa judicial ocorra. Nesse sentido, a expectativa de que a disputa tenha de ser resolvida futuramente pelos tribunais estatais e quais serão os possíveis resultados desse julgamento, havendo perdas e ganhos, maiores ou menores, para cada um dos lados, afetam a dinâmica de negociação (MNOOKIN, Robert H.; KORNHAUSER, Lewis. Bargaining in the Shadow of the Laws: The Case of Divorce. *Yale Law Journal*, New Haven, v. 88, nº 5, p. 950–997, 1979).

[440] KOREMENOS, Barbara. *The Continent of International Law Explaining Agreement Design*. Cambridge: Cambridge University Press, 2016, p. 204; 220.

[441] MNOOKIN, Robert H.; KORNHAUSER, Lewis. Bargaining in the Shadow of the Laws: The Case of Divorce. *Yale Law Journal*, New Haven, v. 88, nº 5, p. 950–997, 1979.

[442] GABRIEL, Vivian Daniele Rocha. *A proteção jurídica dos investimentos brasileiros no exterior*. São Paulo: Lex Editora: Aduaneiras, 2017, p. 235-242.

[443] BROCHES, Aron. Awards Rendered Pursuant to the ICSID Convention: Binding Force, Finality, Recognition, Enforcement, Execution. *ICSID Review-Foreign Investment Law Journal*, Washington, v. 2, nº 2, p. 287–334, 1987.

de Washington, de 1965, a sentença será final e vinculante, sem a possibilidade de recurso, pelo que as hipóteses de anulação somente se aplicam em casos envolvendo violações procedimentais específicas.[444] Além disso, o fato de a arbitragem de investimentos possibilitar que tanto o investidor quanto o Estado receptor de investimentos tenham um mínimo de previsibilidade sobre o resultado possível caso o conflito se estenda para um litígio formal faz com que se incentivem também os meios informais para solucionar a controvérsia e que esta seja resolvida antecipadamente, por meio da negociação, evitando custos de transação mais altos com uma disputa jurisdicional.

3.3.4.3 Âmbito material

No Continente do Direito Internacional, a variável dependente âmbito material ou escopo tem um papel importante na eliminação dos problemas quanto ao cumprimento e ao comprometimento doméstico. Uma das opções para impedir tais falhas de cooperação consiste na inserção de mecanismos de punição no acordo, para que o futuro Estado violador sofra as consequências de seus atos. Essas sanções poderão ser formais ou informais[445] e, ao fim, serão executáveis pelo mecanismo de solução de controvérsias. Assim, os problemas de cooperação a serem dirimidos por meio do âmbito material incluem: (i) problema quanto ao cumprimento; (ii) problema quanto ao comprometimento; e (iii) incerteza em relação ao comportamento.

---

[444] Ressalta-se que as situações que ensejam anulação da sentença arbitral envolverão: (i) excesso de competência do tribunal; (ii) desvio grave de uma regra procedimental; e (iii) falha da sentença em expor a motivação dos árbitros para a decisão final.

[445] As sanções informais são aquelas que são previstas por obrigações legais fracas, apresentam linguagem vaga e são realizadas por meio de uma delegação fraca ou ausente. Elas poderão ser aplicadas pelos próprios membros ou por um órgão centralizado criado pelo acordo ou, ainda, por instituições internacionais delegadas e induzirão ao cumprimento, uma vez que incluirão punições, como sanções econômicas, militares, limitadoras de certos direitos e privilégios ou que impliquem a saída forçada de parte do acordo (ABBOTT, Kenneth W.; SNIDAL, Duncan. Hard and Soft Law in International Governance. *International Organization*, Cambridge, v. 54, nº 3, p. 421–456, 2000; KOREMENOS, Barbara. *The Continent of International Law Explaining Agreement Design*. Cambridge: Cambridge University Press, 2016, p. 229; 236).

3.3.4.3.1 Problema quanto ao cumprimento

Quando incide um problema quanto ao cumprimento, uma das soluções naturais que se coloca é o aumento do escopo do acordo para a inclusão de cláusulas punitivas. Estas terão a função de inibir ou prevenir futuras traições em razão de seu teor, que, por sua severidade, acarretará um determinado ônus à parte violadora. Nesse contexto, serão necessárias hipóteses de incidência bem-definidas e punições rigorosas. Isso fará com que se diminuam os ganhos ou benefícios com as violações e, em uma análise custo-benefício prévia, o Estado ficará inibido quanto a abdicar dos compromissos pactuados.

3.3.4.3.2 Problema quanto ao comprometimento

Quando há probabilidade de incidência de um problema quanto ao comprometimento em determinada relação, uma opção plausível que se traz à baila é o alargamento do escopo do acordo, incluindo mais disposições punitivas. Como a situação engloba um período de tempo futuro e que inclui mudanças de governo, uma punição serviria para tentar coibir qualquer tentativa de retirada do acordo ou frustração de seu cumprimento por um novo governante, haja vista o ônus do descumprimento, seja no presente, seja no futuro, ser elevado para o Estado.

3.3.4.4 Controle

Quanto ao controle, apesar de essa variável ser menos explorada na teoria do Continente do Direito Internacional do que era na teoria do desenho institucional racional, sua incidência é mais provável quando da existência de graves problemas de assimetria de poder entre os Estados. A diferença nos níveis de poder entre os agentes é elemento inerente a várias relações cooperativas, aparecendo com mais frequência de maneira informal, apesar de também ser identificada por meio de instrumentos jurídicos formais. Porém, isso não quer dizer que os Estados mais poderosos têm controle completo sobre o compromisso pactuado e sua evolução, apesar da constante pressão para que essa assimetria seja planificada no texto do tratado.[446]

---

[446] KOREMENOS, Barbara. *The Continent of International Law Explaining Agreement Design*. Cambridge: Cambridge University Press, 2016, p. 254-295.

Para que haja cooperação, esses atores também impõem constrangimentos ou barreiras a seu próprio poder. No entanto, o custo-benefício dessa ação só é positivo para os Estados com mais poder e influência se houver algum resquício da relação de poder. Isso fará com que se sintam mais confortáveis em colaborar e, ao mesmo tempo, os outros Estados se sentirão mais aliviados pelo fato de a cooperação seguir adiante e o instrumento internacional não ser fadado à irrelevância. De acordo com o Continente do Direito Internacional, para resolver o problema quando há elevada assimetria de poder entre os participantes, o desenho do acordo poderá ser procedimentalmente assimétrico.

Dessa forma, essa distinção entre os níveis de poder será mais facilmente verificável pelo estabelecimento de procedimentos representativos, decisórios ou ambos. Esse poder é mais visível e refinado quando está em voga uma subárea específica e restrita, como é o caso dos acordos sobre *commodities*. Por exemplo, na Organização Internacional do Café (OIC), os votos se relacionam com o potencial produtivo e de consumo dos países, e Estados como Brasil ou EUA têm mais poder que outros em razão de o primeiro ser o maior produtor e o segundo, o maior consumidor do bem agrícola. Logo, sendo a distribuição de votos feita de acordo com o volume de importações e exportações, esses países possuem vantagens, apesar de alguns ajustes para evitar o poder excessivo de ambos na relação multilateral de cooperação.[447]

Nesse caso, a interação entre as variáveis dependentes e independentes deu lugar às seguintes hipóteses, as quais foram devidamente comprovadas: (i) quando a assimetria entre os Estados é alta, é mais provável que se incorpore assimetria procedimental entre os participantes; e (ii) nos acordos que criam um órgão centralizado, quanto maior a assimetria de poder, mais provável que se incorporem regras de tomada de decisão baseadas no poder dos atores.

Diante da grande incidência de participantes e da distinção de poder entre eles, a assimetria de controle formal é um mecanismo menos custoso, uma vez que, de certa forma, concentrará as decisões nas mãos dos agentes mais poderosos do acordo. Esse controle assimétrico será vislumbrado tanto nas votações em que os atores mais poderosos tenham vantagens – como certos Estados possuírem voto com peso maior que outros – quanto em situações em que é necessária

---

[447] KOREMENOS, Barbara. *The Continent of International Law Explaining Agreement Design*. Cambridge: Cambridge University Press, 2016, p. 313.

unanimidade de votos. A responsabilidade desses agentes, portanto, é alta para que se dê prosseguimento à cooperação.

Contudo, há acordos em que os organismos criados não refletem assimetria de poder, como no caso dos BITs e no estabelecimento do tribunal arbitral, pois como já exposto, este será composto por três árbitros, sendo dois deles indicados por ambas as partes, de igual maneira, e o terceiro indicado pelas partes conjuntamente ou, caso não haja entendimento, selecionado externamente por instituição designada no acordo.

3.3.4.5 A opção pelo Continente do Direito Internacional

Desse modo, conclui-se que a teoria do Continente do Direito Internacional é um desdobramento do desenho institucional racional. Ambas as teorias estão imbricadas, haja vista que têm bases comuns, como é o caso da premissa principal de que a variação no desenho dos acordos internacionais é fruto dos problemas de cooperação e que os Estados, por meio de sua racionalidade, buscam manipular os arranjos clausulares para superar tais entraves. Além disso, ambas trabalham com a interação de variáveis independentes – no caso, os problemas de cooperação e incertezas – e variáveis dependentes – quais sejam, as dimensões dos acordos que gerarão conjecturas factíveis e aplicáveis.

Embora sejam semelhantes em muitos pontos, a teoria do Continente avança no estudo da compreensão das molduras jurídicas internacionais e do fomento da disposição para cooperação. Ela adéqua certos elementos da teoria antiga, acrescentando novos problemas de cooperação e refinando as variáveis dependentes, ou dimensões, em subdimensões. Traz-se, assim, mais precisão para esse estudo, uma vez que o desenho institucional racional menciona, na maior parte das vezes, dimensões genéricas, como é o caso das flexibilidades, em que há uma miríade de subdivisões que poderão ser aplicadas a depender da situação-problema.

A partir disso, pôde-se compreender melhor os avanços da teoria do Continente, tais como a separação dos problemas de distribuição e de coordenação, que antes se confundiam, a individualização dos elementos "número de Estados" e "assimetria de poder" em dois institutos apartados e a inclusão desses dois elementos, com outros itens, nas características dos Estados – variável explicativa que também dá suporte à análise. Além disso, outras diferenças vislumbradas entre as duas teorias também merecem ser citadas. Por exemplo: o acréscimo do problema quanto ao comprometimento, que se torna relevante ao abordar situações recorrentes em que há mudanças de governos e, com isso, mudanças de posições também quanto aos compromissos firmados anteriormente, o que pode comprometer seriamente a cooperação. O maior detalhamento das subdimensões, como é o caso das flexibilidades, que vão desde uma maior precisão na linguagem até a inclusão de exceções gerais de interesse público e reservas, também é relevante, visto que as flexibilidades consistem em uma solução mais direcionada.

Em razão das alterações nas variáveis, as conjecturas, consequentemente, também tiveram adaptações de uma teoria para a outra, havendo a eliminação de algumas delas, tais como aquelas envolvendo a variável "associação" ou a restrição das flexibilidades para que possam dissuadir o problema de distribuição, as quais, ainda, afunilam-se em imprecisão e reservas. A centralização continua sendo uma resposta efetiva em ambas as teorias, servindo para a neutralização de vários problemas de cooperação, desde problemas quanto ao cumprimento até problemas quanto à incerteza em relação ao estado do mundo. O aumento do âmbito material também aparece em ambas as teorias como uma solução; contudo, o Continente especifica que a inclusão de punições nessas cláusulas materiais pode ser mais efetiva na inibição dos problemas quanto ao cumprimento e ao comprometimento.

Salienta-se, ainda, que, em sua explanação, bem como em sua aplicação, Koremenos utiliza vários exemplos envolvendo o Direito Internacional dos Investimentos, fazendo com que se reconheça que os APPRIs são ativos no "Continente" do Direito Internacional e estão em constante transformação. Essa modificação merece ser estudada, pois os desenhos observados nas primeiras ondas de proliferação dos BITs já não mais se assemelham em sua integralidade aos modernos acordos de investimento.

3.4 Considerações preliminares

Desse modo, conclui-se preliminarmente que a interação entre as áreas do Direito e das Relações Internacionais pode ser benéfica para um estudo mais analítico de determinados temas, como é o caso da variação institucional dos acordos internacionais. Ademais, apesar de a teoria do Continente ser um desdobramento do desenho institucional racional, ela se torna mais importante que seu antecedente para o presente estudo da expropriação indireta e sobre como esta é tratada nos modernos acordos de investimento, pois, mesmo que as bases anteriores sejam relevantes, é necessária uma teoria mais desenvolvida e com mais elementos para a análise das incertezas. Esse é o caso, por exemplo, da compreensão sobre o uso das exceções para dirimir incertezas, algo totalmente concatenado com a evolução contemporânea da expropriação indireta e que aparece nos acordos atuais.

Considerando que o propósito principal do presente capítulo foi apresentar, a partir da teoria do Continente do Direito Internacional, um marco teórico crível para que seja utilizado como suporte analítico do instituto da expropriação indireta nos mais recentes acordos de investimento, passa-se à aplicação dessa teoria a um conjunto de acordos selecionados. Essa análise é importante e ponto fundamental do presente estudo, visto que possibilitará um exame qualitativo e concreto do desenho de acordos de investimento a partir da leitura do Continente do Direito Internacional, para que se possa compreender se tais tratados têm utilizado molduras jurídicas cooperativas, de modo a trazer mais estabilidade a Estados e investidores.

CAPÍTULO 4

A INFLUÊNCIA DO DESENHO DO ACORDO NA QUESTÃO DA EXPROPRIAÇÃO INDIRETA

Ao aplicar a teoria do Continente à expropriação indireta é possível identificar quais cláusulas fazem mais sentido, dentre as várias presentes em um acordo de investimentos, para afastar entraves que ameacem o funcionamento do acordo e seu sucesso entre as partes. Por esse motivo, o presente capítulo aborda, preliminarmente, a justificativa para a referida explicação e, em seguida, inicia a sua aplicação ao objeto, identificando as variáveis independentes e dependentes, cruzando-as e, depois, encontrando um modelo próximo ao ideal de cooperação das partes na questão.

Esse arranjo idealizado serve de paradigma para a seleção das variáveis a serem consideradas na pesquisa empírica realizada, pois as dimensões selecionadas são as mesmas a serem observadas quando do exame da amostra de BITs, que envolve os modernos acordos de China, Canadá, EUA, Índia e Rússia e os Acordos de Cooperação e Facilitação de Investimentos (ACFIs) do Brasil, todos assinados desde o início do século XXI, além de dois dos principais acordos preferenciais de comércio vigentes, o CETA e o CPTPP. O empirismo, nesse caso, permite que se visualize, por meio da experiência prática dos acordos já negociados, se estes são cooperativos, ou seja, se são capazes de frear o ímpeto de traição das partes em relação aos compromissos pactuados. Se forem, isso impactará diretamente no problema atual vivenciado na área do Direito Internacional dos Investimentos, qual seja, o atual fenômeno de "adjudicação legislativa", como denominado por José E. Alvarez,[448] em que, após se ter chegado a determinado estágio evo-

---

[448] ALVAREZ, José E. *International Organizations as Law Makers*. New York: Oxford University Press, 2005, p. 531.

lutivo em que os acordos não mais respondem a todas as indagações ou inseguranças na condução desse instituto, a expropriação indireta passa a ser analisada intensamente pelos árbitros, que, no exercício de suas funções, têm gerado algumas preocupações tanto para Estados quanto para investidores.

4.1 Aplicação do Continente do Direito Internacional na expropriação indireta

Como evidenciado nos capítulos anteriores, o instituto da expropriação indireta percorreu um longo caminho até ganhar real destaque nos debates jurídicos internacionais. Essa proeminência somente veio a partir da proliferação dos BITs e, ainda mais, com a intensificação da adjudicação internacional e das inúmeras arbitragens de investimento que têm conduzido análise sobre o tema.

A partir dessa análise *ex post*, questões que antes não eram vislumbradas no texto dos primeiros acordos vieram à tona. A principal delas refere-se à diferenciação entre uma regulação estatal legítima e uma expropriação indireta e, sobretudo, à possibilidade ou não de todas as medidas regulatórias governamentais se constituírem como expropriação indireta, sem qualquer exceção, mesmo que envolvam interesses públicos caros à sociedade, como meio ambiente, segurança, saúde pública, questões trabalhistas e consumeristas, entre outras.

Nos anos iniciais, se pensava em expropriação como uma situação extrema, como foi o episódio da crise no Canal de Suez ou o caso da Companhia de Petróleo Anglo-Iraniana, ambos citados no início deste estudo. Isso chamava a atenção da comunidade internacional, porém parecia algo relativamente distante e de difícil ocorrência. No presente, a realidade é outra. As expropriações, agora, despontam com mais frequência, haja vista serem associadas às regulações intervenientes nos direitos dos investidores.

Nas análises dos casos levados à arbitragem de investimentos e durante o cotejo entre as proteções garantidas pelo Direito Internacional aos investidores e o resguardo propugnado pelas leis domésticas a outros interesses de cunho interno, os árbitros tiveram de lidar, muitas vezes, com a análise de política públicas estatais, inclusive em seu mérito, o que despertou apreensão dos Estados soberanos. Nesse sentido, à medida que as expropriações se tornavam cada vez mais pulverizadas, sem um entendimento unívoco ou vinculante e, principalmente, conforme ameaçavam a proteção ao investidor, houve o desencadeamento de preocupações também por parte dos investidores a respeito do modo como a expropriação indireta estava sendo conduzida no plano internacional.

A solução mais plausível para tentar acomodar interesses e fazer com que houvesse cooperação por parte dos interessados – primeiro, para afastar violações aos instrumentos internacionais pactuados e, segundo, para que não se ficasse à mercê inteiramente da atuação dos árbitros internacionais em relação à matéria – foi uma reforma *ex ante*. Esta, cujo desenvolvimento tem ocorrido de forma gradual, porém cada vez mais significativa, tem sido conduzida tanto por países desenvolvidos quanto por países em desenvolvimento, haja vista que, desde a década de 1980, com a transformação do Japão – antes uma economia devastada pela guerra e inteiramente dependente – em exportador de capital,[449] diversas nações que antes eram consideradas meras receptoras de investimento também se tornaram, em certa medida, investidoras, o que implicou a reestruturação de seus padrões internacionais de proteção de investimento.

No entanto, o foco da mudança se encontra mesmo na adaptação do arranjo de cláusulas dos tratados de investimento para que se delimitem as regulações aptas a serem contestadas como expropriatórias. Nesse particular, o principal instrumento utilizado pelo legislador internacional foi a reafirmação do direito do Estado de regular. Contudo, ao mesmo tempo que esse direito foi reafirmado, ele também foi limitado, visto que essa liberdade se concentra apenas em algumas áreas, de modo que o que não estiver no escopo da exceção poderá ser arguido no futuro e ser passível de adjudicação, normalmente, como já vinha ocorrendo.

Por detrás desse rearranjo na configuração dos acordos de investimento, o que se discute é a manutenção da disposição das partes em cooperarem com o instrumento jurídico internacional pactuado em torno de determinado tema. Esse propósito torna-se fundamental uma vez que, ao prescrever, proscrever e autorizar comportamentos, um tratado internacional deixará visível o padrão de conduta que deverá ser seguido e as consequências que serão geradas em caso de descumprimento do compromisso.

Nessa toada, como já mencionado anteriormente, a cooperação por meio dos tratados internacionais tem sido abordada no plano

---

[449] GILPIN, Robert. *A economia política das relações internacionais*. Brasília: UnB, 2002.

teórico de diversas maneiras, inclusive por autores provenientes do campo das Relações Internacionais. Por meio do institucionalismo racional, corrente teórica advinda dessa área de estudo, identifica-se que a racionalidade estatal presente na construção das instituições é premissa basilar para explicar diversos fenômenos que têm ocorrido no Direito Internacional nas últimas décadas, inclusive na seara da proteção internacional dos investimentos.

Salienta-se que o racionalismo na negociação dos acordos de investimento é frequentemente questionado na literatura;[450] no entanto, não se pode olvidar que a vinculação a um BIT tem como razão instrumental a busca pelos atores de seus próprios interesses. Essa foi a lógica notada na proliferação de BITs nos anos 1980 e 1990 em que, por um lado, havia a ânsia dos Estados desenvolvidos em exportarem capital e garantirem proteção aos seus investimentos e, por outro lado, a competição racional[451] dos países em desenvolvimento para atrair investimentos e, consequentemente, promover aumento do desenvolvimento econômico, o que justificava o interesse dos Estados importadores de capital.[452]

A principal crítica a essa dinâmica é que os países em desenvolvimento superestimaram os benefícios dos acordos de investimentos na atração de capital e subestimaram os custos nos estágios preliminares de sua difusão, o que acarretou severas condenações em arbitragens de investimento *a posteriori*. Apesar de algumas ações mais apressadas dos Estados em desenvolvimento em vincular-se a esses instrumentos à época, concorda-se com a análise de Lauge N. S. Poulsen[453] de que, normalmente, os interessados são mais cautelosos nas estratégias de negociação e vão em busca de informações sobre os custos desses acordos após terem sido demandados internacionalmente em arbitragens de investimento ou ao observarem Estados que o foram.

Essa *ratio* também é aplicada à positivação da expropriação indireta pelos Estados, o que envolve a forma como é estipulada, descrita e

---

[450] POULSEN, Lauge N. Skovgaard. Bounded Rationality and the Diffusion of Modern Investment Treaties. *International Studies Quarterly*, Oxford, v. 58, nº 1, p. 1–14, 2014.

[451] POULSEN, Lauge N. Skovgaard. Bounded Rationality and the Diffusion of Modern Investment Treaties. *International Studies Quarterly*, Oxford, v. 58, nº 1, p. 1–14, 2014, p. 4.

[452] ELKINS, Zachary; GUZMAN, Andrew T.; SIMMONS, Beth. Competing for Capital: The Diffusion of Bilateral Investment Treaties, 1960–2000. *University of Illinois Law Review*, Champaign, nº 1, p. 265–304, 2008. Disponível em: https://scholarship.law.upenn.edu/cgi/viewcontent.cgi?article=2676&context=faculty_scholarship. Acesso em: 13 ago. 2022.

[453] POULSEN, Lauge N. Skovgaard. Bounded Rationality and the Diffusion of Modern Investment Treaties. *International Studies Quarterly*, Oxford, v. 58, nº 1, p. 1–14, 2014, p. 5.

excetuada, assim como a constituição da moldura de outras cláusulas que, de certa forma, relacionam-se à questão. No entanto, em busca de uma vertente que pudesse explicar a sua variação, foi-se mais a fundo na corrente teórica do institucionalismo racional até que se encontrasse a teoria do Continente do Direito Internacional. Esta tenta explicar, de modo sistemático, que a escolha consciente dos Estados, que resulta na alteração de cláusulas – ora mais flexíveis, ora mais rígidas, ou, simplesmente, mantidas ou retiradas do texto dos acordos –, se dá em razão dos problemas de cooperação que se pretende eliminar. A relação de causa e efeito criada por meio desse suporte teórico favorece a análise, pois, ao se identificar os problemas de cooperação, é possível ter uma ideia do que esperar do respectivo desenho institucional e, a partir daí, avaliar se a moldura analisada seria propensa a ser mais ou menos cooperativa.

Considerando que as incertezas e as instabilidades que incidem na temática da expropriação indireta, tanto para os investidores quanto para os Estados, fazem com que a efetividade dos acordos seja comprometida; que a teoria do Continente foi desenvolvida com base em elementos de destaque, que também são identificáveis nos acordos de investimento mais modernos; e que a teoria estuda justamente a variação nos acordos, de forma geral – o que também está sendo analisado neste trabalho, porém por um recorte mais focado, quando da avaliação da transformação do instituto da expropriação e das cláusulas correlatas a ele –, faz sentido que o objeto deste estudo seja analisado de forma alinhada a esse referencial teórico.

É importante frisar que a aplicação da teoria do Continente não é estranha à seara do Direito Internacional dos Investimentos, uma vez que sua idealizadora já iniciou essa aplicação, mesmo que de forma mais genérica. Porém, Koremenos faz uma análise pouco aprofundada da questão da expropriação indireta em sua narrativa, o que torna o presente trabalho importante diante da atual fase de reforço da cooperação com novos acordos bilaterais e regionais.

A conjuntura da expropriação indireta no plano internacional sempre foi marcada por dificuldades de definir em que ela consistia e de entender como ela incidia e como se diferenciava das regulações legítimas que não implicam compensação. No atual momento, a partir de mudanças lentas, porém significativas, os desenhos dos acordos têm sido alterados, e a problemática que se instala é saber se essas mudanças ou adaptações tornam os novos acordos mais cooperativos. O objetivo subsequente da presente obra será examinar, de modo mais sofisticado e com o suporte da teoria do Continente do Direito Internacional, como as molduras jurídicas de acordos de investimento estão sendo delineadas na atual fase do Direito Internacional dos Investimentos. Analisar-se-á se são cooperativas na questão da expropriação indireta e menos suscetíveis a impulsos que levariam à renúncia dos compromissos pelas partes,[454] a partir da inclusão de novos elementos vislumbrados, como as exceções.

No entanto, primeiro se faz necessário conhecer os problemas de cooperação que se pretende afastar para, então, escolher as medidas mais apropriadas com o intuito de que o acordo seja satisfatoriamente cumprido e gere a segurança jurídica originalmente idealizada. Como um passo seguinte da análise, identificam-se os problemas de cooperação que incidem na questão da expropriação indireta, de acordo com o padrão genérico de entraves selecionados pela teoria do Continente, sem que haja nenhuma inovação nesse sentido. Depois, avalia-se quais subdimensões referentes à configuração das respectivas cláusulas dos acordos, dentre as também elencadas na teoria, são mais apropriadas como variáveis dependentes. Por fim, relacionam-se os problemas de cooperação e as incertezas com as subdimensões escolhidas. O resultado dessa interação é um modelo clausular o mais próximo do ideal para se lidar da forma mais cooperativa possível com a temática da expropriação indireta no Direito Internacional.

4.2 Expropriação indireta e problemas de cooperação

Se antes os problemas que circundavam a expropriação indireta voltavam-se para a sua inclusão no texto dos acordos de investimento, atualmente os principais desafios relacionam-se com o aperfeiçoamento e a harmonização dessas disposições para se atingir uma maior cooperação e o alcance do equilíbrio entre garantir a máxima proteção aos investidores e, ao mesmo tempo, resguardar o direito dos Estados receptores de regular em prol do interesse público.[455] Ambos os desafios

---

[454] KOREMENOS, Barbara. *The Continent of International Law Explaining Agreement Design*. Cambridge: Cambridge University Press, 2016, p. 2.

[455] Segundo Federico Ortino, esse desafio foi abordado, em 2012, na declaração conjunta sobre princípios compartilhados sobre investimentos internacionais entre Estados Unidos e União Europeia. As partes ressaltaram que os governos devem dispor o maior nível possível de certeza e proteção contra tratamentos discriminatórios, arbitrários, injustos ou danosos a todos os investidores e investimentos em seus territórios e que os governos podem implementar integralmente esses princípios enquanto ainda preservam

podem ser trabalhados no momento em que os Estados elaborarem seu desenho de tratado e, dependendo da moldura acertada, poderão ser superados, atenuados ou permanecer vigentes.

De acordo com o Continente do Direito Internacional, a identificação dos problemas de cooperação é essencial, em uma primeira fase, para a inclusão, a adaptação ou a modificação dos dispositivos. Ao se empreender análise sobre o instituto da expropriação indireta e os possíveis entraves cooperativos, de acordo com as variáveis independentes selecionadas pela respectiva teoria, conjecturou-se as dificuldades que as partes poderiam enfrentar levando em conta as características envoltas em um BIT que aborde a temática da expropriação indireta. Os elementos utilizados na identificação dos problemas de cooperação abarcam o número de partes envolvidas, o grau de divergência possível na questão da expropriação indireta, a existência ou não de incentivos para as partes abdicarem de seus compromissos, a necessidade ou não de as partes se coordenarem para a cooperação (e em que medida), a existência ou não de riscos de uma parte deixar de se comprometer com o pactuado no curso do acordo em razão de mudanças políticas domésticas e o grau de certeza em relação ao comportamento e às preferências da outra parte, às obrigações assumidas e ao papel que o Estado deve exercer para a persecução dos objetivos do tratado.

Como o propósito do presente trabalho é analisar qualitativamente *a posteriori* apenas os BITs, acordos envolvendo apenas duas partes, excluem-se de antemão problemas relacionados ao número de atores. Além disso, afastam-se também os problemas relacionados à coordenação, em razão da dificuldade de se vislumbrar uma situação em que ambos os Estados devem se coordenar exatamente para o alcance de um resultado cooperativo na expropriação indireta, a exemplo do que ocorre na área dos Direitos Humanos. Como na expropriação indireta as preferências envolvem a proteção dos investidores, a atração de investimentos para o Estado receptor e a preservação do direito de regular do Estado receptor, é difícil visualizar qualquer outro tipo de prioridade escusa ou obscura na relação entre as partes quando firmam um acordo de investimentos.

---

a autoridade de adotar e manter medidas necessárias para regular, com fundamento no interesse público, para perseguir certas políticas públicas (ORTINO, Federico. Refining the Content and Role of Investment 'Rules' and 'Standards': A New Approach to International Investment Treaty Making. *ICSID Review*, Washington, v. 28, nº 1, p. 152–168, 2013, p. 157).

Ressalta-se que, apesar de a expropriação indireta ter origens no Direito americano, tendo sido transposta para o plano internacional, o problema da exportação da norma é uma questão de Direito Comparado. Esta envolve o estudo dos impactos desse transplante em cada sistema jurídico que adotou BITs com cláusulas de expropriação indireta, para se identificar se existe mesmo o problema em decorrência do deslocamento da norma doméstica para o plano internacional. Por esse motivo, a exportação da norma não é discutida ao serem abordados os problemas de cooperação presentes nos acordos de investimento mais modernos.

Além disso, quando o instituto foi exportado para o Direito Internacional, sofreu adaptações, tornando-se, inclusive, mais desenvolvido que o conceito original. Não se trata de uma réplica estrita da norma interna para a seara internacional, mas sim de uma base ou suporte conceitual para o desenvolvimento de um instituto ainda mais aprofundado. Conforme evidenciado anteriormente, por exemplo, o conceito teve seu escopo alargado, englobando tanto direitos reais tangíveis quanto direitos intangíveis; todas as ações estatais que de alguma forma interferem nos direitos de propriedade, inclusive no âmbito judicial, passaram a ser consideradas como expropriação indireta; o grau de interferência na propriedade admite interferências parciais, desde que significativas, não sendo obrigatoriamente necessário que seja uma interferência total; e, por fim, os atores interessados passaram a valer-se da arbitragem investidor-Estado, havendo o acesso direto, sem depender do esgotamento dos recursos internos. Logo, uma vez que a expropriação indireta é um instituto adaptado à esfera internacional, mesmo ao preservar essência semelhante à da *regulatory taking* americana, passou a enfrentar cada vez mais desafios já atinentes à sua configuração internacional, como a incompletude de sua redação, a diferenciação dela de uma regulação legítima e não compensável e a preservação do direito soberano do Estado de regular consoante às suas políticas públicas ou agendas legítimas de desenvolvimento. Considerando que todas essas instabilidades são mais relacionadas a outros problemas de cooperação, isso também faz com que não seja dada preferência ao estudo da exportação da norma.

Ademais, os BITs são fortemente marcados, em sua maioria, por assimetrias de poder, uma vez que envolvem de um lado um Estado desenvolvido, normalmente o exportador de investimentos, e de outro um Estado em desenvolvimento, receptor de investimentos.

Apesar da proliferação de acordos Sul-Sul,[456] ou seja, entre países em desenvolvimento, os BITs continuam envolvendo um Estado com considerável aporte de capital, que provavelmente o transferirá para o território do outro país e, por isso, busca proteção por meio de um acordo de investimentos. Em razão de a assimetria de poder, principalmente econômico, ser predominante em quase todos os BITs, ela não será incluída como variável independente a ser conjecturada.

Dessa avaliação, extraiu-se que, no âmbito da expropriação indireta, os principais problemas de cooperação identificados relacionam-se, principalmente, *às incertezas em relação ao estado do mundo e ao comportamento e aos problemas de cooperação quanto ao cumprimento, ao comprometimento e à distribuição*. A etapa seguinte seria promover a interação entre as variáveis independentes e dependentes, expostas na teoria do Continente, para que dessa combinação fosse possível alcançar um padrão desejável de cooperação.

Dessa relação resulta um desenho hipoteticamente extraído, que serve como paradigma na dissuasão dos entraves apontados à cooperação quanto à expropriação indireta. Ele é útil também como indicativo para a análise qualitativa de acordos de investimento a ser realizada, para que se possa examinar se a moldura jurídica desses determinados tratados, celebrados no século XXI, tem se mostrado cooperativa e em que medida há uma estabilidade razoável entre os interesses dos investidores e os dos Estados.

Assim sendo, a partir da interação das variáveis, foram encontradas as principais hipóteses ou situações-problema envolvendo a expropriação indireta.

Situação-problema 1: Quando a incerteza em relação ao estado do mundo é alta, é mais provável a inclusão de exceções de interesse público no desenho do acordo.

---

[456] Ao pesquisar os BITs firmados por alguns países desenvolvidos líderes na emissão de capital, como Alemanha, Estados Unidos e França, percebe-se que quase a totalidade de seus acordos é firmada com países em desenvolvimento ou emergentes de América Central, América do Sul, África, Europa oriental, Ásia e Oceania. Para uma pesquisa mais detalhada, ver: UNITED NATIONS (UN). United Nations Conference on Trade and Development (UNCTAD). Investment Policy Hub. *International Investment Agreements Navigator*. [2022]. Disponível em: https://investmentpolicy.unctad.org/international-investment-agreements. Acesso em: 4 jul. 2022.

No caso em tela, a incerteza em relação ao estado do mundo se torna visível quando, em determinado acordo, não há certeza ou conhecimento sobre a consequência das ações estatais, não se sabe ao certo se estas configuram expropriação indireta ou se são regulações legítimas que não implicam compensação. Em suma, ela ocorre quando não se sabe se o comportamento do Estado é condizente com o seu papel no tratado a que está vinculado.

Essa conjuntura ocorre mesmo quando é insculpida a regra que prevê que as regulações estatais que interfiram no uso ou no gozo dos direitos de propriedade dos investidores serão consideradas expropriação indireta. Isso faz com que ainda reste dúvida se absolutamente todas as regulações estatais podem ser alvo de análise, mesmo se versarem sobre políticas públicas importantes ao interesse coletivo.

Essa situação gera um estado de incerteza não só para o investidor – que em uma disputa poderá, por um lado, arguir regulações de qualquer natureza, mas cuja demanda, por outro lado, poderá ser denegada por não configurar expropriação indireta –, mas, sobretudo, para os Estados partes do acordo. Isso, pois, esse quadro faz com que os Estados permaneçam inseguros e não sejam capazes de avaliar se, ao agirem no seu exercício normativo, ofenderão os compromissos internacionais pactuados na seara do Direito Internacional dos Investimentos. As flexibilidades vêm, portanto, para excluir os casos de regulações relacionadas a certas áreas, subáreas, setores ou quaisquer especificidades de outra natureza que não estejam inclusas na regra geral da expropriação indireta. Com isso, ao adotarem certas medidas regulatórias, os Estados saberão com mais segurança se estarão violando as cláusulas de expropriação indireta ou não. Logo, as flexibilidades contribuem para a sobrevivência e o cumprimento do acordo, visto que permitem que os Estados lidem com a incerteza,[457] tornando a relação mais cooperativa.

Situação-problema 2: Quando a incerteza em relação ao estado do mundo é alta, é mais provável a centralização para a inclusão de mecanismo de monitoramento formal delegado para disseminação de informações e para solução de controvérsias.

---

[457] LUTMAR, Carmela; CARNEIRO, Cristiane L. Compliance in International Relations. World Politics. *In*: OXFORD Research Encyclopedia of Politics [*online*]. Oxford: Oxford University Press, 2018. Disponível em: https://edisciplinas.usp.br/pluginfile.php/4424948/mod_resource/content/1/Lutmar%20and%20Carneiro%202018.pdf. Acesso em: 3 mar. 2019.

Nessa situação, as regulações estatais de uma ou de ambas as partes estão em consonância com o acordo, havendo dúvidas quanto ao devido andamento da cooperação ou à incidência de expropriação indireta. Como não há previsibilidade do custo-benefício da cooperação, a chance de abdicação de compromissos pode ser alta. Um elemento que auxiliará nesse exame é a centralização, por meio do monitoramento delegado, que terá a função de reunir informações acerca das regulações das partes e torná-las públicas. Essa delegação é preferível ao modo de monitoramento descentralizado, visto que reforça o compromisso dos Estados em reportar suas ações, sem que haja espaços para descumprimento da troca de informações entre si ou traições. Esse órgão centralizado também será responsável por analisar e esclarecer *ex post* se a medida estatal é lícita e não compensável ou se constitui expropriação indireta, de forma a tentar dirimir a incerteza instaurada e, também, intimidar comportamentos desviantes.

Situação-problema 3: Quando a incerteza em relação ao comportamento é alta, é provável a centralização para a inclusão de mecanismo de monitoramento formal delegado para disseminação de informações e para solução de controvérsias.

Nessa situação-problema, conjectura-se ser quase impossível saber se todas as regulações e medidas estatais, seja em nível federal, seja nos âmbitos estadual e municipal, atentam-se aos compromissos assumidos nos BITs de não interferirem nos direitos de propriedade dos investidores estrangeiros e de, se o fizerem, promoverem o pagamento de compensação. Como esse tipo de incerteza assenta-se na assimetria de informação entre as partes, se uma delas ou ambas estão empreendendo esforços, como esperado, para que não se afetem negativamente os direitos de propriedade dos investidores estrangeiros originários de qualquer das partes, a solução mais apropriada para que a cooperação não cesse ou não se abale é a criação de um órgão centralizado. Este promoverá o monitoramento delegado ao centralizar as informações regulatórias, efetuar a comunicação com as partes do acordo e entre elas, para que notifiquem, o tanto quanto possível, medidas que são de interesse dos investidores em seu território ou que possam afetá-los e intermediar questionamentos que surgirem acerca de determinada regulação. Outrossim, a delegação será preferível nessa situação em comparação com o monitoramento descentralizado devido ao temor de descumprimento, por uma das partes ou por ambas, da tarefa de repassar as informações relativas às regulações.

O mecanismo centralizado também terá papel importante em função do sistema de solução de controvérsias instalado. Primeiro porque a simples existência de um sistema de solução de disputas centralizado tem o objetivo de inibir demandas frívolas e, também, em razão do papel desse órgão, que avaliará se o comportamento das partes está em consonância com os compromissos assumidos ou se viola os compromissos entre elas.

Situação-problema 4: Quando o problema em relação ao cumprimento é alto, é mais provável que punições sejam incorporadas ao acordo.

Na expropriação indireta também é evidente o problema quanto ao cumprimento, haja vista a possibilidade de um dos Estados adotar certas políticas públicas ou medidas regulatórias, mesmo sabendo que elas violariam os direitos dos investidores estrangeiros. Isso pode ocorrer não somente em razão da continuação da persecução dos objetivos de políticas públicas e de desenvolvimento, mas também por o Estado não vislumbrar mais benefícios em manter a cooperação. Isso acarretaria o abandono do compromisso assumido no BIT, enquanto a outra parte seguiria cooperando. Por isso, a inclusão de punições no bojo do acordo, por meio de regras de *hard law*,[458] auxiliará no cumprimento deste. Apresentar os custos do abandono da cooperação fará com que as partes promovam, antes da abdicação dos compromissos, uma análise mais apurada do custo-benefício da traição presente ou futura. Se os custos com as violações forem altos, isso inibirá a abdicação do compromisso pactuado no acordo.

Situação-problema 5: Quando o problema em relação ao cumprimento é alto, é mais provável a centralização para a inclusão de mecanismo de monitoramento formal delegado para disseminação de informações e para solução de controvérsias.

---

[458] No sentido de obrigações legalmente vinculantes, precisas e que serão interpretadas e implementadas por autoridade delegada (ABBOTT, Kenneth W.; SNIDAL, Duncan. Hard and Soft Law in International Governance. *International Organization*, Cambridge, v. 54, nº 3, p. 421–456, 2000).

O problema quanto ao cumprimento dos compromissos relativos à expropriação indireta pode ser afastado, sobretudo, quando da existência de um órgão formal delegado de monitoramento e de solução de controvérsias. Esse mecanismo será preferível ao monitoramento descentralizado em razão do temor de descumprimento (por uma das partes ou ambas), e da centralização da análise e repasse de informações sobre as regulações. Quanto à adjudicação por uma terceira parte, esta possibilitará a execução do acordo e a imposição das punições previstas se comprovada a violação, além de dar mais publicidade ao comportamento dos Estados quanto à questão, criando, assim, sanções reputacionais à parte violadora.

Desse modo, considerando os resultados de uma possível adjudicação perante o órgão centralizado, a parte refletirá sobre seguir adiante com a traição ou não, tendo esse organismo também um papel inibitório. Por outro lado, uma vez violado o compromisso, o órgão centralizado possibilitará que a parte projete uma conjectura com base na sombra do direito, avaliando como se daria a negociação da questão antes que a questão escale para a fase jurisdicional e ponderando se o restabelecimento da cooperação, por meio de acordo, seria ou não a melhor opção, antes que a cooperação seja ainda mais deteriorada.

Situação-problema 6: Quando o problema quanto ao comprometimento é alto, é mais provável a inclusão de punições no acordo.

O problema quanto ao comprometimento ou à inconsistência temporal pode incidir tanto nos casos de expropriação direta quanto nos de indireta. Tal problema é potencializado por mudanças políticas domésticas em um dos Estados no curso do cumprimento do BIT; o novo governo poderá adotar políticas públicas que entrem em choque com a proteção internacional dos investidores – dentre elas, transferir a propriedade do investidor para si ou interferir no uso ou no gozo dos direitos de propriedade dos investidores por meio de regulações estatais, tornando inconsistente a manutenção ou o desenvolvimento do investimento. A solução para tanto seria a inclusão de regras de *hard law* estabelecendo punições e coibindo o máximo possível o abandono do comprometimento com o acordo.

No Direito Internacional dos Investimentos, esse problema de cooperação é mais frequente, mas não exclusivo, quando os acordos envolvem, de um lado, um país desenvolvido e, de outro, um em desenvolvimento, em razão das instabilidades políticas que podem surgir em países com sistemas políticos mais tênues ou marcados por frequentes transições democráticas. Frisa-se que essas cláusulas seriam adequadas para prover maior segurança aos investidores dos Estados envolvidos, pois implicariam maior comprometimento do Estado, frente a um histórico ou um cenário de instabilidades políticas.

Situação-problema 7: Quando o problema quanto ao comprometimento é alto, é mais provável a centralização para a inclusão de mecanismo de monitoramento formal delegado para disseminação de informações e para solução de controvérsias.

De acordo com essa conjectura, o problema quanto ao comprometimento ou à inconsistência temporal, quando incidente sobre as disposições acerca da expropriação indireta, corresponde à possibilidade de governos futuros ameaçarem as proteções aos direitos de propriedade dos investidores estrangeiros firmadas em âmbito internacional. Pode ser dirimido por meio da vinculação das partes a um sistema centralizado de monitoramento e solução de controvérsias, por dois motivos.

Primeiro, para que o órgão delegado e a outra parte acompanhem as atividades do Estado, uma vez que houve mudanças políticas domésticas no curso do cumprimento do acordo. Por esse motivo, não seria aconselhável, nessa situação, o monitoramento descentralizado, em razão do temor de descumprimento ou manipulações no repasse de informações. Segundo, para que se evite que o Estado tome medidas que expropriem indiretamente os investidores sem que seja responsabilizado posteriormente na esfera internacional pela violação do acordo, o que poderia alterar os incentivos para traição.

Situação-problema 8: Quando o problema de distribuição é elevado, é mais provável a incorporação de imprecisões na linguagem e reservas nos acordos.

O problema quanto à distribuição de ganhos pode surgir na questão da expropriação indireta quando da divergência de interesses das partes sobre o cálculo da compensação, uma vez que cada parte pode apresentar uma proposta que a favoreça mais em relação a esse cálculo. Para dissuadir o problema de cooperação, de acordo com a teoria do Continente, a solução é uma estrutura de acordo mais flexível.

Para tanto, contarão com uma linguagem mais vaga, para tentar acomodar diferenças sem abandonar a cooperação, e com reservas, para que os Estados possam, se for o caso, escolher não se vincular a algum dos compromissos ligados à questão, enquanto permanecem vinculados ao resto do tratado.

Dessa forma, apresentadas as situações-problema que representam a interação entre as variáveis independente e dependente, o Quadro 3, a seguir, representa visualmente o desenho clausular que implica mais cooperação na expropriação indireta.

Quadro 3 - Desenho cooperativo quanto à expropriação indireta

Problemas de cooperação ou incerteza	Desenho da cláusula
Incerteza quanto ao estado do mundo	Exceções de interesse público
	Mecanismo centralizado de monitoramento formal delegado e solução de controvérsias
Incerteza quanto ao comportamento	Mecanismo centralizado de monitoramento formal delegado e solução de controvérsias
Problema quanto ao cumprimento	Regras de punição
	Mecanismo centralizado de monitoramento formal delegado e solução de controvérsias
Problema quanto ao comprometimento	Regras de punição
	Mecanismo centralizado de monitoramento formal delegado e solução de controvérsias
Problema quanto à distribuição	Imprecisão e reservas

Fonte: Elaborado pela autora.

Ao se observar a moldura jurídica extraída, fruto dos problemas de cooperação e incertezas que hipoteticamente podem incidir no âmbito da expropriação indireta, e cruzá-los com as características mais adequadas, de acordo com a teoria do Continente, visualiza-se que, para dirimi-los, a principal característica de um modelo mais cooperativo nessa temática é a centralização formal delegada. Dos cinco problemas de cooperação selecionados, a criação de um mecanismo centralizado de monitoramento e de solução de controvérsias formalmente delegado pode ser utilizada para eliminar instabilidades em quatro deles. Desse modo, idealmente, seria mais apropriado para um acordo um monitoramento por meio de um órgão formal, em vez de um monitoramento informal realizado por atores não estatais. Além disso, para a mesma função seria preferível um órgão que fosse conduzido por autoridade central delegada e apresentasse procedimentos formais bem-definidos, em vez de uma sistemática descentralizada a cargo da troca de informações entre as próprias partes.

A próxima característica que se mostra essencial para afastar o abandono dos compromissos quanto à expropriação indireta é a inclusão de punições. Essa inclusão será realizada por intermédio do alargamento do escopo do tratado para que se incluam regras fortes, e não meros padrões de comportamento, que disponham sobre sanções a serem aplicadas pelo mecanismo de solução de controvérsias à parte violadora. Essa aplicação, além de ter efeitos para o Estado que infringiu a norma, também terá um efeito inibidor e servirá de exemplo para terceiros, além dos custos reputacionais intrínsecos à sanção.

Quanto às flexibilidades, estas incidem de forma pontual e em situações específicas. A primeira delas refere-se às exceções de interesse público, que incidem apenas para afastar a incerteza em relação ao estado do mundo. Sua incidência traz mais segurança sobre situações que não se encaixam na regra, além de reafirmar que a proteção aos investidores não é absoluta, sendo relativizada quando se trata de medidas referentes a áreas específicas. Essa variável é um dos pontos centrais na análise qualitativa, visto que está em consonância com uma das principais inclusões vislumbradas nos acordos de investimento mais recentes. Além disso, a partir dela é possível apreciar qual o limite das situações excepcionais nos acordos analisados.

A segunda corresponde à imprecisão da linguagem e às reservas, que incidirão no afastamento dos problemas quanto à distribuição. Ressalta-se que a vagueza na redação pode ocorrer de forma específica no texto, atingindo apenas na matéria em que recai a divergência na distribuição de ganhos, não sendo necessária no acordo todo ou na cláusula sobre expropriação indireta em geral. Isso faria com que não se comprometesse a precisão em outros itens, como na definição do instituto e nas hipóteses de exceção, e se tentasse acomodar a cooperação. Ademais, ressalta-se que a interposição de reservas é o único ponto de discordância com a aplicação das variáveis dependentes extraídas da teoria do Continente para a presente análise. Isso, pois, as reservas são flexibilidades características de acordos multilaterais, visto que são úteis quando há dificuldade de se alcançar consenso integral na redação de um acordo multipartes. Sua incidência faz com que a parte que as interpõe continue cooperando com o restante do tratado, exceto naquela matéria específica. Contudo, como os BITs são acordos de caráter bilateral, caso uma das partes não concorde em se comprometer com determinado tema, parece mais fácil excluí-lo do acordo em vez de acrescentar uma cláusula de reserva.

Adicionalmente, ressalta-se também que, embora os problemas de cooperação estejam elencados separadamente no Quadro 3, eles também podem incidir de forma combinada, o que geraria desenhos de acordos de diferentes tonalidades. Em todas as combinações envolvendo incerteza quanto ao estado do mundo, incerteza quanto ao comportamento, problema quanto ao cumprimento, problema quanto ao comprometimento e problema quanto à distribuição, o mecanismo centralizado de monitoramento formal delegado e de solução de controvérsias torna-se uma solução ou uma característica comum e inevitável. O que varia nesses cenários é (i) a intensidade de sanções, conforme incidam em alguma combinação o problema quanto ao comprometimento e o problema quanto ao cumprimento, fazendo com que o acordo seja bem rígido, e, em menor medida, (ii) a possibilidade de acordos flexíveis ou vagos.

Dessa forma, após a aplicação dos pressupostos teóricos da teoria do Continente ao objeto, extraindo-se um modelo clausular que, abstratamente, poderá dissuadir problemas de cooperação e incerteza ao se trabalhar com a temática da expropriação indireta, faz-se necessário analisar se os acordos mais atuais envolvendo o tema conferem, no teor de suas cláusulas, com o padrão desenvolvido.

4.3 Aplicação do desenho extraído aos BITs

Uma vez aplicado o suporte teórico à questão da expropriação indireta e seus possíveis problemas de cooperação e incertezas e concebido um desenho ideal racional, este serve de paradigma para a análise de casos concretos, para que depois se possa realizar inferências sobre a prática legislativa internacional. A importância desse desenho, que conduz a escolha das variáveis dependentes para o posterior exame dos arranjos de determinados acordos internacionais de investimento, está em fornecer parâmetros para se compreender quão cooperativos são esses acordos e no que isso influencia a problemática da delegação de poderes quase legislativos aos árbitros na questão da expropriação indireta, a qual, defende-se, pode ser evitada por meio de reformas *ex ante*.

4.3.1 Justificativa para a escolha dos acordos a serem analisados

Atualmente, o universo dos BITs conta com mais de três mil acordos. Eles possuem cláusulas e extensões variadas a depender das partes, dos direitos que se pretende resguardar, das obrigações endereçadas aos interessados e, também, do período em que foram assinados, visto que os primeiros acordos ainda eram muito incipientes em termos materiais e processuais. Em razão do elevado montante de acordos e de a pesquisa qualitativa ser realizada individualmente, ou seja, sem mais recursos humanos para análise, seria inviável cobrir todos os BITs, considerando o tempo dispendido, além da alta carga de subjetividade que seria trazida à pesquisa.

Apesar de não examinar todos os acordos, o presente estudo possibilita uma apreciação mais aprofundada dos tratados analisados, para que se encontrem nuances, distinções e conclusões sobre o comportamento dos Estados ao incluírem, adaptarem ou retirarem certas disposições que influenciam na questão da expropriação indireta. Nesse sentido, optou-se, primeiro, pela tipologia bilateral, em razão de os BITs representarem a força motora do Direito Internacional dos Investimentos na atualidade, muito mais do que os acordos preferenciais de comércio com capítulos sobre investimento ou os TIPs. Escolheu-se a análise dos BITs de China, Canadá, EUA, Índia e Rússia e dos ACFIs do Brasil.

De forma ordenada, primeiramente, justifica-se a escolha dos EUA por ser o país responsável por exportar a expropriação indireta ao plano internacional, por meio de seus BITs e acordos de livre comércio, e por continuar a fazê-lo hoje em dia. Percebeu-se, em uma leitura inicial, que o país sempre está na dianteira das mudanças quanto a esse instituto, por isso a necessidade de incluí-lo na análise. O Canadá, por sua vez, tem um triplo motivo para ser examinado. Primeiro, por ser o parceiro mais próximo dos EUA e o agente receptor direto das mudanças efetuadas por seu vizinho, absorvendo-as primeiro, sejam positivas, sejam negativas. Segundo, pois o país estabeleceu como meta, em 2009, dobrar o número de BITs assinados em cinco anos. Isso lhe rendeu um aumento considerável no número de acordos firmados, o que fez com que seu novo modelo de acordo se espalhasse. Terceiro, pois o modelo de acordo canadense de 2004, responsável pela terceira geração dos BITs do país, é reflexo das "lições aprendidas com o NAFTA",[459] assim como da influência do modelo de BIT americano de 2004.

A China foi escolhida por ser, hodiernamente, tanto uma grande exportadora quanto uma grande importadora de capital, focando em uma política forte de liberalização de investimentos. Em razão disso, passou por modificações em seu modelo de acordo, na tentativa de ajustar seus instrumentos jurídicos internacionais ao seu objetivo de negociar um padrão elevado de tratado com países desenvolvidos ao mesmo tempo em que negociaria também com países em desenvolvimento. Por fim, a China também merece ser examinada por apresentar um desenho de acordo baseado em padrões tradicionais de proteção bilateral de investimentos, embora isso seja acompanhado de uma abordagem voltada aos padrões de proteção e preservação do poder regulatório dos Estados.[460]

A preferência pela Índia se deu em razão de se tratar de um país emergente, que tem sido bastante ativo no cenário econômico internacional, assim como nas negociações de BITs. Além disso, o Estado passou, em 2015, por uma mudança em seu modelo de acordo de investimentos, apesar de essa não ter sido a primeira alteração vislumbrada nos BITs indianos. O modelo de acordo indiano de 1993 já havia sido substituído pelo de 2003, sendo que uma das maiores distinções entre os dois foi, justamente, a incorporação de um capítulo sobre expropriação, o que revela a importância do tema para o país. Isso também pode ser reforçado pelo fato de a discussão sobre a expropriação ter um significado especial para a Índia, especialmente em relação à concessão de licenças compulsórias sobre patentes de produtos farmacêuticos e à aplicação de impostos retroativos de renda a certas entidades na Índia.[461]

---

[459] LEVESQUE, Celine; NEWCOMBE, Andrew. Canada. *In*: BROWN, Chester (ed.). *Commentaries on Selected Model Investment Treaties*. Oxford: Oxford University Press, 2013, p. 53–130, p. 58.

[460] BATH, Vivienne. The South and Alternative Models of Trade and Investment Regulation Chinese Investment and Approaches to International Investment Agreements. *In*: MOROSINI, Fábio; BADIN, Michelle Ratton Sanchez. *Reconceptualizing International Investment Law from the Global South*. Cambridge: Cambridge University Press, 2018, p. 47–94, p. 48.

[461] NEDUMPARA, James J. India's Trade and Investment Agreements Striking a Balance between Investor Protection Rights and Development Concerns. *In*: MOROSINI, Fábio;

A escolha da Rússia ocorreu em razão de o país ser reconhecido como um contraponto às mudanças de reforma. Após a dissolução da URSS, a Rússia adotou um modelo de acordo de investimentos tradicional, mantendo-se nele desde então e, de acordo com a doutrina, com poucas modificações.[462] Contudo, como se trata de um país economicamente importante no continente asiático, principalmente na Ásia Central, e, por ter o país expandido parcerias na África, na Europa, no Oriente Médio e na América Latina, decidiu-se examinar seus acordos, até mesmo para se fazer um contraste com acordos que seguem a matriz de reforma.

Por fim, o último modelo de análise enfoca os ACFIs brasileiros. A opção por esse padrão de proteção se dá, em primeiro lugar, em razão de sua atualidade, visto que começaram a ser negociados em 2015 e fazem parte do movimento atual de reforma. Em segundo lugar, pois o modelo opõe-se a algumas disposições tradicionais, tais como a expropriação indireta e a arbitragem de investimentos, ambos institutos de extrema relevância para a presente análise, mas alvos de resistência histórica brasileira. Em terceiro lugar, pois esse modelo de acordo se utiliza de linguagem ora vaga, ora precisa, a depender da matéria, o que chama a atenção, visto que as reformas gerais se baseiam também em restringir o texto dos acordos para que sejam mais precisos e não seja necessária a interpretação por órgão centralizado.

Assim sendo, após expostas as motivações em relação à escolha dos respectivos modelos de acordos a serem analisados, passa-se à análise empírica e qualitativa dos acordos. Contudo, preliminarmente, faz-se necessário expor a sua metodologia.

4.3.2 Metodologia de análise

A metodologia de análise para a investigação qualitativa envolve a coleta e a avaliação de dados não numéricos dos BITs selecionados para que, em um momento posterior, possa-se efetuar inferências sobre as características e a evolução dos presentes instrumentos no que tange ao trato da expropriação indireta, bem como cotejá-los entre si. Foram escolhidas cláusulas específicas para análise, com base no modelo

---

BADIN, Michelle Ratton Sanchez. *Reconceptualizing International Investment Law from the Global South*. Cambridge: Cambridge Univeristy Press, 2018, p. 188–217, p. 206.

[462] ROBERTS, Anthea. Investment Treaties: The Reform Matrix. *American Journal of International Law (AJIL) Unbound*, Cambridge, v. 112, p. 191–196, 2018, p. 194.

extraído da aplicação teórica do Continente ao objeto de pesquisa. Isso foi realizado para que a partir desse paradigma, se busque o modelo de acordo que mais se aproxime desse arranjo na eliminação dos problemas de cooperação e das incertezas que possam aparecer.

A escolha pelo empirismo foi realizada para que se pudesse identificar padrões normativos e maneiras como os Estados interagem com seus pares ao tentar cooperar nessa questão. Apesar de a metodologia empírica empregada ao objeto estar evoluindo em pesquisas realizadas no exterior, na academia brasileira pouco se vislumbra a respeito de pesquisas empíricas, mesmo qualitativas, sobre a expropriação indireta no Direito Internacional dos Investimentos. Isso faz com que o trabalho ganhe fôlego e importância, para que possa contribuir com o estudo da temática em âmbito nacional.

Desse modo, para que se possa compreender a dinâmica dos BITs mais recentes de Canadá, China, EUA, Índia, Rússia e Brasil, optou-se pelo corte temporal de 1º de janeiro de 2001 a 1º de janeiro de 2019. Essa limitação foi realizada para englobar, na presente análise, os acordos de investimento firmados ou renegociados no século XXI, os quais, segundo a UNCTAD, já são alvos da reforma que está em andamento e, consequentemente, apresentam mais alterações no sistema. Foram examinados todos os acordos assinados por esses países durante esse lapso temporal, mesmo que não tenham sido ratificados ou tenham sido denunciados. A escolha por se analisar também acordos que não estão em vigor deu-se, pois, esses também representam a real intenção dos Estados nesse período temporal na formação dos acordos – e o fato de ainda não estarem em vigor abre margem para que isso ainda possa ocorrer no futuro, já havendo o marco normativo para tanto. Contudo, quanto aos tratados que já foram encerrados, pode-se extrair que aquele modelo não mais se adequava aos objetivos das partes e, por isso, a cooperação, com base naquela moldura, foi encerrada.

Destarte, de acordo com o desenho cooperativo extraído na seção anterior, bem como por meio da leitura dos acordos, as variáveis dependentes ou dimensões mais importantes escolhidas para serem analisadas nos acordos foram as seguintes: (i) precisão; (ii) exceção; (iii) sobrevivência temporal; (iv) monitoramento; e (v) solução de controvérsias. Cada uma dessas dimensões representa um traço do desenho do acordo que, conforme a teoria utilizada, serve para afastar problemas de cooperação e incertezas que possam incidir na temática da expropriação indireta. Dessa forma, de acordo com determinada cláusula ou arranjo de cláusulas inseridos nessas dimensões, em maior ou menor grau, o acordo será mais ou menos cooperativo para o Estado.

A gradação foi estabelecida em quatro graus distintos, para que se pudesse visualizar e instrumentalizar como a dimensão evolui gradativamente de um quadro mais ou menos favorável à cooperação, conforme mais elementos são acrescidos. Essa gradação segue a classificação lógica em ++, +, 0 e –. Para as variáveis dependentes de precisão (sobrevivência temporal, monitoramento e solução de controvérsias), o ++ representa soluções mais cooperativas incluídas na redação dos acordos e o –, opções menos cooperativas. Quanto à dimensão exceção, sua mensuração se dá na ordem contrária, haja vista que quanto mais flexível o acordo, mais cooperativo ele é.

A métrica de análise dos acordos de investimento foi realizada como exposto a seguir.

Quadro 4 - Precisão

Gradação	Descrição
++	O acordo define a expropriação indireta; há fatores de avaliação para diferenciar a regulação compensável da não compensável e/ou incluem-se no acordo os requisitos para a expropriação paulatina.
+	O acordo menciona a expropriação indireta, mas não a define.
0	O acordo menciona a expropriação como equivalente ou similar à expropriação.
–	O acordo não menciona a expropriação indireta.

Fonte: Elaborado pela autora.

A dimensão referente à precisão foi escolhida para que se pudesse analisar as disposições sobre expropriação e avaliar, por meio de sua linguagem, como tem sido a evolução normativa desse instituto, ora mais vago, ora mais preciso. Ressalta-se que, em uma primeira leitura, pode se observar que as disposições sobre expropriação nem sempre vêm inteiramente nas cláusulas específicas contidas no corpo do tratado, podendo aparecer também nos anexos dos acordos, por isso a abrangência da matéria é tratada no acordo como um todo. Além disso, essa dimensão se torna importante também na eliminação do problema quanto à distribuição.

Partindo do pressuposto de que a gradação foi estabelecida considerando o que seria mais ou menos benéfico para o Estado, a situação em que o acordo não é preciso na definição de expropriação indireta se torna melhor para o Estado, visto que não há limitação clara sobre a legitimidade da interferência de suas medidas estatais. Assim, quanto mais definida é a cláusula de expropriação, mais ações ou comportamentos são limitados, favorecendo a proteção do investidor. A gradação varia, portanto, da situação em que não existe definição, passando por uma definição mais fraca e vaga, sem sequer mencionar o instituto. Depois, evolui-se para uma gradação ainda vaga, mas que já menciona a expropriação indireta, reconhecendo o instituto. E, por fim, o cenário em que o grau protetivo para o Estado é menor seria aquele em que aparecem disposições bem detalhadas sobre a expropriação indireta no acordo. Estas abrangeriam a nomenclatura "expropriação indireta", sua definição, o estabelecimento de critérios para a diferenciação entre medidas compensáveis e não compensáveis e, em alguns casos e de forma ainda mais específica, requisitos para a expropriação paulatina.

Quadro 5 - Exceção de interesse público

Gradação	Descrição
++	Sem exceções.
+	Exceções nos anexos; exclusão de medidas relacionadas a proteção ambiental, saúde pública e segurança.
0	Exceções nos anexos e/ou cláusulas específicas no corpo do tratado que protegem o meio ambiente, a saúde pública e a segurança ou outra temática de interesse público.
−	Exceções nos anexos; exclusões de medidas de proteção ambiental, saúde pública, segurança, questões trabalhistas, licença compulsória de fármacos e outras medidas, relacionadas, entre outros setores, à propriedade intelectual; cláusulas específicas no corpo do tratado; cláusula específica sobre o direito de regular.

Fonte: Elaborado pela autora.

A dimensão relativa à exceção de interesse público é uma das mais importantes da análise, visto que é reconhecida como a principal inovação presente nos acordos de forma combinada com as disposições de expropriação indireta. Sua gradação inicia-se com a ausência de exceções. A gradação seguinte corresponde à presença de exceções às medidas de proteção ambiental, saúde pública e segurança, as quais não são compensáveis e, portanto, não constituirão expropriação indireta. Contudo, nesse caso, as demais medidas em áreas não especificadas ainda são passíveis de contestação e compensação.

O grau estabelecido a seguir inclui não somente as exceções contidas nos anexos, mas também cláusulas específicas relacionadas às temáticas de interesse público. Estas, normalmente, são de cunho mais programático, mas, ainda assim, reforçam o direito do Estado de regular essas matérias. Por fim, a última gradação seria aquela com a maior quantidade de exceções possíveis, em áreas e setores, menções ao direito do Estado de regular determinadas áreas e, o mais importante: nesses casos, há no acordo uma cláusula específica que legitima o direito de regular do Estado.

Quadro 6 - Sobrevivência temporal

Gradação	Descrição
++	Tempo de sobrevivência maior que 10 anos.
+	Tempo de sobrevivência de 5 a 10 anos.
0	Tempo de sobrevivência menor que 5 anos.
-	Sem tempo de sobrevivência.

Fonte: Elaborado pela autora.

A dimensão da sobrevivência temporal foi escolhida, pois, relaciona-se com o âmbito material dos acordos e, principalmente, porque, apesar de a teoria do Continente estabelecer que a sobrevivência temporal, ou tempo de espera, seja parte das exceções, entende-se que o tempo de espera vinculado a um acordo já denunciado e terminado não deixa de representar uma punição ao Estado por desejar cessar a cooperação. Sua gradação foi moldada a partir do tempo de vinculação superveniente à saída do acordo, sendo que o cenário mais rígido e favorável à eliminação de problemas que atrapalhem na cooperação seria um tempo de sobrevivência maior que dez anos. As outras gradações, por sua vez, vinculam o Estado por menos tempo, até se chegar ao patamar mais fraco do ponto de vista da cooperação, que é a ausência de tempo de sobrevivência.

Quadro 7 - Monitoramento

Gradação	Descrição
++	Monitoramento por órgão centralizado formal delegado; presença de cláusula de transparência e/ou de cláusula de troca de informações, para fiscalização conjunta das partes; participação de *experts* e de atores não estatais na fiscalização.
+	Monitoramento por órgão centralizado formal delegado; presença de cláusula de transparência para fiscalização conjunta das partes.
0	Monitoramento por órgão centralizado formal delegado.
–	Sem monitoramento.

Fonte: Elaborado pela autora.

A dimensão do monitoramento foi selecionada para que se pudesse medir o grau de fiscalização e esforços para dar transparência às medidas regulatórias dos Estados. Sua gradação vai da ausência de monitoramento até o reforço progressivo na cooperação por meio de um órgão centralizador, do compromisso de troca de informações e transparência entre as partes, estabelecido por cláusulas específicas, e do auxílio dos entes não estatais no monitoramento do acordo, como ONGs, associações e *experts*. O patamar em que haveria mais monitoramento seria, portanto, aquele em que há mais colaboração e todos atuam conjuntamente para que se garanta mais transparência nas regulações estatais.

Quadro 8 - Solução de controvérsias

Gradação	Descrição
++	Arbitragem investidor-Estado para qualquer matéria.
+	Arbitragem investidor-Estado e entre Estados com a exclusão de determinadas matérias.
0	Arbitragem entre Estados.
−	Solução descentralizada.

Fonte: Elaborado pela autora.

A dimensão solução de controvérsias tem papel fundamental no afastamento de problemas de cooperação. Para sua análise, foi estabelecida gradação que engloba desde uma situação em que há solução descentralizada, ou seja, as partes poderão resolver suas disputas entre si, até a inclusão de um órgão centralizado delegado. Nessa toada, a variação ocorrerá conforme as peculiaridades desse sistema de solução de controvérsias.

A gradação seguinte consiste na inclusão da arbitragem entre Estados, a qual concentra a ação inteiramente nos Estados. Em seguida, o cenário progride para uma maior proteção do investidor, com o aparecimento da cláusula investidor-Estado. Ressalta-se que o fato de o acordo ressalvar, normalmente, por meio de reservas, que determinada matéria não está apta a ser arbitrada (tanto na arbitragem de investimentos quanto Estado-Estado) traz benefícios protetivos aos Estados, que não terão tal matéria contestada na arbitragem. Porém, quando a cláusula investidor-Estado é estabelecida sem reservas, que é o que ocorre na maioria dos casos, qualquer matéria poderá ser arguida *a posteriori* se houver uma disputa.

Dessa forma, conforme a métrica e a gradação estipuladas, o desenho mais propenso à cooperação seria um acordo preciso; com exceções nos anexos, normas relacionadas às áreas específicas, que reforçam o direito de regular no corpo do acordo, bem como cláusula específica sobre o direito de regular do Estado; com cláusula de sobrevivência longa, abrangendo um período maior que dez anos; com um monitoramento robusto, efetuado tanto pelas partes quanto por órgão centralizado delegado e entes não estatais; e com cláusula prevendo a arbitragem investidor-Estado, sem nenhuma exclusão material sobre o que pode ser submetido à arbitragem. Essa métrica foi elaborada em razão de alguns acordos do século XXI já possuírem cláusulas específicas garantindo o direito de regular, o que fortalece ainda mais essa premissa.

Por outro lado, a moldura jurídica mais fraca à cooperação seria aquela em que a cláusula de expropriação é genérica, sem mencionar a expropriação indireta; não há exceções; não há cláusula de sobrevivência, ou seja, haveria a saída imediata do acordo após o período de notificação; não há monitoramento e a solução de controvérsias é descentralizada.

Ressalta-se que esses são cenários extremos, havendo ainda a possibilidade de variação.

Assim, após apresentada a métrica e a gradação que é utilizada na análise dos acordos, é necessário ressaltar as limitações do método escolhido. A partir do desenvolvimento da presente métrica e gradação, tentou-se uma análise de critérios objetivos envolvendo as características dos acordos e sua relação com a cooperação. Contudo, a pesquisa não está isenta de subjetividade, até mesmo porque a análise empírica foi realizada de forma individual, sem o auxílio de outros pesquisadores para realizar a dupla ou tripla análise que se costuma fazer no caso de pesquisas empíricas extensas e com mais tempo, capital humano e estrutura.

Outro esclarecimento necessário diz respeito à ausência de análise da cláusula de tratamento justo e equitativo e a cláusula guarda-chuva, ou *umbrella clause*. A primeira delas corresponde a um padrão de proteção ambíguo utilizado com frequência para cobrir lacunas deixadas por outros padrões de proteção internacional, referindo-se, normalmente, a comportamentos em consonância com o Direito Internacional, de acordo com padrões mínimos de proteção, ou a uma lista determinada de elementos, a depender do tratado.[463] A segunda é um mecanismo que amplia a proteção ao investidor estrangeiro por ter o efeito de estender ou alargar a obrigação contratual entre o investidor e o Estado ao nível de proteção entre Estados, ou seja, no âmbito do tratado de investimentos.[464]

---

[463] XAVIER JÚNIOR, Ely Caetano. *Direito internacional dos investimentos*: o tratamento justo e equitativo dos investidores estrangeiros e o direito brasileiro. Rio de Janeiro: Gramma, 2016.
[464] YANNACA-SMALL, Katia. Interpretation of the Umbrella Clause in Investment Agreements. *OECD Working Papers on International Investment 2006/03*. Paris: OECD Publishing, 2006. Disponível em: https://www.oecd.org/daf/inv/investment-policy/WP-2006_3.pdf. Acesso em: 15 maio 2019.

Nenhuma das cláusulas foi examinada, pois se optou por adequar o desdobramento teórico do Continente ao objeto de acordo com a lógica da interação de suas variáveis, e nem o tratamento justo e equitativo, nem a *umbrella clause* encontram-se nas dimensões de variáveis dependentes úteis à dissolução dos problemas de cooperação. Embora se reconheça sua importância para o Direito Internacional dos Investimentos, elas não se adéquam no prisma aplicado no trabalho, em razão da linha de raciocínio baseada no marco teórico utilizado.

4.3.3 Análise empírica dos acordos

Esclarecida a metodologia de análise, o passo seguinte corresponde à sua aplicação. Foram sistematizadas cinco tabelas individuais para a análise dos acordos de cada país, no lapso temporal estabelecido. Elas contêm colunas referentes aos acordos e suas partes, ao ano de assinatura e à entrada em vigor do tratado, para que se tenha um referencial temporal. Também foram inseridas colunas representando as variáveis dependentes já descritas na metodologia, quais sejam, precisão da linguagem; exceções de interesse público; sobrevivência temporal; monitoramento; e solução de controvérsias. Essas colunas são preenchidas com os dados e as gradações extraídos da verificação de cada acordo, para que possam ser descritos e interpretados. Trata-se de uma amostra pequena de um grande universo,[465] que é analisada qualitativamente.

4.3.3.1 Perfil dos Estados selecionados

4.3.3.1.1 China

Os primeiros BITs analisados na presente pesquisa empírica foram os acordos chineses. Segundo Axel Berger,[466] a evolução dos BITs da China engloba quatro fases. A primeira inicia-se com a assinatura do primeiro BIT chinês com a Suécia, em 1982. Apesar de a proteção internacional da propriedade estrangeira ser estabelecida de modo vago no referente instrumento internacional, o acordo tinha

---

[465] EPSTEIN, Lee; MARTIN, Andrew D. *An Introduction to Empirical Legal Research*. Oxford: Oxford University Press, 2014, p. 12.
[466] BERGER, Axel. Hesitant Embrace: China's Recent Approach to International Investment Rule-Making. *The Journal of World Investment & Trade*, Leiden, v. 16, nº 5–6, p. 843–868, 2015.

como peculiaridade a cobertura limitada da cláusula de solução de controvérsias, em que apenas o montante de indenização em caso de expropriação poderia ser discutido na arbitragem de investimentos.[467] Ressalta-se que a China somente se vinculou ao ICSID em 1993 e, ao fazê-lo, interpôs uma reserva limitando a arbitrabilidade a questões envolvendo compensação por expropriação, de acordo com o artigo 25 (4) da Convenção de Washington. Em sua segunda fase, os BITs chineses foram alterados para um modelo de base mais liberal economicamente, porém com a estrutura tradicional dos primeiros acordos. Foi somente em 1998, com a terceira fase, que os BITs chineses passaram a incluir cláusula de arbitragem investidor-Estado, as quais passaram a conter cobertura ampla, permitindo a contestação de quaisquer matérias. Por fim, a quarta fase, que se iniciou em 2008 e dura até os dias de hoje, tem sido marcada por uma incoerência política em relação ao conteúdo dos acordos, tendo se afastado de seu próprio modelo e passado a negociar tratados com base nos modelos de seu parceiro de negociação, o que acarreta diversas variações.[468]

Como a presente pesquisa empírica engloba os acordos de investimento firmados a partir de 2001, entende-se que que estes incluem-se nas terceira e quarta fase de transformação. Assim sendo, sem se olvidar que o foco da análise é o modo como a expropriação indireta tem sido tratada nesses acordos, passa-se ao exame dessas cláusulas e das demais disposições construídas para obstar os problemas de cooperação e incertezas que pairam sobre o tema.

---

[467] BATH, Vivienne. The South and Alternative Models of Trade and Investment Regulation Chinese Investment and Approaches to International Investment Agreements. *In*: MOROSINI, Fábio; BADIN, Michelle Ratton Sanchez. *Reconceptualizing International Investment Law from the Global South*. Cambridge: Cambridge University Press, 2018, p. 47–94, p. 50.

[468] BATH, Vivienne. The South and Alternative Models of Trade and Investment Regulation Chinese Investment and Approaches to International Investment Agreements. *In*: MOROSINI, Fábio; BADIN, Michelle Ratton Sanchez. *Reconceptualizing International Investment Law from the Global South*. Cambridge: Cambridge University Press, 2018, p. 47–94, p. 60.

Tabela 1 - BITs da China

(continua)

BIT	Ano de assinatura	Entrada em vigor	Precisão da linguagem	Exceções de interesse público	Sobrevivência temporal	Monitoramento	Solução de controvérsias
China-Chipre	2001	2002	0	++	+	0	++
China-Quênia	2001	Não está em vigor	0	++	+	0	++
China-Nigéria	2001	2010	0	++	+	0	++
China-Jordânia	2001	Não está em vigor	+	++	+	0	++
China-Holanda	2001	2004	0	++	++	0	++
China-Mianmar	2001	2002	0	++	+	0	++
China-Bósnia e Herzegovina	2002	2005	0	++	+	0	++
China-Trinidad e Tobago	2002	2004	0	++	+	0	++
China-Costa do Marfim	2002	Não está em vigor	0	++	+	0	++
China-Guiana	2003	2004	0	++	+	0	++
China-Djibouti	2003	Não está em vigor	0	++	+	0	++
China-Alemanha	2003	2005	+	++	++	0	++
China-Benin	2004	Não está em vigor	0	++	+	0	++
China-Letônia	2004	2006	0	++	+	+	++
China-Uganda	2004	Não está em vigor	+	++	+	0	++
China-Tunísia	2004	2006	0	++	+	0	++
China-Finlândia	2004	2006	0	++	++	+	++
China-Coreia do Norte	2005	2005	0	++	+	0	++
China-BLEU (União Econômica Bélgica-Luxemburgo)	2005	2009	+	++	+	0	++
China-Espanha	2005	2008	0	++	+	0	++

(conclusão)

BIT	Ano de assinatura	Entrada em vigor	Precisão da linguagem	Exceções de interesse público	Sobrevivência temporal	Monitoramento	Solução de controvérsias
China-Madagascar	2005	2007	0	++	+	0	++
China-República Tcheca	2005	2006	0	++	+	0	++
China-Portugal	2005	2008	0	++	+	+	++
China-Rússia	2006	2009	0	++	+	0	++
China-Índia	2006	Terminado	++	+	++	0	++
China-Coreia do Sul	2007	2007	+	++	+	+	++
China-França	2007	2010	+	++	++	0	++
China-México	2008	2009	+	++	+	0	++
China-Colômbia	2008	2013	++	0	+	0	++
China-Suíça	2009	2010	+	++	+	0	++
China-Mali	2009	2009	0	++	+	0	++
China-Malta	2009	2009	0	++	+	0	++
China-Uzbequistão	2011	2011	++	0	+	0	++
China-Canadá	2012	2014	++	0	++	++	+
China-Tanzânia	2013	2014	++	–	+	0	++

Fonte: Elaborada pela autora com base em dados coletados pela UNCTAD.

A partir da pesquisa empírica realizada, foi possível observar que os primeiros BITs chineses assinados no início do século XXI são imprecisos na linguagem sobre o instituto da expropriação indireta, mencionando-o apenas como equivalente ou similar à expropriação direta, sem qualquer definição. Esse padrão seguiu sendo majoritário nas negociações até 2006, apesar de haver algumas exceções pontuais, como é o caso dos BITs com Jordânia, Alemanha, Uganda e União Econômica Bélgica-Luxemburgo (BLEU), que envolviam um pouco mais de precisão, ao citar "expropriação indireta".

Contudo, foi a partir do BIT com a Índia, em 2006, já encerrado, que o padrão de acordo chinês em relação à expropriação indireta começou a se alterar, visto que o acordo foi desenhado com um grau elevado de precisão (nível ++), o que não era a prática chinesa até então. A partir disso, o cenário começou a se alterar para os BITs chineses em relação à expropriação indireta, e os acordos pouco precisos (nível 0) passaram a ser a exceção. O BIT com a Índia tornou-se paradigmático na análise dos acordos chineses, uma vez que também apresentou flexibilidades, consubstanciadas em exceções presentes nos anexos, excluindo medidas relacionadas a proteção ambiental, saúde pública e segurança, porém sem cláusula específica garantindo o direito de regular de forma ampla.

Outro marco na evolução da negociação dos acordos chineses foi o BIT China-Colômbia, de 2008. Primeiro, esse acordo dispõe que, dentre as exceções de interesse público, a emissão de licenças compulsórias, concedidas em conformidade com os artigos 30 e 31 do Acordo TRIPS da OMC, não configurará expropriação indireta. Segundo, especificam que medidas tributárias podem ser endereçadas como expropriação indireta. Terceiro, esse foi o primeiro acordo chinês a dispor com mais precisão sobre a expropriação indireta (nível ++) ao mesmo tempo que nele incidiam exceções de interesse público mais elaboradas (nível 0). É interessante notar que, nos BITs chineses assinados com Mali e Malta, em 2009, a situação se inverteu, pois esses acordos tinham linguagem pouco precisa, mencionando a expropriação indireta apenas como equivalente ou similar à expropriação e não fazendo menção a nenhuma exceção de interesse público.

No entanto, esse quadro inverteu-se novamente a partir de 2011, com os acordos com Uzbequistão e Canadá, com níveis altos de precisão (nível ++) e relativamente altos de flexibilidade (nível 0), até se chegar ao BIT China-Tanzânia. Esse acordo se torna importante por ser o único de toda a amostra analisada a conter cláusula sobre o direito de regular, tratando-se de acordo com o nível máximo de flexibilidade nas exceções de interesse público (nível –).

O que se pode observar do comportamento da China, portanto, é que o país vinha negociando acordos em uma toada mais vaga e sem enquadramento de exceções, o que se alterou com os acordos mais recentes. A incidência do mais alto grau de flexibilidade, acompanhado de um alto grau de precisão (nível ++) no acordo com a Tanzânia, seu último BIT assinado e ratificado no período, pode significar também, uma disposição por mudanças. Entretanto, como desde 2013 não foi assinado mais nenhum BIT chinês, faz-se necessário aguardar os próximos acordos antes de se fazer uma afirmação mais assertiva a respeito.

Quanto às outras variáveis dependentes selecionadas, tais como sobrevivência temporal, monitoramento e solução de controvérsias, elas não mostraram grandes variações. O que se pode inferir é que a sobrevivência temporal varia nos tratados da China entre alta (+), de cinco a dez anos, a muito alta (++), estendendo a proteção por mais de dez anos após o término do acordo. Além disso, os acordos chineses são muito centralizados por meio de órgão formal delegado, tanto no monitoramento quanto na arbitragem de investimentos. No entanto, o monitoramento apresenta variações pontuais, que dizem respeito à inclusão de cláusula de transparência ou outra obrigação relativa à troca de informações entre as partes. Porém, a mais notável é a disposição estabelecida no acordo com o Canadá, em que, seguindo o modelo de acordos canadenses, se institui um mecanismo de monitoramento baseado na participação de um órgão centralizado e no esforço das partes para garantir mais transparência e melhor troca de informações sobre regulamentos que possam afetar o investidor e, também, abre-se espaço para a participação de atores não estatais e *experts*, que auxiliarão nessa fiscalização. Essa característica de monitoramento se torna importante por possibilitar o compartilhamento do ônus da fiscalização entre os legitimados no próprio acordo.

Assim sendo, conclui-se que a China iniciou o século XXI negociando tratados com caráter mais impreciso, sem exceções de interesse público e pouco flexíveis, com um grau de punição também fraco em relação à superveniência da cobertura do acordo após o seu término e com um mecanismo de monitoramento e solução de controvérsias concentrado e forte. Seu padrão de negociação não é coerente, haja vista sua variação de molduras jurídicas ao longo da série trabalhada, mesmo quando seguia um padrão anteriormente. Logo, a opção chinesa varia, principalmente, quanto ao parceiro, e não segue um modelo aplicável a todos de forma igual.

No entanto, na segunda década do século XXI, a China assinou o que pode ser considerado o acordo mais cooperativo dentre os arranjos mais modernos pactuados: o BIT China-Canadá, de 2012. Esse acordo pode ser considerado cooperativo, ou seja, tem o condão de manter a disposição em cooperar, visto que apresenta todas as características necessárias para afastar entraves à cooperação e incertezas que possam incidir na temática da expropriação indireta. Possui cláusula de exceção em um grau alto (nível 0) e precisão da linguagem em grau muito alto (nível ++), assim como um mecanismo de solução de controvérsias centralizado, também responsável pelo monitoramento do acordo. Quanto ao último, ressalta-se que a fiscalização é alta em seu grau máximo (nível ++), uma vez que não somente é realizada pelo órgão citado, mas também deve ser realizada pelas partes, com o apoio formal dos entes não estatais, que poderão participar do monitoramento do acordo. Além disso, é importante frisar que o acordo com o Canadá possui uma exclusão à arbitragem no anexo D.34, afastando a Lei de Investimentos Canadense (Investment Canada Act) da arbitragem investidor-Estado. Isso faz com que sua centralização esteja em um grau menor (nível +) em comparação com os outros acordos, porém isso não prejudica seu caráter cooperativo.[469]

4.3.3.1.2 Canadá

O Canadá iniciou a expansão de seu modelo de acordo mais moderno em 2006, contemporaneamente com o novo padrão de proteção americano à época, de 2004. Além dos BITs, um importante antecedente desses acordos reside no fato de que o Canadá é parte atuante no NAFTA, em que, desde os anos 1990, tem tido contato com questões de expropriação indireta. O país já foi demandado diversas vezes em arbitragens de investimento perante o mecanismo regional do acordo em casos envolvendo a questão – demandas paradigmáticas, inclusive, que são estudadas até hoje. Assim sendo, em razão do histórico de contato canadense com a matéria na esfera regional, não se pode negar que isso pode ter influenciado a formação do modelo que se tem hoje. Desse modo, passa-se à análise empírica dos BITs canadenses.

---

[469] CANADA; China. *Agreement Between the Government of Canada and the Government of the People's Republic of China for the Promotion and Reciprocal Protection of Investments*. 2012. Anexo D.34, itens 1 e 2. Disponível em: https://www.international.gc.ca/trade-commerce/trade-agreements-accords-commerciaux/agr-acc/china-chine/fipa-apie/index.aspx?lang=eng. Acesso em: 4 jul. 2022.

Tabela 2 - BITs do Canadá

BIT	Ano de assinatura	Entrada em vigor	Precisão da linguagem	Exceções de interesse público	Sobrevivência temporal	Monitoramento	Solução de controvérsias
Canadá-Peru	2006	2007	+ +	0	+ +	+ +	+
Canadá-Letônia	2009	2011	+ +	0	+ +	+ +	+
Canadá-República Tcheca	2009	2012	+ +	0	+ +	+ +	+
Canadá-Romênia	2009	2011	+ +	0	+ +	+ +	+
Canadá-Jordânia	2009	2009	+ +	0	+ +	+ +	+
Canadá-Eslováquia	2010	2012	+ +	0	+ +	+ +	+
Canadá-Kuwait	2012	2014	+ +	0	+ +	+ +	+
Canadá-China	2012	2014	+ +	0	+ +	+ +	+
Canadá-Benim	2013	2014	+ +	0	+ +	+ +	+
Canadá-Tanzânia	2013	2013	+ +	0	+ +	+ +	+
Canadá-Camarões	2014	2016	+ +	0	+ +	+ +	+
Canadá-Nigéria	2014	Não está em vigor	+ +	0	+ +	+ +	+
Canadá-Sérvia	2014	2015	+ +	0	+ +	+ +	+
Canadá-Senegal	2014	2016	+ +	0	+ +	+ +	+
Canadá-Mali	2014	2016	+ +	0	+ +	+ +	+
Canadá-Costa do Marfim	2014	2015	+ +	0	+ +	+ +	+
Canadá-Burkina Faso	2015	2017	+ +	0	+ +	+ +	+
Canadá-Guiné	2015	2017	+ +	0	+ +	+ +	+
Canadá-Hong Kong	2016	2016	+ +	0	+ +	+ +	+
Canadá-Mongólia	2016	2017	+ +	0	+ +	+ +	+
Canadá-Moldova	2018	2019	+ +	0	+ +	+ +	+

Fonte: Elaborada pela autora com base em dados coletados pela UNCTAD.

Entre os vinte e um acordos assinados analisados, o que mais chama a atenção é que todos eles possuem a mesma gradação em suas cláusulas. A partir disso, extrai-se que a real intenção do Canadá foi criar um modelo coerente, robusto e aplicável a qualquer parceiro. Seu padrão de proteção consiste em uma combinação muito cooperativa, em que a cláusula sobre expropriação indireta possui linguagem altamente precisa (nível ++), inclusive com o acréscimo da expressão "para maior certeza", ou *for greater certainty*, ao se explicar o conceito e a abrangência de medidas tributárias como passíveis de constituírem expropriação indireta, havendo também a inclusão de exceções em grau alto (nível 0), as quais englobam flexibilidades nos anexos referente às mais variadas áreas e setores, além de menções no corpo do acordo.

Além dessas cláusulas, também se destaca a rigidez na sobrevivência temporal, a qual prescreve uma vinculação superveniente após o fim do acordo de mais de dez anos e a inclusão de um mecanismo de monitoramento forte, haja vista a participação de órgão centralizado delegado e a obrigação estipulada às partes de trocarem informações sobre suas regulações internas que possam afetar os investidores, como forma de dar mais transparência à relação. O BIT Canadá-Benim ressalta, ainda, a criação de uma comissão conjunta formada por representantes dos Estados para que aprofundem o monitoramento das regulações domésticas dos países, o que revela o esforço legislativo em determinar um monitoramento forte. Por fim, esse ônus de monitoramento ainda foi formalmente dividido nos acordos canadenses com a fiscalização e acompanhamento por entidades não estatais, por meio do relatório de *experts* e das regras procedimentais para submissão por *amicus curiae* – as quais são regulamentadas no BIT Canadá-Burkina Faso. Nesse sentido, a abertura canadense à participação de atores não estatais se dá desde 2006, enquanto países como China e Índia só vieram a inclui-la, e de forma pontual, em 2012 (no próprio acordo China-Canadá) e em 2016 (no acordo Índia-Belarus).

A legitimação da participação dessas organizações no corpo do tratado é um avanço na área do Direito Internacional dos Investimentos, contribuindo para a facilitação do acesso dos maiores interessados nas regulações de interesse público discutidas. Além disso, a possibilidade de abertura de participação técnica por *experts* na fase adjudicatória faz com que se observe também uma preferência por decisões mais técnicas.

Quanto ao mecanismo de solução de controvérsias no modelo canadense, a arbitragem investidor-Estado figura em todos os acordos. Contudo, salienta-se que, ao final dos anexos presentes nos acordos, há sempre ressalva quanto à lei doméstica canadense sobre investimentos, a qual se estipula que não será arbitrável. Essa medida tem caráter de reserva e expõe o desejo da parte em não se atrelar à arbitragem de investimentos se esta envolver determinada legislação, permanecendo ela aberta à cooperação ao restante do tratado. Apenas no BIT Canadá--Mongólia se figurou reserva também da outra parte – a Mongólia exclui da esfera da arbitragem de investimentos as decisões que proíbem ou restringem a aquisição dos investimentos em seu território.

Desse modo, com base nas características das cláusulas analisadas nos acordos canadenses conclui-se que eles atingem um nível de cooperação satisfatório na questão da expropriação indireta. Com essa configuração é possível evitar os problemas de cooperação e incertezas selecionados no modelo ideal conjecturado. Entretanto, como se trata de modelo aplicável, não se pôde notar nenhuma nuance distinta entre os acordos.

4.3.3.1.3 EUA

Durante o lapso temporal pesquisado, os EUA foram o país que, dentre os selecionados, menos assinou BITs. Seus únicos acordos firmados foram com Uruguai, em 2005, e com Ruanda, em 2008, ambos ainda em vigor. Uma justificativa para tanto pode ser a preferência americana pela assinatura dos acordos de livre comércio, que, dentre outras matérias, também inclui capítulo sobre investimentos. Segundo o *site* do Departamento de Estado Americano,[470] a grande maioria desses acordos foi firmada nos anos 2000 e 2010, época em que, contemporaneamente, sobrevieram também os modelos de BIT americano de 2004 e 2012.

Apesar disso, os modelos de BIT dos EUA continuam sendo paradigmáticos e a influenciar outros países. Como já se expôs anteriormente, o país foi o responsável pela positivação da expropriação indireta internacionalmente; porém, isso não significa que não continue contribuindo para o aprimoramento das disposições relativas a esse instituto. Assim sendo, passa-se para a análise empírica dos dois acordos americanos firmados.

---

[470] UNITED STATES OF AMERICA (USA). U. S. Department of State. *Outcomes of Current U.S. Trade Agreements*. [s.d.]. Disponível em: https://www.state.gov/trade-agreements/outcomes-of-current-u-s-trade-agreements/. Acesso em: 4 jul. 2022.

Tabela 3 - BITs dos Estados Unidos

BIT	Ano de assinatura	Entrada em vigor	Precisão da linguagem	Exceções de interesse público	Sobrevivência temporal	Monitoramento	Solução de controvérsias
EUA-Uruguai	2005	2006	++	0	+	++	+
EUA-Ruanda	2008	2012	++	0	+	++	++

Fonte: Elaborada pela autora com base em dados coletados pela UNCTAD.

A partir da Tabela 3, infere-se que ambos os acordos são altamente precisos (nível ++), possuem exceções de interesse público altas (nível 0), porém sem cláusula que reforça o direito de regular. Suas cláusulas quanto à sobrevivência temporal são altas, mas não em seu nível máximo, abrangendo um período de cinco a dez anos de cobertura das proteções do acordo mesmo após o seu término. A gradação de seu monitoramento é alta (nível ++) e, assim como os acordos canadenses, envolve a fiscalização por órgão centralizado delegado, pelas partes do acordo e por entidades não estatais e *experts*. A única variação entre os acordos se dá em relação ao sistema de solução de controvérsias estabelecido. O anexo C, item 1, do acordo entre EUA e Uruguai estabelece que os EUA não poderão levar uma demanda que envolva os artigos 3 a 10 do acordo, que envolve também expropriação, à arbitragem de investimentos se ela já tiver sido analisada pelos tribunais administrativos internos uruguaios. Segundo o tratado, uma vez que tenha passado pelas cortes administrativas internas do Uruguai, essa escolha é definitiva, prevenindo a arbitragem de investimentos. Desse modo, a centralização do mecanismo de solução de controvérsias desse acordo é apenas alta (nível +), haja vista essa exclusão.

Nesse sentido, tem-se que o modelo de acordo americano é tão cooperativo quanto o canadense, mesmo sendo o acordo EUA-Ruanda mais rígido, permitindo a arbitragem sem qualquer exclusão. Essa semelhança é bastante representativa, pelo que já foi exposto ao longo do trabalho, reafirmando a influência americana no desenvolvimento do arcabouço jurídico internacional dos acordos de investimento.

4.3.3.1.4 Índia

De 2001 até 2018, a Índia conta com 44 BITs assinados, 23 acordos terminados, 4 que não estão em vigor e, do universo inicial, apenas 17 em vigor, ou seja, menos da metade dos tratados inicialmente assinados. Mesmo assim, analisou-se todos, para observar a alteração do padrão negociador indiano, ora mais ou menos cooperativo.

Desse modo, procede-se à seguinte análise empírica dos BITs indianos.

Tabela 4 - BITs da Índia

(continua)

BIT	Ano de assinatura	Entrada em vigor	Precisão da linguagem	Exceções de interesse público	Sobrevivência temporal	Monitoramento	Solução de controvérsias
Índia-Mongólia	2001	2002 Terminado	0	++	+	0	++
Índia-Croácia	2001	2002 Terminado	0	++	++	0	++
Índia-Kuwait	2001	2003 Terminado	++	++	++	0	++
Índia-Ucrânia	2001	2003 Terminado	0	++	++	0	++
Índia-Chipre	2002	2004 Terminado	0	++	+	0	++
Índia-Gana	2002	Não Ratificado	0	++	++	0	++
Índia-Iêmen	2002	2004 Terminado	0	++	++	0	++
Índia-Taiwan	2002	2002 Terminado	0	++	+	0	++
Índia-Finlândia	2002	2003	0	++	++	0	++
Índia-Belarus	2002	2003 Terminado	0	++	++	0	++
Índia-Sérvia	2003	2009	0	++	+	0	++
Índia-Djibouti	2003	Terminado	0	++	++	0	++
Índia-Armênia	2003	2006 Terminado	0	++	++	0	++

(continua)

BIT	Ano de assinatura	Entrada em vigor	Precisão da linguagem	Exceções de interesse público	Sobrevivência temporal	Monitoramento	Solução de controvérsias
Índia-Sudão	2003	2010	0	++	++	0	++
Índia-Hungria	2003	2006 Terminado	0	++	++	0	++
Índia-Barein	2004	2007 Terminado	0	++	++	0	++
Índia-Arábia Saudita	2006	2008	++	+	++	0	++
Índia-Bósnia e Herzegovina	2006	2008 Terminado	0	++	++	0	++
Índia-Eslováquia	2006	2007 Terminado	++	+	+	0	++
Índia-China	2006	2007 Terminado	++	+	++	0	++
Índia-Jordânia	2006	2009	++	+	++	0	++
Índia-Trinidad e Tobago	2007	2007 Terminado	++	+	++	0	++
Índia-Grécia	2007	2008 Terminado	0	++	+	0	++
Índia-México	2007	2008	+	+	+	0	++
Índia-Líbia	2007	2009	0	++	++	0	++
Índia-Islândia	2007	2008	++	0	++	+	++
Índia-Etiópia	2007	Terminado	0	++	+	0	++
Índia-Uruguai	2008	Terminado	++	0	++	0	++
Índia-Macedônia do Norte	2008	2008 Terminado	++	++	+	0	++
Índia-Brunei	2008	2009	++	0	++	0	++
Índia-Síria	2008	2009	++	0	+	0	++
Índia-Mianmar	2008	2009	0	++	++	0	++

(conclusão)

BIT	Ano de assinatura	Entrada em vigor	Precisão da linguagem	Exceções de interesse público	Sobrevivência temporal	Monitoramento	Solução de controvérsias
Índia-Senegal	2008	2009	++	0	++	0	++
Índia-Bangladesh	2009	2011	0	++	+	0	++
Índia-Moçambique	2009	2009	0	++	++	0	++
Índia-Colômbia	2009	Não está em vigor	++	0	+	0	++
Índia-Letônia	2010	2010	++	0	++	0	++
Índia-Congo	2010	Não está em vigor	++	0	++	0	++
Índia-Seychelles	2010	Terminado	++	0	++	0	++
Índia-Lituânia	2011	2011	++	0	++	0	++
Índia-Eslovênia	2011	Terminado	++	0	+	0	++
Índia-Nepal	2011	Terminado	++	0	+	0	++
Índia-Emirados Árabes Unidos	2013	2014	++	++	−	0	++
Índia-Belarus	2018	Não está em vigor	++	0	0	++	++

Fonte: Elaborada pela autora com base em dados coletados pela UNCTAD.

Na interpretação da Tabela 4, observa-se que os BITs indianos começaram a ser negociados com um traço de imprecisão em sua linguagem, apenas referindo-se ao instituto da expropriação indireta como equivalente ou similar à expropriação. Contudo, mesmo havendo uma mudança pontual com o BIT Índia-Kuwait, que era altamente preciso (nível ++), de 2001 a 2004 todos os acordos firmados continuavam com linguagem vaga. Foi somente em 2006, quando do BIT Índia-Arábia Saudita, que o grau de detalhamento dos acordos pareceu voltar e, após períodos de alternância, de 2010 a 2018 a linguagem dos BITs indianos foi marcada por alta precisão (nível ++).

A definição de expropriação indireta prevista no BIT Índia-Kuwait é uma das mais detalhadas entre as examinadas. Ela prevê que o termo "expropriação" também se aplica a intervenções ou medidas regulatórias referentes ao congelamento ou ao bloqueio do investimento; imposição ou tributação arbitrária ou excessiva sobre o investimento; venda compulsória de todo o investimento ou de parte dele, ou outras medidas comparáveis, que tenham efeito confiscatório ou expropriador de fato.[471] Embora haja detalhamento na definição de expropriação indireta, na análise também se constataram especificidades sobre o que não estaria inserido nesse conceito. Vários acordos indianos determinam a exceção de que ações ou decisões judiciais que versem sobre o interesse público, incluindo temas como meio ambiente, saúde pública ou segurança, que não poderão ser arguidos como expropriação indireta.

Nota-se que, assim como nos BITs chineses, nos indianos também há uma ação recíproca de troca de padrões. Essa mudança ocorre, em particular, na transição do BIT Índia-Líbia para o Índia-Islândia, em que, de um acordo vago (nível 0) e sem exceções (nível ++), a Índia passa a negociar um tratado muito preciso (nível ++) e com um grau de exceções alto (nível 0), novamente alterando para o padrão anterior no acordo firmado a seguir, o BIT Índia-Etiópia, voltando ao segundo modelo alternado com o BIT Índia-Uruguai. Com exceção do BIT com a Macedônia do Norte, todos os seguintes apresentaram essa alternância, ora preciso e flexível, ora vago e sem exceções, até um período constante de 2009 a 2011 e uma alteração pontual com o BIT Índia- Emirados Árabes, que é preciso, porém sem exceções.

Essa alternância indica a falta de concerto dos modelos de acordo indiano. Além disso, o nível de flexibilidade dos BITs indianos somente se elevou quando combinado com uma alta precisão de linguagem, gerando uma combinação. O mesmo não se pode dizer da precisão na linguagem, que já incidiu com cláusulas com menor flexibilidade.

Outra peculiaridade é o alto grau de sobrevivência temporal do acordo, a maioria deles com cláusula de espera com mais de dez anos, concluindo-se que os BITs indianos são altamente punitivos nesse

---

[471] KUWAIT; INDIA. *Agreement Between the State of Kuwait and the Republic of India for the Encouragement and Reciprocal Protection of Investment*. 2001. Artigo 7, item 4. Disponível em: https://investmentpolicy.unctad.org/international-investment-agreements/treaty-files/1569/download. Acesso em: 4 jul. 2022.

sentido.[472] Esse quadro foi excetuado pelo último BIT indiano, firmado com Belarus em 2018, que de forma surpreendente incluiu um tempo de espera menor, de até cinco anos. Vale destacar que o mesmo acordo dispõe de mecanismo de monitoramento de nível forte, em que a função será legitimamente exercida pelo órgão centralizado delegado, pelas partes e pelos entes não estatais. Ocorre que essa não era a prática até então, havendo apenas a fiscalização por meio do órgão central, com exceção do BIT com a Islândia, que prescreve que as partes também devem auxiliar na fiscalização.

Nesse particular, os BITs com a Islândia e com Belarus mostram-se como os mais avançados em sua formatação, em comparação com o restante. Além da combinação entre precisão e flexibilidade, possuem mecanismo de monitoramento mais forte que os outros. Contudo, mesmo que o acordo islandês possua apenas monitoramento alto (nível +) e com Belarus possuírem grau de monitoramento mais forte (++), o BIT com Belarus é mais fraco que o com a Islândia, pois sua punição é baixa (nível 0), visto que sua sobrevivência temporal é de 5 anos (nível 0) – ao contrário dos acordos anteriores que possuíam tempo maior de sobrevivência. Nesse diapasão, o penúltimo acordo pactuado, com Emirados Árabes Unidos, é ainda mais fraco em termos de punição, pois ausente disposição sobre sobrevivência temporal.

4.3.3.1.5 Rússia

A Rússia tem sido um país ativo na negociação de acordos de investimento. Até 2019, já firmou 28 BITs; dentre eles, 8 ainda não estão em vigor e 20 são inteiramente válidos. Os parceiros com quem tem firmado acordo são bastante variados, englobando países da África, da Europa, do Oriente Médio, da Ásia e da América-Latina. Desse modo, passa-se à análise dos acordos russos.

---

[472] O BIT Índia-Arábia Saudita prevê uma extensão do período de cobertura da proteção por mais vinte anos após o término do acordo (INDIA; SAUDI ARABIA. Agreement Between the Government of the Republic of India and Government of the Kingdom of Saudi Arabia Concerning the Encouragement and Reciprocal Protection of Investments. *In*: ELETRONIC Database of Investment Treaties (EDIT): base de dados. 2006. Artigo 16, item 2. Disponível em: https://edit.wti.org/document/show/35f4e610-cf7a-4d88-85ed-9c67f5af3036?textBlockId=625fd8cf-d831-4af1-b55a-862f438ce36e&page=1. Acesso em: 4 jul. 2022).

Tabela 5 - BITs da Rússia

(continua)

BIT	Ano de assinatura	Entrada em vigor	Precisão da linguagem	Exceções de interesse público	Sobrevivência temporal	Monitoramento	Solução de controvérsias
Rússia-Armênia	2001	2006	0	++	++	0	++
Rússia-Tailândia	2002	Não está em vigor	0	++	++	0	++
Rússia-Iêmen	2002	2005	0	++	+	0	++
Rússia-Síria	2005	2007	0	++	+	0	++
Rússia-Argélia	2006	Não está em vigor	0	++	+	0	++
Rússia-China	2006	2009	0	++	+	0	++
Rússia-Catar	2007	2009	0	++	++	0	++
Rússia-Jordânia	2007	2009	0	++	++	0	++
Rússia-Indonésia	2007	2009	0	++	+	0	++
Rússia-Líbia	2008	2010	0	++	+	0	++
Rússia-Venezuela	2008	2009	0	++	+	0	++
Rússia-Turcomenistão	2009	2010	0	++	+	+	++
Rússia-Nigéria	2009	Não está em vigor	0	++	++	0	++
Rússia-Namíbia	2009	Não está em vigor	0	++	++	0	++
Rússia-Angola	2009	2011	0	++	+	0	++
Rússia-Emirados Árabes Unidos	2010	2013	0	++	++	0	++
Rússia-Cingapura	2010	2012	0	++	++	0	++
Rússia-Guiné Equatorial	2011	2016	0	++	++	0	++
Rússia-Nicarágua	2012	2013	0	++	+	0	++

(conclusão)

BIT	Ano de assinatura	Entrada em vigor	Precisão da linguagem	Exceções de interesse público	Sobrevivência temporal	Monitoramento	Solução de controvérsias
Rússia-Zimbábue	2012	2014	0	++	++	0	++
Rússia-Uzbequistão	2013	2014	0	++	++	0	++
Rússia-Guatemala	2013	Não está em vigor	+	++	+	0	++
Rússia-Barein	2014	2015	0	++	+	0	++
Rússia-Azerbaijão	2014	2015	0	++	+	0	++
Rússia-Camboja	2015	2016	0	++	++	0	++
Rússia-Irã	2015	2017	0	++	+	0	++
Rússia-Marrocos	2016	Não está em vigor	0	++	+	0	++
Rússia-Palestina	2016	Não está em vigor	0	++	++	0	++

Fonte: Elaborada pela autora com base em dados coletados pela UNCTAD.

A linguagem da cláusula de expropriação dos acordos russos é tradicional em termos de elementos abrangidos e na forma como são abordados.[473] Mencionam o instituto apenas ao tratar da proibição de expropriação ou medidas com efeito equivalente à expropriação. Além disso, os acordos russos possuem um padrão de aplicação, visto que os acordos são iguais em todos os itens.

As únicas exceções são, primeiro, o BIT Rússia-Guatemala, em que a linguagem passa a ser mais precisa quando há, ao menos, menção à expropriação indireta. De resto, segue as mesmas características comuns aos outros acordos russos, quais sejam, ausência de exceções de interesse público; sobrevivência temporal alta ou muito alta; monitoramento realizado apenas pelos órgãos centralizados e sistema

---

[473] RIPINSKY, Sergey. Russia. In: BROWN, Chester (ed.). *Commentaries on Selected Model Investment Treaties*. Oxford: Oxford University Press, 2013, p. 593–621, p. 610.

de solução de controvérsias forte por meio da arbitragem investidor-Estados. A segunda exceção é o BIT com o Turcomenistão, em que, além do monitoramento centralizado, há cláusula de transparência e obrigação de fiscalização também pelas partes.

Ademais, os acordos russos especificam em seu texto que as disputas que surjam em relação aos investidores serão arbitráveis, incluindo, mas não se limitando, às controvérsias sobre o montante, as condições e o procedimento de pagamento de compensação. Desse excerto, a partir do BIT Rússia-Nicarágua, infere-se que, apesar da especificação acerca da arbitrabilidade do *quantum* e do procedimento da compensação, a discussão sobre a expropriação em si não está isenta de contestação perante a arbitragem de investimentos.[474] Em outros acordos russos analisados a disposição também aparece, mesmo sem o termo "mas não limitado unicamente", prevendo que se inclui a análise do *quantum* expropriatório. Mesmo assim, o texto não fala que em relação à expropriação esse seria o único caso para análise.[475] Frisa-se que essa cláusula é um resquício dos BITs assinados na era soviética, que, assim como muitos BITs chineses de primeira geração, limitavam a arbitragem a demandas sobre o pagamento de compensação em razão de expropriação e livre transferência de fundos.[476]

De acordo com o BIT Rússia-Irã, a proteção do acordo somente será aplicada aos investimentos aprovados sob a lei de investimentos do Irã e pela Organização para o Investimento e Assistência Econômica e Técnica do Irã ou outro órgão que a suceda. Nesse caso, há uma limitação do Irã à proteção dos investimentos, visto que cabe a ele decidir, ao final, o que será considerado investimento à luz de seu Direito doméstico.

---

[474] Nicaragua; Rusia. *Acuerdo de Promoción y Protección Recíproca de Inversiones entre el Gobierno de la República de Nicaragua y el Gobierno de la Federación de Rusia*. 2012. Artigo 8, item 1. Disponível em: http://legislacion.asamblea.gob.ni/Instrumentos.nsf/d9e9b7b996023769062578b80075d821/f6ddfdd9fa063aec06257e06007047e9?OpenDocument&ExpandSection=-1. Acesso em: 4 jul. 2022.

[475] Isso está contido, por exemplo, no BIT Rússia-Zimbábue, em seu artigo 12, item 1, e no BIT Rússia-Barein, artigo 8 item 1.

[476] RIPINSKY, Sergey. Russia. *In*: BROWN, Chester (ed.). *Commentaries on Selected Model Investment Treaties*. Oxford: Oxford University Press, 2013, p. 593–621, p. 614.

4.3.3.1.6 Brasil

Apesar de ter assinado catorze acordos bilaterais de investimento durante os anos 1990 (jamais ratificados), e, também, de não ser signatário da Convenção ICSID, o Brasil tem um histórico de resistência ao Direito Internacional dos Investimentos e à arbitragem de investimentos. No entanto, sua trajetória foi alterada em 2015, quando iniciou um novo modelo de acordo bilateral de investimentos, o Acordo de Cooperação e Facilitação de Investimentos (ACFI). Os ACFIs possuem tanto as disposições tradicionais dos BITs quanto o acréscimo de características condizentes com as atuais reformas, como cláusula de responsabilidade social e corporativa, transparência e publicidade das informações regulatórias e instalação de entidades centralizadas, como um *ombudsman* e um comitê conjunto para cuidar da fiscalização e da dissuasão de disputas antes que cheguem às vias adjudicatórias.

No entanto, salienta-se que, dentre suas resistências históricas, sempre esteve a expropriação indireta. Para o país, trata-se de conceito muito abstrato e vago, que exige uma análise caso a caso, devendo os tribunais arbitrais de investimento realizar uma consideração cuidadosa da redação dos acordos. Sua posição é a de que, por meio desse instituto, disposições caras à sociedade – como direitos humanos, segurança nacional, proteção ao meio ambiente, entre outras – poderão estar sujeitas às exigências de compensação, que teriam de ser decididas por tribunal *ad hoc*. Isso seria considerado pelo Brasil, portanto, como um grande obstáculo e uma ingerência sobre seu *policy space*.[477]

Além disso, quanto à arbitragem investidor-Estado, a posição brasileira sempre foi e ainda é de resistência. Para o Brasil, esse sistema de solução de controvérsias pode limitar o espaço regulatório dos Estados na medida em que permite que investidores sejam sujeitos de Direito Internacional Público não por seus direitos garantidos – como no regime internacional de Direitos Humanos –, mas por meio de seus interesses privados, salvaguardados em detrimento do interesse público.[478]

---

[477] HEES, Felipe; CAVALCANTE, Pedro Mendonça; PARANHOS, Pedro. The Cooperation and Facilitation Investment Agreement (CFIA) in the Context of the Discussions on the Reform of the ISDS System. *South Centre Investment Policy Brief*, Geneva, nº 11, p. 1–5, 2018, p. 2.

[478] HEES, Felipe; CAVALCANTE, Pedro Mendonça; PARANHOS, Pedro. The Cooperation and Facilitation Investment Agreement (CFIA) in the Context of the Discussions on the Reform of the ISDS System. *South Centre Investment Policy Brief*, Geneva, nº 11, p. 1–5, 2018, p. 2.

Por esse motivo, o Brasil adotou um sistema de solução de controvérsias baseado, primeiramente, na resolução da disputa previamente à adjudicação, em que o investidor encaminhará sua demanda ao *ombudsman* de investimentos, instaurado no respectivo Estado receptor, e, em caso de falha na dissuasão do entrave, poderá, por meio de seu Estado de origem, acionar um comitê conjunto interestatal para a solução da controvérsia. Caso esse meio também se mostre ineficiente, as partes do acordo, ou seja, os Estados, poderão acionar a arbitragem Estado-Estado, único meio jurisdicional disponível. Nesse sentido, passa-se à análise dos ACFIs brasileiros no lapso temporal de 2015 a 2019.[479]

Tabela 6 - Acordos de cooperação e facilitação de investimento do Brasil

Acordo de cooperação e facilitação de investimento	Ano de assinatura	Entrada em vigor	Precisão da linguagem	Exceções de interesse público	Sobrevivência temporal	Monitoramento	Solução de controvérsias
Brasil-Moçambique	2015	Não está em vigor	–	++	–	+	0
Brasil-Angola	2015	2017	–	++	–	+	0
Brasil-México	2015	2018	–	++	–	+	0
Brasil-Malauí	2015	Não está em vigor	–	++	–	+	0
Brasil-Colômbia	2015	Não está em vigor	–	++	–	+	0
Brasil-Chile	2015	Não está em vigor	–	++	–	+	0
Brasil-Peru	2016	Não está em vigor	–	++	–	+	0
Brasil-Etiópia	2018	Não está em vigor	–	++	0	+	0
Brasil-Suriname	2018	Não está em vigor	–	++	–	+	0
Brasil-Guiana	2018	Não está em vigor	–	++	–	+	0

Fonte: Elaborada pela autora com base em dados coletados pela UNCTAD.

---

[479] Destaca-se que os ACFIs Brasil-Índia, Brasil-Equador, Brasil-Marrocos e Brasil-Emirados Árabes Unidos foram assinados entre março/2019 a jan/2020, período posterior ao lapso temporal delimitado na presente análise. Por esse motivos, não entraram na pesquisa empírica em tela.

De acordo com a presente análise, os acordos brasileiros possuem estruturas muito parecidas, sendo que quase todos os desenhos analisados são idênticos. A cláusula de expropriação dos ACFIs é a mais vaga possível dentre todos os acordos examinados no presente trabalho, visto que não menciona a expropriação indireta (nível –). Nos primeiros acordos, firmados com Moçambique, Angola e México, o termo "expropriação" era disposto sem qualquer ressalva, deixando em aberto a cobertura de ambas as tipologias, tanto direta quanto indireta. A partir do ACFI com o Chile houve esclarecimento de que a cobertura do acordo se limita à expropriação direta. Como o acordo sequer menciona expropriação indireta, tampouco inclui exceções. O que há é a inclusão de cláusulas assemelhadas a normas programáticas, reforçando o compromisso com a proteção do meio ambiente, questões trabalhistas e de saúde.

Quanto à sobrevivência temporal, nove dos dez acordos simplesmente não apresentam cláusula de espera. Porém, o ACFI com a Etiópia, de 2018, inclui uma cláusula reforçando a cobertura do acordo por cinco anos para os investimentos realizados antes de seu término. Mesmo sendo uma dimensão fraca, esta simboliza o único item distinto do padrão estabelecido nos 10 acordos. No entanto, ressalta-se que os ACFIs mais recentes dispõem que, se as partes não acordarem sobre a denúncia, esta se concretizará somente após um ano. Nesse particular, considera-se que o período de espera de um ano até a desvinculação do acordo é equivalente a uma punição nos mesmos moldes do previsto nos acordos anteriores, que em sua esmagadora maioria previam períodos longos de espera até a desvinculação total das proteções do acordo.

Os ACFIs brasileiros são bastante centralizados, apresentando sistema de monitoramento por meio de órgão centralizado; contudo, o ônus da fiscalização é dividido com as partes, tendo em conta a cláusula de transparência dos acordos, que prescreve o dever da parte de colaborar com a publicação de suas regulações, além da cláusula específica a respeito da troca de informações. Por fim, apesar de seu sistema de solução de controvérsias ser centralizado delegado, não se concentra na arbitragem investidor-Estado, mas sim na arbitragem entre Estados, o único acordo de nível 0 da amostra.

4.3.3.2 A influência do desenho dos BITs selecionados nos novos acordos preferenciais de comércio

Realizada a análise dos BITs selecionados e as inferências sobre o modo como os seus desenhos de acordo têm se desenvolvido, nota-se que eles se dividem em dois grupos. O primeiro consiste nos acordos que foram arquitetados e proliferados pelos Estados como modelos, ou seja, arranjos jurídicos bem-definidos que serão replicados indistintamente a toda e qualquer parte, com pouca variação de um parceiro para o outro. Esse tipo de acordo acaba revelando maior coerência por parte dos Estados e maior previsibilidade em seu comportamento. O segundo consiste nos acordos que não são classificados em modelos, por assim dizer, mas de uma determinada geração de acordo, em que se notam mudanças – algumas muito significativas em comparação com o histórico de cooperação que vinha sendo realizado –, porém, o desenho do tratado poderá ser marcantemente distinto da mais recente leva de acordos negociados conforme o parceiro.

Os dois grupos são opções legítimas, conforme o interesse de cada Estado e os problemas de cooperação que se pretende superar, e poderão ser mais ou menos benéficos conforme a perspectiva analisada. Contudo, é certo que, na medida em que se identifica uma coerência na negociação de determinados padrões de acordos, isso faz com que seja mais fácil vislumbrar também se sua influência vai além do instrumento bilateral.

Quanto aos BITs dos EUA e do Canadá, seu conteúdo é considerado mais completo que o dos outros acordos que foram analisados, os quais não apresentam um modelo coerente. Em relação à expropriação indireta, os BITs desses países são os acordos mais cooperativos analisados, uma vez que são altamente precisos, possuem exceções de interesse público consideráveis, sobrevivência temporal elevada ou muito elevada, monitoramento reforçado por órgão centralizado, pelas partes do acordo e por entes não estatais e órgão centralizado delegado de solução de controvérsias baseado na arbitragem investidor-Estado.

Diante da importância desses dois atores e por articularem dois dos mais recentes acordos preferenciais de comércio do século XXI com capítulos de investimento, passa-se à análise do CETA e do CPTPP, que abrangem uma grande parcela da economia mundial. De início, salienta-se que os EUA foram entusiastas de negociação do CPTPP, tendo se retirado do acordo em janeiro de 2017 somente pela oposição do governo Trump ao acordo. Contudo, mesmo após algumas modificações posteriores à saída americana, a sua influência no texto do acordo como um todo ainda é sentida, assim como o foi à época do NAFTA, na década de 1990.

Assim como realizada nos BITs anteriormente estudados, a gradação das variáveis dependentes do CETA e do CPTPP é exposta na Tabela 7.

Tabela 7 - Análise do desenho de CETA e CPTPP

Acordo preferencial de comércio	Ano de assinatura	Entrada em vigor	Precisão da linguagem	Exceções de interesse público	Sobrevivência temporal	Monitoramento	Solução de controvérsias
CETA	2016	Em vigor a título provisório desde 2017	++	–	++	++	+
CPTPP	2018	2018	++	0	–	+	+

Fonte: Elaborada pela autora com base em dados coletados pela UNCTAD.

Com base na Tabela 7, interpreta-se que ambos os acordos contêm uma linguagem muito precisa (nível ++), apresentando também exceções com um traço elevado de flexibilidade. O CETA ainda é mais flexível que o CPTPP, pois menciona o direito de regular explicitamente em cláusula específica. Contudo, quanto à sobrevivência temporal notam-se extremos. O CETA contém período de espera de vinte anos – lapso temporal, inclusive, mais extremo que da grande maioria dos BITs analisados –, e o CPTPP não dispõe nada a respeito do estabelecimento de um período de cobertura após o término do acordo. Quanto ao monitoramento, o CETA possui um mecanismo mais forte que o do CPTPP, pois dá abertura para que os entes não estatais também fiscalizem o acordo. Por fim, ambos os acordos possuem mecanismo de solução de controvérsias baseado na arbitragem de investimentos, porém cada um deles apresenta reservas[480] sobre matérias distintas que não serão analisadas pela arbitragem investidor-Estado.

---

[480] Por exemplo, no CPTPP, o México apresentou uma lista de reservas excluindo da análise da arbitragem investidor-Estado questões relacionadas às suas Lei de Hidrocarbonetos,

Nesse sentido, observa-se que nem o CETA nem o CPTPP seguem de forma idêntica os modelos de BITs americano ou canadense, havendo consistência conjunta dos quatro padrões de proteção internacional apenas quanto à precisão da linguagem. Sobre as flexibilidades, todos os modelos são flexíveis, incluindo exceções gerais de interesse público, porém o CETA possui grau máximo de flexibilidade (nível –), diferenciando-se dos BITs e do CPTPP. Contudo, a partir do item sobrevivência temporal observa-se o alinhamento do CETA ao padrão canadense de proteção. Isso porque o tempo de espera do CETA é tão rígido quanto o do BIT canadense (nível ++), porém a mesma correlação não ocorre entre o BIT americano e o CPTPP, pois, enquanto o acordo bilateral possui tempo de espera variável entre seus únicos dois BITs assinados nos anos 2000, que vai de cinco até dez anos em um caso (BIT com o Uruguai) e mais de dez anos em outro (BIT com Ruanda), o CPTPP sequer prevê cláusula de espera. Assim, o país que desejar abandonar o compromisso se desvinculará com mais facilidade dos direitos e das obrigações desse acordo, em comparação com os outros acordos de investimento ou preferenciais existentes, o que acaba assumindo um caráter de incentivo ao abandono de compromissos, reforçando os problemas quanto ao cumprimento e ao comprometimento.

Por fim, quanto à solução de controvérsias, os BITs canadenses, americanos, o CPTPP e o CETA possuem reservas à arbitragem de investimentos, exceto o BIT americano firmado com Ruanda, que permite que qualquer matéria seja arguida perante um tribunal arbitral de investimentos. Nesse sentido, é compreensível que, uma vez que o BIT canadense impede que sua lei de investimentos doméstica se sujeite a esse mecanismo arbitral, outros acordos envolvendo o Canadá também o façam. Entretanto, isso não deixa de enfraquecer de certa forma a cooperação e aumentar o risco de problemas de cooperação quanto ao cumprimento e ao comprometimento e as incertezas quanto ao comportamento e ao estado do mundo. Assim sendo, conclui-se que, apesar da similaridade entre os BITs americano e canadense e o CETA e o CPTPP em alguns pontos, pode-se inferir que o CETA teve

---

Lei de Serviços Públicos, Lei de Parcerias Público-Privadas, entre outras. Além disso, uma das disposições de mais destaque e que está concatenada com o ímpeto de mudanças em andamento é a exclusão de medidas envolvendo tabaco da arbitragem de investimentos, presente no artigo 29.5 do acordo, mais precisamente no capítulo de exceções (e não no capítulo de investimentos). No CETA, o Canadá reforma a prática que já vinha realizando em seus BITs ao excluir da análise da arbitragem de investimentos o *Investment Canada Act*.

maior influência dos BITs canadenses que o CPTPP e, portanto, é mais cooperativo que o mega-acordo.

4.4 Análise crítica

Superada a análise empírica realizada, é possível um olhar mais apurado sobre as descobertas alcançadas e seus impactos. Em primeiro lugar, ressalta-se que a aplicação da teoria do Continente ao objeto se mostrou satisfatória, pois forneceu subsídios para que se compreendesse de forma mais acurada o que influencia a variação dos desenhos clausulares. A partir desse entendimento, foi possível identificar: (i) quais problemas de cooperação e incertezas incidem, hipoteticamente, na questão da expropriação indireta, configurando-se em variáveis independentes, e (ii) quais são as respostas jurídicas para afastá-los, caracterizando-se nas variáveis dependentes, que corresponderão diretamente ao desenho do tratado.

Feito isso, o presente estudo propôs-se a desenvolver racionalmente um desenho ideal de acordo cooperativo que melhor afastasse as incertezas quanto ao estado do mundo e quanto ao comportamento e os problemas quanto ao cumprimento, ao comprometimento e à distribuição enfrentados pela expropriação indireta na esfera internacional. Nessa moldura jurídica, as principais subdimensões clausulares, em reação aos problemas anteriormente citados, devem ser: (i) exceções de interesse público; (ii) mecanismo centralizado formal delegado de monitoramento e de solução de controvérsias; (iii) regras envolvendo punições; e (iv) imprecisão e reservas. Nesse sentido, a gradação realizada e aplicada a todas as subdimensões foi importante porque possibilitou medir se o Estado dá mais ou menos ênfase a tal subdimensão.

Nesse particular, faz-se a ressalva de que, apesar de conjecturado, o único problema de cooperação que não foi abordado na análise foi o problema de distribuição, já que, como está proposto na teoria, não faz sentido com o que se defende no trabalho. Ele simboliza uma divergência na expectativa de ganhos entre as partes, o que não se pode – ou é muito difícil – calcular de antemão. Contudo, entende-se que esse problema é mais comum quando de uma relação envolvendo um acordo composto por diversas partes. Esse não é o caso no Direito Internacional dos Investimentos, em que a esmagadora maioria dos acordos é bilateral, inclusive os analisados na pesquisa empírica que se seguiu, o que torna menos complexa a previsibilidade da distribuição dos ganhos pelas partes. Por isso, como não se analisou essa vertente nos BITs, tampouco ela foi analisada para o CETA e CPTPP.

Uma situação que pode ocorrer nesse âmbito de estudo é um problema de distribuição em relação ao cálculo da compensação no caso de expropriação indireta. Conforme estudado anteriormente, os aspectos do cálculo da compensação ainda são, em sua maioria, decididos pelos tribunais arbitrais de investimento, os quais determinarão o *quantum* e a forma de pagamento da compensação, e o que se tem atualmente é uma variedade de metodologias para esse cálculo, aplicadas caso a caso. Essa delegação aos tribunais arbitrais ocorre, justamente, porque a linguagem dos acordos de investimento é inexistente ou imprecisa e vaga a respeito. Por isso, entende-se que a melhor solução para esse problema de cooperação não é a imprecisão, conforme a teoria propõe, mas sim a precisão da norma. Essa afirmação concatena-se com os esforços para reforma *ex ante*, como defendido no presente trabalho.

A interposição de reservas, também proposta como solução a esse entrave, tampouco se configura como a melhor opção quando se trata de um acordo bilateral, pois quando uma das partes não concorda com uma determinada obrigação, a solução seria simplesmente retirá-la do acordo, por não fazer sentido apenas uma das partes ter o ônus do cumprimento. Por outro lado, descobriu-se que as reservas fazem sentido em um instrumento bilateral ao se excluir determinadas regulações do exame do tribunal arbitral, prática comum nos BITs canadenses.

Assim sendo, na análise empírica realizada, consideraram-se como padrão mais próximo do ideal os acordos que possuíam alto grau de precisão e detalhamento; exceções de interesse público envolvendo diversas áreas, especificidades e setores, além de cláusula específica sobre o direito de regular; cláusula de sobrevivência temporal abrangendo cobertura elevada, a qual, por fazer com que as partes fiquem vinculadas às obrigações por mais tempo, assemelha-se a um tipo de sanção imposta em razão da opção por desvinculação do acordo; monitoramento compartilhado efetuado pelo órgão centralizado, pelas partes e por entidades não estatais; e órgão centralizado delegado que possa analisar qualquer matéria.

Os acordos chineses, apesar de já serem marcantes no cenário global, têm um elevado grau de incoerência, pois se alteram em demasiado a depender do parceiro. Adicionalmente, um fator que faz com que não sirvam de paradigma é a mescla de gerações de acordos no mesmo lapso temporal. Embora os acordos mais modernos possuam um arranjo de cláusulas que se distingue dos das gerações anteriores em muitos pontos, houve casos em que a China voltou a negociar acordos de terceira geração, nos casos dos BITs com Mali e Malta, mesmo já estando em sua quarta geração de acordos. Isso mostra um movimento pendular, que faz com que não se compreenda ao certo qual é sua verdadeira posição. Conclui-se então que, por mais que se tenha elegido o BIT China-Canadá como um modelo cooperativamente avançado, isso ocorre mais em razão da transposição do modelo de seu parceiro do que da própria China.

Quanto aos BITs indianos, eles sofrem da mesma incoerência dos chineses. Os primeiros acordos são bastante repetitivos, porém, em sua escala evolutiva, chega-se a um determinado período temporal em que se inicia uma ação de efeito recíproco ou combinada, em particular, entre as variáveis precisão e exceção, que começam a inverter reciprocamente suas posições até o final da análise. O BIT com os Emirados Árabes, penúltimo BIT analisado, possui um desenho distinto – é muito preciso, porém totalmente inflexível e sem sobrevivência temporal. Essa quebra de padrão faz com que se infira que o BIT indiano é influenciável a depender de seu parceiro. Esse fato não traz estabilidade a esse padrão de proteção, mesmo sendo altamente centralizado e havendo um reforço no monitoramento mais rígido e retorno a um acordo com sobrevivência temporal, mesmo de 5 anos (nível 0), vislumbrado em seu último tratado firmado com Belarus, o que, na perspectiva deste trabalho, não estimula a cooperação. Logo, a ausência de percurso lógico, mesmo se tratando da nova geração de acordos indianos faz com que o BIT indiano não seja a melhor opção.

O BIT russo também não poderá ser a melhor opção de modelo cooperativo dentre as examinadas, visto que seu modelo de acordo se assemelha à perspectiva tradicional de desenho, sem qualquer flexibilidade, além da baixa precisão de linguagem e do monitoramento basicamente centralizado. Mesmo a mudança no BIT Rússia-Guatemala para uma linguagem um pouco mais precisa não faz com que seja tão significativa, diante da conservação das outras dimensões em graus estáticos.

Os ACFIs brasileiros são modelos que tentam ser congruentes com a posição brasileira a respeito do tema, e isso tem sido feito com sucesso, diante da quase ausência de variações. Contudo, a sua configuração é avessa à cooperação quanto à expropriação indireta. Primeiro, por sequer conter o instituto em seu arcabouço protetivo, haja vista a resistência do próprio país a esse conceito. Isso acarreta, consequentemente, a ausência de exceções. Para completar, trata-se de um modelo que, exceto em um único tratado da amostra, não possui cláusula de sobrevivência temporal, deixando facilitado o caminho para a parte que desejar desvincular-se da obrigação. Além disso, institui como modelo de solução de controvérsias a arbitragem entre Estados, que, apesar de ser centralizada, exclui o investidor de acessar o mecanismo diretamente. Esse parâmetro para solucionar disputas acaba eliminando a sombra do direito, caso as partes pretendam negociar, devido à impossibilidade de se antever resultados futuros, visto que se depende do Estado para iniciar a demanda, o que por si só é menos cooperativo.

Nesse sentido, o acordo que mais se aproxima desse quadro é o BIT canadense. Como exposto anteriormente, é um modelo de tratado com um núcleo duro de cláusulas e aplicado em todas as negociações realizadas pelo Canadá, havendo baixa variação conforme a alteração do parceiro. A coerência normativa dos acordos canadenses é a primeira característica cooperativa benéfica do modelo, uma vez que isso demonstra maior previsibilidade e simetria de informações quando, de antemão, um Estado cogitar negociar com o Canadá. Além disso, em relação aos problemas de cooperação e às variáveis dependentes, o acordo canadense se mostra cooperativamente adequado. Ele apresenta o grau máximo de precisão ao conter definição de expropriação indireta e seus fatores de análise e por diferenciá-la de uma regulação não compensável, o que traz mais segurança jurídica às partes, inclusive, para exigirem o cumprimento de um dever claramente negociado. Logo, quanto maior a precisão da redação do acordo, mais protegido estará o Estado contra decisões extensivas temerárias.

O fato de o modelo canadense conter exceções quanto ao interesse público também faz com que ele seja preferível, visto que as flexibilidades possibilitarão uma redução da incerteza, ao esclarecerem quais tipos de regulação não são caracterizados como expropriação indireta. Isso afastará a incidência de demandas perante a arbitragem de investimentos questionando regulações relacionadas a proteção ambiental, saúde pública, segurança, dentre outras áreas excetuadas no bojo do acordo; contudo, se o investidor preferir ir adiante com a reclamação mesmo assim, o fará a seu próprio risco. Ademais, além de dirimir a incerteza em relação ao estado do mundo, as exceções influenciam também no afastamento da incerteza quanto ao comportamento, pois os Estados terão ciência de que as regulações não enquadradas nas exceções poderão ser limitadas pelo compromisso internacional, podendo moldar, em teoria, suas ações regulatórias antevendo essa informação.

A sobrevivência temporal dos acordos canadenses também parece adequada, pois o grau elevado de espera, de mais de dez anos, serve como uma punição mais rigorosa para o Estado que pretenda cessar a cooperação, o que poderá funcionar como coibição de seu comportamento no que diz respeito ao abandono do cumprimento e do comprometimento com o acordo. Nesse particular, essa dimensão no acordo canadense torna-se importante, pois o diferencia do BIT americano, o qual possui sobrevivência temporal mais fraca, de cinco a dez anos. Esse item é importante, pois pode inibir as violações dos compromissos e, quanto mais forte for esse reforço, menos margem é aberta em favor do abandono da cooperação

Ao se realizar um paralelo entre os modelos de BIT americano e canadense, faz-se necessário observar que esses acordos são coevolutivos, ou seja, as mudanças de um impactam nas transformações do outro. Isso se dá, principalmente, em razão de sua proximidade e do fato de essas economias serem interdependentes economicamente. Dessa forma, há uma pressão real para que exista uma reação coevolutiva para os instrumentos desses países, pois tudo o que se altera em um é sentido no outro de forma mais intensa e rápida que em relação a outros parceiros. É por isso, por exemplo, que se percebe que os modelos americano e canadense são quase idênticos, a não ser por algumas nuances específicas. Além da característica coevolutiva, o modelo canadense também é fruto das lições aprendidas no âmbito do NAFTA. O Canadá tem sido bastante atuante nas arbitragens de investimento do NAFTA, ora como demandante, ora como demandado, inclusive em questões envolvendo expropriação indireta. Considerando que as experiências nas arbitragens no NAFTA nem sempre foram as melhores, essa vivência pode ter desencadeado maior cuidado na elaboração do modelo de acordo canadense que se tem hoje, para evitar repetir erros do passado, incorporando a prática dos tribunais.

Quanto ao quesito monitoramento, o BIT canadense está à frente comparado aos outros acordos analisados, pois estabelece um sistema que partilha o ônus da fiscalização. Isso não quer dizer que o sistema de monitoramento deixou de ser centralizado, mas sim que a função também é prestada pelas próprias partes do acordo e entidades não estatais, que são legitimadas a participarem no texto do acordo. Isso se mostra benéfico, pois constitui um reforço à cooperação, além de ampliar a participação dos principais destinatários de certas regulações.

No que se refere ao sistema de solução de controvérsias, o BIT canadense opta pela arbitragem de investimentos. Porém, em seu modelo, o país explicitamente exclui da apreciação dos tribunais de investimento sua regulação interna sobre investimentos. Apesar de isso representar uma redução na centralização, em comparação ao grau máximo avaliado, em que toda e qualquer regulação poderia ser arbitrada, entende-se que isso não prejudica a efetividade do acordo e o propósito da cooperação, pois continuará havendo órgão adjudicatório e a sombra do direito necessária para negociar. O máximo efeito será o aumento da precisão acerca das regulações que o investidor não poderá arguir.

Além das peculiaridades técnicas relacionadas ao suporte teórico utilizado, ressalta-se que o acordo canadense parece adequado também por tentar deixar menos desiguais os direitos entre investidores e Estados. O fato de ser abrangente quanto às exceções e ao interesse público faz com que se reconheça o direito do Estado de regular nessas áreas. Ademais, a abertura de participação à sociedade civil e aos entes não estatais legitima um movimento que tem se multiplicado cada vez mais, que é a participação da sociedade civil. Isso faz com que o acordo suavize um pouco o estereótipo de instrumento inteiramente voltado para a proteção dos investidores, assim como eram os BITs tradicionais dos anos 1990.

Outro ponto a ser destacado é o poder de influência do BIT canadense, que não tem se limitado apenas à esfera dos BITs, mas também se expandido para a dos acordos preferenciais de comércio, o que pode ser mais bem visualizado ao se examinar o CETA, conforme análise qualitativa realizada. Isso não quer dizer que a exportação da norma se deu de forma idêntica, mesmo porque o CETA é mais flexível que os BITs canadenses. Porém, as demais subdimensões são iguais e representam alguns traços reais da política canadense para a proteção dos investimentos, como o monitoramento reforçado e a abertura de participação aos entes não estatais. No CPTPP, a influência do BIT canadense foi menor em razão de o mega-acordo ser formado por diversos membros.[481] Em função dos vários interesses em voga a serem ajustados no acordo, questões importantes como a ausência de sobrevivência temporal e o monitoramento realizado conjuntamente por órgão centralizado e pelas partes foram incluídas no acordo de forma não idêntica quanto às disposições presentes nos acordos de investimento canadenses.

---

[481] Em dezembro de 2019 havia 11 membros.

Por fim, diante da declaração de que o modelo canadense de BIT é o mais cooperativo, entre a amostra analisada, pelos motivos já explicitados, seria interessante que ele se configurasse como paradigma na mudança *ex ante* em curso no Direito Internacional dos Investimentos. A mudança dos Estados em direção um perfil de tratado mais cooperativo faz com que tanto Estados quanto investidores tenham mais estabilidade ao final, pois o objetivo principal – conter a adjudicação legislativa – será possível uma vez que os acordos serão mais completos, o que poderá implicar menor nível de violação a esses instrumentos em comparação com os atuais, já que as regras estarão mais claras.

Isso faz com que se contenha a função interpretativa e quase legislativa dos tribunais arbitrais de investimento, pois menos casos serão direcionados a esses órgãos centralizados e, os que o forem, serão mais limitados, sem que haja a necessidade, ao menos no que se refere à expropriação indireta, de interferências significativas ou equiparadas às atuais. Isso gera mais estabilidade, pois o Estado retoma sua centralidade na condução das diretrizes internacionais sobre investimentos, preserva seu *policy space*, pelo menos de maneira mais clara nas áreas destacadas nos acordos, e os investidores, apesar de abdicarem de sua ampla proteção em parte, terão mais previsibilidade e segurança jurídica na questão da expropriação pela via regulatória, considerando haver uma regra mais forte e uma restrição na margem subjetiva de apreciação dos tribunais arbitrais, uma vez que os acordos serão mais objetivos em sua interpretação.

Assim sendo, a opção por um acordo mais cooperativo, previsível e claro faz com que seja mais fácil apreciar as regras do jogo, evitando violações e, também, obstando a ampliação da margem de apreciação dos árbitros sobre políticas públicas domésticas, como se tem observado atualmente. Isso reduzirá as incertezas a respeito da ampla subjetividade interpretativa do julgador, pois quanto mais completa a norma, menos espaço haverá para excessos que venham a prejudicar tanto Estados quanto investidores.

4.5 Considerações preliminares

Desse modo, a presente análise mostra-se relevante uma vez que aplicou a teoria do Continente do Direito Internacional ao objeto e elaborou um arranjo de cláusulas ideal para que, hipoteticamente, pudesse repelir entraves à cooperação na questão da expropriação indireta. Por meio do desenho ideal criado, foi possível verificar quais dimensões das cláusulas serviriam como respostas aos problemas de cooperação e às incertezas identificados ao redor da expropriação indireta. A partir disso, a pesquisa empírica com os BITs selecionados foi realizada de forma mais focada, restrita à identificação de dimensões específicas (e de sua gradação) que contribuiriam para a eliminação dos problemas de cooperação. Foi possível extrair interpretações sobre a coerência dos desenhos dos acordos negociados durante o lapso temporal estabelecido, e se as nuances das dimensões se alteravam de forma sutil ou acentuada.

Inicialmente, frisa-se que foram escolhidos para a análise os acordos de determinada amostra de países, assinados a partir do início do século XXI. Esse marco temporal é importante porque é quando, segundo a UNCTAD, o Direito Internacional dos Investimentos inicia a sua transição, que ainda está em curso, para a reforma de um dos seus principais pilares: os APPRIs. Desse modo, a premissa principal de análise pairou sobre o modo como são formados os acordos de investimento, para que se pudesse compreender também a maneira como os novos acordos estão se concretizando, com base na amostra analisada.

Na análise empírica, os acordos russos tiveram pouco destaque, por seu tradicionalismo e sua pouca variação, assim como os acordos brasileiros, pouco efetivos no combate aos problemas e às incertezas da expropriação indireta, já que sequer a mencionam. Os acordos americanos tiveram influência mais relevante no passado, quando irradiaram a expropriação indireta mundo afora, que atualmente, haja vista os poucos acordos assinados. Os acordos chineses e indianos tiveram destaque em seus padrões geracionais, porém os acordos mais cooperativos vislumbrados foram os canadenses. Além de se adequarem ao modelo ideal proposto, são precisos e possuem exceções ao interesse público desenvolvidas; sobrevivência temporal mais rígida e, consequentemente, punições mais severas; sistema de monitoramento inclusivo e conectado com os esforços em trazer a sociedade civil, no que for possível, às discussões; e mecanismo centralizado formal delegado de solução de controvérsias, elemento importante também ao cumprimento do acordo. A partir de uma análise das cláusulas de expropriação indireta do mega-acordo regional entre Canadá e União Europeia, o CETA, é possível interpretar, inclusive, a influência do BIT canadense nesse instrumento, cuja sobrevivência temporal é tão rígida quanto o canadense (nível ++), elemento relevante para a cooperação entre as partes.

Logo, o fato de o BIT canadense ser considerado um modelo cooperativo, que afasta problemas de cooperação e incertezas quanto à matéria da expropriação indireta, é útil não somente para se visualizar o atual estágio evolutivo a que o objeto de pesquisa chegou, mas também para que seja instrumentalizado na reforma institucional que se segue no Direito Internacional dos Investimentos. Assim sendo, ao maximizar a cooperação nas relações entre as partes, o desenho do acordo influenciará diretamente o seu cumprimento. Sendo menos provável o descumprimento das normas de expropriação indireta em razão de sua linguagem e demais elementos já elencados que combatem as instabilidades que poderão incidir na relação, menor e mais limitada será a margem de apreciação subjetiva dos tribunais arbitrais em relação à matéria, restringindo-se a interpretação a uma seara mais objetiva. Esse processo encadeado, liderado pela mudança *ex ante* dos acordos, portanto, deve ser realizado por modelos o mais cooperativos possível, para que tanto Estados quanto investidores tenham mais segurança jurídica e os acordos sejam preservados, em vez de violados.

CONCLUSÕES

A temática da expropriação sempre foi considerada uma medida extrema pela comunidade internacional. Sua popularidade emergiu das grandes expropriações do século XX, em que empreendimentos transnacionais, símbolos de poder e resquícios de um domínio colonial dos séculos anteriores, foram transferidos para o domínio dos Estados nacionais, trazendo à baila o debate internacional sobre sua legitimidade e o pagamento obrigatório de compensação. Devido à sua condição extraordinária e por ser visivelmente identificável face à transferência direta de domínio, a expropriação direta esteve presente sob os holofotes do Direito Internacional por um longo período de tempo.

No entanto, conforme os Estados nacionais sofriam condenações e imposições ao pagamento de elevadas compensações em função das expropriações clássicas, passaram a se desenvolver também outras formas de intervenção na propriedade estrangeira. Inicialmente identificada como um ruído, a expropriação indireta foi ganhando destaque aos poucos no cenário internacional. Entretanto, seu reconhecimento e codificação não foram imediatos, em grande parte porque ocorria por meios não tão óbvios e de difícil comprovação, o que gerava reticências tanto de Estados quanto de tribunais internacionais.

Nesse particular, destaca-se o papel fundamental dos EUA em conduzir seu processo convencional na esfera bilateral. Com o claro propósito de alargar as proteções aos seus investidores internacionais, o país optou por transpor para o plano internacional instituto já conhecido e utilizado em seu Direito interno, qual seja a *regulatory taking*, que trata justamente das ingerências regulatórias nos direitos de propriedade tangíveis, sendo mandatória compensação. Não se pode negar que, ao exportar seu direito para seus BITs e para o NAFTA, o país já se encontrava familiarizado com o instituto e suas nuances, posição vantajosa em relação a outros países, que o consideravam difícil ou oneroso. Além disso, ao fazê-lo, o país assumiu protagonismo quanto às mudanças em relação à expropriação no Direito Internacional, o que pode ser vislumbrado até os dias de hoje em suas negociações bilaterais ou preferenciais de comércio.

Contudo, uma vez convencionada, a expropriação indireta passou a enfrentar novos desafios pela frente. O primeiro deles consistia em sua própria redação nos acordos de investimento. De início, esses institutos apareciam no texto dos tratados de forma superficial, com uma linguagem vaga, imprecisa e limitada. O propósito dessa ausência de especificação era claro: deixar o conceito o mais aberto possível para que os investidores pudessem contestar amplamente toda e qualquer regulação estatal, garantindo, assim, maior proteção a esses atores. Ocorre que os Estados exportadores de capital não contavam com a atuação proeminente dos tribunais arbitrais de investimento ao analisar a matéria, uma vez que a eles foi delegada a função adjudicatória e interpretativa dos instrumentos jurídicos internacionais. Entretanto, quanto mais incompletos são os tratados em relação à expropriação indireta, maior é a subjetividade para que se possa trazer à baila indícios mais concretos de como as partes devem se comportar ou cumprir com as suas obrigações.

Não se pode olvidar também que os mais afetados com essa maleabilidade interpretativa eram os Estados receptores de investimento, que passam a ter suas políticas públicas legítimas analisadas em seu mérito pelos árbitros internacionais, que, para avaliar se devido ou não o pagamento de compensação, adentram à análise sobre seu propósito público. Havia, então, um cenário de usurpação, o qual, porém, era legítimo, ao passo que a autoridade do tribunal arbitral foi delegada pelos próprios Estados.

Nessa toada, a solução que se fazia possível era a de uma mudança *ex ante* nos acordos internacionais, de modo a tentar limitar a adjudicação legislativa no âmbito da expropriação indireta. Uma das inferências mais precípuas dessa alteração normativa seria a de que, a partir dessas alterações, os tratados internacionais seriam mais cooperativos, uma vez que seriam mais completos. A cooperação seria fundamental, nesse caso, pois evitaria que os Estados cedessem a impulsos de traição ou abdicação dos compromissos assumidos, o que implicaria uma contenção, de certa forma, do exercício da delegação de poder dos árbitros e, mesmo se isso viesse a ocorrer, esta seria realizada de forma mais limitada, em função da maior objetividade do texto legal.

Contudo, a criação, modificação ou adaptação dos tratados internacionais não consiste em tarefa fácil. Como destacado na presente obra, ela necessita ser elaborada a partir da ponderação dos custos-benefícios de cada inclusão. Nesse sentido, a adoção da teoria do Continente do Direito Internacional, para que servisse de suporte teórico ao entendimento da variação dos tratados internacionais, foi de grande valia.

O Continente do Direito Internacional forneceu subsídios para que se visualizasse como as alterações nos textos dos tratados poderiam ser ainda mais efetivas se fossem pensadas pelo prisma da maximização da cooperação. A divisão entre variáveis independentes e dependentes da teoria do Continente se mostrou essencial, porquanto permitiu enxergar que cada problema de cooperação ou incerteza que possa surgir na relação implica uma medida específica, uma variável dependente que, se for incluída em grau mais próximo do ideal, surtirá efeitos a médio e longo prazo para o sucesso do acordo.

O fato de esse arcabouço teórico advindo das Relações Internacionais ser geral e abstrato possibilitou sua aplicação ao tema da expropriação indireta e, posteriormente, permitiu a avaliação de qual desenho seria o melhor possível para estimular a cooperação entre as partes no assunto. A criação dessa moldura jurídica ideal foi importante também, pois possibilitou a seleção das cláusulas que seriam analisadas posteriormente na análise empírica que se empreendeu. Nesse sentido, uma conclusão importante desta obra é o quanto as Relações Internacionais podem ser úteis ao Direito e fornecer análises bem construídas para fundamentar escolhas jurídicas.

Nesse diapasão, superado o estudo teórico, fazia-se necessário visualizar como tem sido a experiência prática da negociação dos tratados mais modernos em relação ao tema e se esses têm se demonstrado mais voltados à cooperação. Como o universo dos BITs atingiu um patamar de mais de 3.000 acordos até o momento,[482] foi necessário criar um recorte mais focado para que fosse possível a realização da pesquisa, em função de suas limitações. Os países selecionados – China, Canadá, EUA, Índia, Rússia e Brasil – foram escolhidos em função do papel que têm exercido no movimento de reforma, além dos mega-acordos CETA e CPTPP, diretamente influenciados por EUA e Canadá. Vale salientar que cada país possui uma iniciativa diferente, uns mais proativos, outros

---

[482] Número verificado até maio de 2019.

menos, porém, mesmo que sejam visualizadas poucas alterações, isso se torna importante para comparar os dados e a posição de cada país *a posteriori*.

Ressalta-se que a pesquisa empírica empreendida foi realizada a partir da análise de todos os acordos assinados, mesmo que terminados ou que ainda não estivessem em vigor, entre 1º de janeiro de 2001 e 1º de janeiro de 2019. Após a delimitação temporal, fazia-se necessário criar um padrão para que fosse possível a leitura das informações retiradas da observação. Assim, foi criada uma gradação específica, com critérios baseados na maior ou menor cooperação que as variáveis dependentes (precisão da linguagem, exceção de interesse público, sobrevivência temporal, monitoramento e solução de controvérsias) pudessem alcançar.

Desse modo, a partir da análise empírica realizada, chega-se à principal conclusão da presente obra, que consiste no reconhecimento de que o acordo canadense é o mais cooperativo da amostra quanto à questão da expropriação indireta, além de ser o modelo de acordo que mais estimulará o seu cumprimento, o comprometimento das partes, orientará de forma mais clara o comportamento das mesmas e afastará incertezas. Assim, considerando as mudanças em curso promovidas pelo movimento de alteração *ex ante* que o Direito Internacional dos Investimentos está vivenciando, se o acordo canadense é o mais cooperativo, ele pode ser utilizado como paradigma nessa mudança, servindo, inclusive, ao propósito de tentar afastar o fenômeno da adjudicação legislativa ou intervenção excessiva pelos árbitros, que tem trazido instabilidade tanto para Estados quanto para investidores.

Nesse sentido, destaca-se que o Estado canadense já participa ativamente do movimento de mudanças dos BITs, proliferando seu modelo de forma intensa. Isso faz parte de uma diretriz política comercial interna que, desde a alteração de seu modelo de acordo, tinha como objetivo expandir o número de parceiros do Canadá, consequentemente, difundindo suas regras.

Contudo, o mais importante está no desenho do acordo canadense. Dentre as principais características dessa moldura jurídica e que são centrais para as mudanças no sistema vigente, destacam-se: (i) a alta precisão da linguagem; (ii) as flexibilidades das exceções de interesse público; (ii) a existência de um sistema de solução de controvérsias delegado formal e centralizado; (iv) o monitoramento amplo e inclusivo e (v) a sobrevivência temporal longa. Quanto ao primeiro item, durante o estudo teórico do Continente e de sua aplicação por meio da pesquisa empírica e da análise qualitativa dos tratados, observou-se que ele consiste na dimensão mais importante quando de uma mudança normativa, visto que, quanto mais preciso o acordo, maior a possibilidade de se exigir o cumprimento de um dever.

Nesse sentido, traz-se à baila outra conclusão importante do trabalho. A partir da análise do texto dos acordos mais tradicionais, tem-se que, em razão de sua amplitude e de sua disposição quase que principiológica, que implica esforços dos árbitros em darem conteúdo à norma depois da conduta, as disposições sobre expropriação indireta nesses tratados assemelham-se muito mais a *standards* do que a regras duras e consistentes de *hard law*. Nesse sentido, torna-se difícil exigir o cumprimento de uma norma indeterminada, cujo conteúdo as partes não conseguem visualizar e que os tribunais arbitrais não conseguem aplicar. Por isso, por mais deletéria que seja a atuação desses organismos, ela é necessária diante da incompletude normativa.

O acordo canadense possui um elevado grau de precisão, citando diretamente a expropriação indireta, além de defini-la e expor os fatores necessários a serem avaliados para a distinção entre uma medida regulatória compensável e não compensável. Essa maior clareza na linguagem quanto à expropriação indireta, se comparada a outros acordos, traz maior previsibilidade, estabilidade e segurança jurídica às obrigações, que não precisarão de terceiros para interpretá-las.

No entanto, a linguagem, isoladamente, ainda não promove o grau de cooperação desejável. Faz-se necessário que esteja acompanhada das exceções de interesse público, as quais terão o condão de determinar quais regulações estatais não entram na regra de ampla proteção aos investidores estrangeiros. Os acordos canadenses trazem essa subdimensão de uma forma equilibrada, pois não são extremamente flexíveis, de acordo com a gradação elaborada, mas contêm as disposições suficientes e necessárias para que fique claro quais normas estatais não poderão ser contestadas.

Ressalta-se também, de forma conclusiva, que as flexibilidades auxiliam na acomodação de interesses no âmbito do acordo. Considerando que o tratado era antes exclusivamente voltado ao interesse dos investidores, o fato de se reforçar que os Estados têm direito de regular em determinadas matérias e, inclusive, discriminá-las, faz com que, por meio de uma regra forte, se assevere que a proteção ao *regulatory space* dos Estados pode ser reforçada pela área internacional. Isso faz com que o Direito Internacional dos Investimentos também avoque para si ao menos uma parcela da responsabilidade quanto à preservação de interesses comuns a toda a sociedade.

Além disso, como vivemos em um contexto em que as empresas transnacionais já se deram conta de que já influenciam mais efetivamente na redação dos próprios acordos internacionais que na adoção de políticas públicas nacionais, e que por mais óbvia que seja a premissa da soberania estatal, chega-se em um nível que aos Estados é preferível reforçar este direito legítimo em todas as oportunidades possíveis, que vê-lo questionado em tribunais de investimento.

Ademais, não se pode negar que o estabelecimento de um sistema de solução de controvérsias é elemento fundamental para a cooperação e, também, para o sucesso do acordo canadense. Este é o principal elemento presente no afastamento de quase todos os problemas de cooperação destacados no arquétipo ideal formulado. Sua simples existência já serve como elemento intimidador de comportamentos desviantes, e seu acionamento e posteriores resultados também convêm ser utilizados como exemplos do que pode acontecer caso se siga em frente com a violação.

Além dessas três principais características, tanto a forma de monitoramento amplo e inclusivo quanto o estabelecimento de punições através da sobrevivência temporal longa mostram-se também como importantes para o fomento da cooperação no âmbito da questão. Isso ocorre porque a ampliação da fiscalização dos acordos, por um lado, induz ao reforço do compromisso das partes com a transparência e a troca de informações e, por outro, faz com que se amplie o espaço de discussão, trazendo formalmente ao âmbito do acordo os entes não-estatais. Vale ressaltar que essa maior participação de todos os interessados faz com que a comunidade internacional esteja atenta a quaisquer comportamentos desviantes. É mais um mecanismo de fiscalização e monitoramento. Assim, caso sejam identificados desvios, isso causará reações, principalmente na reputação das partes, o que pode contribuir para a inibição desses comportamentos. Quanto às cláusulas de sobrevivência temporal, essas possuem um peso menor se comparadas às primeiras subdimensões citadas, uma vez que um grau um pouco mais brando de sobrevivência temporal, por exemplo, de 5 a 10 anos, também cumpriria com as expectativas propugnadas, porquanto, em um mundo economicamente globalizado, esse período de tempo já seria suficiente como punição para que o Estado fique atrelado a um parceiro que não pretende mais cooperar.

Desse modo, o presente trabalho se orientou pelos contornos que foram dados à expropriação indireta pelo Direito Internacional dos Investimentos, demonstrando quais têm sido os seus principais desafios e seu atual estágio de evolução. Este corresponde à transição de uma codificação de certa forma instável para uma mais estável, em função de alterações na redação das próprias cláusulas de expropriação indireta e, também, em razão das demais cláusulas que lhe dão suporte, tornando-se mais duras, para evitar violações. Ao se conjecturar as consequências dessa alteração, tem-se que, de forma imediata, haverá o cumprimento do acordo e o afastamento de sua violação e, de modo mediato, se retirará o máximo possível de subjetividade interpretativa dos árbitros.

Nesse processo, os acordos canadenses devem servir de paradigma para outros Estados que pretendam efetuar mudanças em seu arcabouço jurídico internacional para corrigir imprecisões, indeterminações e a rigidez quanto à abordagem da expropriação indireta. O maior benefício em se seguir esse modelo será maximizar a cooperação em torno da temática da expropriação indireta, fazendo com que se reduza o máximo possível das arestas. Assim, somente um acordo mais completo e cooperativo terá o condão de conduzir as mudanças *ex ante* para que surtam os efeitos originalmente concebidos.

No entanto, constatado o parâmetro cooperativo canadense e todos os seus elementos, resta saber se a cooperação quanto à expropriação indireta tem mesmo se concretizado, se se reduziram as violações a essas normas e padrões internacionais e, ainda, como tem se dado o ativismo dos tribunais arbitrais de investimento nesses casos, se em maior ou menor proporção. Contudo, ressalta-se que isso corresponderia a uma etapa posterior a esse trabalho, um novo recorte que, do ponto de vista da autora, contará com os subsídios teóricos proporcionados pela presente obra.

REFERÊNCIAS

ABBOTT, Kenneth W. Modern International Relations Theory: A Prospectus for International Lawyers. *Yale Journal of International Law*, New Haven, v. 14, nº 2, p. 225–411, 1989.

ABBOTT, Kenneth W.; SNIDAL, Duncan. Hard and Soft Law in International Governance. *International Organization*, Cambridge, v. 54, nº 3, p. 421–456, 2000.

ACCIOLY, Hildebrando; NASCIMENTO E SILVA, Geraldo Eulálio; CASELLA, Paulo Borba. *Manual de direito internacional público*. 18. ed. São Paulo: Saraiva, 2010.

ACCIOLY, Hildebrando; NASCIMENTO E SILVA, Geraldo Eulálio; CASELLA, Paulo Borba. *Manual de direito internacional público*. 22. ed. São Paulo: Saraiva, 2016.

ADLER, Emanuel. O construtivismo no estudo das relações internacionais. *Lua Nova*: Revista de Cultura e Política, São Paulo, v. 1, nº 47, p. 201–246, 1999.

ALTERMAN, Rachelle. Comparative Analysis: A Platform for Cross-National Learning. In: ALTERMAN, Rachelle. *Takings international*: A Comparative Perspective on Land Use Regulations and Compensation Rights. Chicago: American Bar Association, 2010a. p. 21–74.

ALTERMAN, Rachelle. Regulatory Takings and the Role of Comparative Research. In: ALTERMAN, Rachelle. *Takings International*: A Comparative Perspective on Land Use Regulations and Compensation Rights. Chicago: American Bar Association, 2010b. p. 3–20.

ALVAREZ, José E. *International Organizations as Law Makers*. New York: Oxford University Press, 2005.

AXELROD, Robert. *The Evolution of Cooperation*. New York: Basic Books, 1984.

BACCINI, Leonardo. Explaining Formation and Design of EU Trade Agreements: The Role of Transparency and Flexibility. *European Union Politics*, Thousand Oaks, v. 11, nº 2, p. 192–217, 2010.

BALDI, Marino. Less May Be More: The Need for Moderation in International Investment Law. In: ECHANDI, Roberto; SAUVÉ, Pierre. *Prospects in International Investment Law and Policy*. Cambridge: Cambridge University Press, 2013. p. 443–449.

BATH, Vivienne. The South and Alternative Models of Trade and Investment Regulation Chinese Investment and Approaches to International Investment Agreements. In: MOROSINI, Fábio; BADIN, Michelle Ratton Sanchez. *Reconceptualizing International Investment Law from the Global South*. Cambridge: Cambridge University Press, 2018. p. 47–94.

BEEN, Vicki; BEAUVAIS, Joel C. The Global Fifth Amendment? Nafta's Investment Protections and the Misguided Quest for an International "Regulatory Takings" Doctrine. *New York University Law Review*, New York, v. 78, nº 1, p. 30–143, 2003.

BELL, Abraham. Private Takings. *The University of Chicago Law Review*, Chicago, v. 76, nº 2, p. 517–585, 2009.

BENEDEK, Wolfgang. Multi-Stakeholderism in the Development of International Law. *In*: FASTENRATH, Ulrich *et al*. *From Bilateralism to Community Interest*: Essays in Honour of Judge Bruno Simma. Oxford: Oxford University Press: 2011. p. 201–210.

BERCOVICI, Gilberto. *Direito econômico do petróleo e dos recursos minerais*. São Paulo: Quartier Latin, 2011.

BERCOVICI, Gilberto; COSTA, José Augusto Fontoura. *Nacionalização*: necessidade e possibilidades. São Paulo: Contracorrente, 2021.

BERGER, Axel. Hesitant Embrace: China's Recent Approach to International Investment Rule-Making. *The Journal of World Investment & Trade*, Leiden, v. 16, nº 5–6, p. 843–868, 2015.

BISHOP, R. Doak; CRAWFORD, James; REISMAN, William Michael (org.). *Foreign Investment Disputes*: Cases, Materials and Commentary. The Hague: Kluwer Law International, 2005.

BONNITCHA, Jonathan. *Substantive Protection under Investment Treaties*. Cambridge: Cambridge University Press, 2014.

BONNITCHA, Jonathan; POULSEN, Lauge N. Skovgaard; WAIBEL, Michael. *The Political Economy of the Investment Treaty Regime*. Oxford: Oxford University Press, 2017.

BRASIL. Decreto nº 7.030, de 14 de dezembro de 2009. Promulga a Convenção de Viena sobre o Direito dos Tratados, concluída em 23 de maio de 1969, com reserva aos Artigos 25 e 66. *Diário Oficial da União*, Brasília, DF, p. 59, 15 dez. 2009. Disponível em: http://www.planalto.gov.br/ccivil_03/_Ato2007-2010/2009/Decreto/D7030.htm. Acesso em: 21 mar. 2019.

BROCHES, Aron. Awards Rendered Pursuant to the ICSID Convention: Binding Force, Finality, Recognition, Enforcement, Execution. *ICSID Review-Foreign Investment Law Journal*, Washington, v. 2, nº 2, p. 287–334, 1987.

BROCHES, Aron. The Convention on the Settlement of Investment Disputes between States and Nationals of Other States. *Recueil des Cours de l'Académie de Droit International*, The Hague, v.2, t. 136, p. 333-410, 1972.

BROWN, Chester. *Commentaries on Selected Model Investment Treaties*. Oxford: Oxford University Press, 2013a.

BROWN, Chester. Introduction: The Development and Importance of the Model Bilateral Investment Treaty. *In*: BROWN, Chester. *Commentaries on Selected Model Investment Treaties*. Oxford: Oxford University Press, 2013b. p. 1–13.

BROWN, Chester. I. The Evolution of the Regime of International Investment Agreements: History, Economics and Politics. Chapter 4: International Investment Agreements – History, Approaches, Schools *In*: BUNGENBERG, Marc; GRIEBEL, Jörn; HOBE, Stephan;

REINISCH, August (ed.). *International Investment Law*. Baden-Baden: Nomos, 2015. p. 153-185.

CALVO, Carlos. *Derecho internacional teórico y práctico de Europa y América*. Paris: Durand et Pedone-Lauriel, 1868. t. 1. Disponível em: https://books.google.com.br/books?id=KsBBAAAAYAAJ&printsec=frontcover&hl=pt-BR&source=gbs_ge_summary_r&cad=0#v=onepage&q&f=false. Acesso em: 4 out. 2015.

CANADA; BURKINA FASO. *Agreement Between the Government of Canada and the Government of Burkina Faso for the Promotion and Protection of Investments*. 2017. Disponível em: https://www.international.gc.ca/trade-commerce/trade-agreements-accords-commerciaux/agr-acc/burkina_faso/fipa-apie/index.aspx?lang=eng. Acesso em: 4 jul. 2022.

CANADA; CHINA. *Agreement Between the Government of Canada and the Government of the People's Republic of China for the Promotion and Reciprocal Protection of Investments*. 2012. Disponível em: https://www.international.gc.ca/trade-commerce/trade-agreements-accords-commerciaux/agr-acc/china-chine/fipa-apie/index.aspx?lang=eng. Acesso em: 4 jul. 2022.

CANADA; EUROPEAN UNION. *Comprehensive Economic and Trade Agreement (CETA) between Canada, of the one part, and the European Union*. 2016. Disponível em: http://trade.ec.europa.eu/doclib/docs/2014/september/tradoc_152806.pdf. Acesso em: 3 maio 2019.

CANADA; MOLDOVA. *Agreement Between the Government of Canada and the Government of the Republic of Moldova for the Promotion and Protection of Investments*. 2018. Disponível em: https://investmentpolicy.unctad.org/international-investment-agreements/treaty-files/5806/download. Acesso em: 4 jul. 2022.

CANADA; SERBIA. *Agreement Between Canada and the Republic of Serbia for the Promotion and Protection of Investments*. 2014. Disponível em: https://investmentpolicy.unctad.org/international-investment-agreements/treaty-files/3152/download. Acesso em: 4 jul. 2022.

CARREAU, Dominique; JUILLARD, Patrick. *Droit international* économique. 5. ed. Paris: Dalloz, 2013.

CASSESE, Antonio. *International Law*. 2. ed. Oxford: Oxford University Press, 2005.

CERVO, Amado Luiz; BUENO, Clodoaldo. *História da política exterior do Brasil*. Brasília: UnB, 2008.

CHAPTER 9. *In*: CANADA et al. *Comprehensive and Progressive Agreement for Trans-Pacific Partnership Implementation Act*. 2018. Disponível em: https://www.dfat.gov.au/sites/default/files/9-investment.pdf. Acesso em: 13 ago. 2022.

CHAPTER Eleven: Investment. *In*: *North America Free Trade Agreement (NAFTA)*. Part Five: Investment, Services and Related Matters. 1994. Disponível em: https://international.gc.ca/trade-commerce/trade-agreements-accords-commerciaux/agr-acc/nafta-alena/fta-ale/11.aspx?lang=eng&_ga=2.111423559.2135367391.1555950062-221068697.1555950062. Acesso em: 20 abr. 2019.

CHRISTIE, George C. What Constitutes a Taking of Property under International Law? *British Yearbook of International Law*, Oxford, v. 38, nº 38, p. 307–338, 1962.

COLOMBIA; CHINA. Bilateral Agreement for the Promotion and Protection of Investments Between the Government of the Republic of Colombia and the Government of the People's Republic of China. *In*: ELECTRONIC Database of Investment Treaties (EDIT): base de dados. 2008. Disponível em: https://edit.wti.org/document/show/380fe42a-23e5-41cc-aa71-46627cd26f54?page=1. Acesso em: 4 jul. 2022.

COSTA, José Augusto Fontoura. *Direito internacional do investimento estrangeiro*. Curitiba: Juruá, 2010.

DI PIETRO, Maria Sylvia Zanella. *Direito administrativo*. 27. ed. São Paulo: Atlas, 2014.

DIREITO, Carlos Alberto Menezes; TRINDADE, Antonio Augusto Cançado; PEREIRA, Antonio Celso Alves (org.).*Novas perspectivas do direito internacional contemporâneo: estudos em homenagem ao professor Celso D. de Albuquerque Mello*. Rio de Janeiro: Renovar, 2008.

DI ROSA, Paolo; HEWETT, Dawn Y. Yamane. The New 2012 U.S. Model BIT: Staying the Course. *In*: BJORKLUND, Andrea (ed.). *Yearbook on International Investment Law & Policy 2012–2013*. Oxford: Oxford University Press, 2014. p. 595–607.

DOLINGER, Jacob; TIBURCIO, Carmen. *Direito internacional privado*. 13. ed. Rio de Janeiro: Forense, 2017.

DOLZER, Rudolph. Indirect Expropriations: New Developments? *New York University Environmental Journal*, New York, v. 11, nº 1, p. 64–93, 2002.

DOLZER, Rudolph; SCHREUER, Christoph. *Principles of International Investment Law*. 2. ed. Oxford: Oxford University Press, 2012.

ELKINS, Zachary; GUZMAN, Andrew T.; SIMMONS, Beth. Competing for Capital: The Diffusion of Bilateral Investment Treaties, 1960–2000. *University of Illinois Law Review*, Champaign, nº 1, p. 265–304, 2008. Disponível em: https://scholarship.law.upenn.edu/cgi/viewcontent.cgi?article=2676&context=faculty_scholarship. Acesso em: 13 ago. 2022.

EPSTEIN, Lee; MARTIN, Andrew D. *An Introduction to Empirical Legal Research*. Oxford: Oxford University Press, 2014.

EUROPE. Council of Europe. *Protocol nº 1 to the Convention*. 1952. Disponível em: https://www.coe.int/en/web/echr-toolkit/protocole-1. Acesso em: 3 fev. 2019.

EUROPE. European Court of Human Rights. *Lithgow v. United Kingdom*. Judgement 8 jul. 1986.

EUROPE. European Court of Human Rights. *Papamichalopoulos v. Greece*. Judgement 24 jun. 1993. ECHR Reports, 1993.

EUROPE. European Court of Human Rights. *Sporrong & Lönnrot v. Sweden*. Judgement 18 dez. 1984. ECHR Reports, 1984.

EUROPE. European Parliament. *The Energy Charter Treaty (with Incorporated Trade Amendment) and Related Documents*. 14 jul. 2014. Disponível em: http://www.europàrl.europa.eu/meetdocs/2014_2019/documents/itre/dv/energy_charter_/energy_charter_en.pdf. Acesso em: 4 jul. 2022.

FABRI, Hélène Ruiz. The Approach Taken by the European Court of Human Rights to the Assessment of Compensation for "Regulatory Expropriations" of the Property of Foreign Investors. *New York University Environmental Law Journal*, New York, v. 11, nº 1, p. 148–173, 2002.

FEARON, James; WENDT, Alexander. Rationalism v. Constructivism: A Skeptical View. *In*: CARLSNAES, Walter; RISSE-KAPPEN, Thomas; SIMMONS, Beth A. *Handbook of International Relations*. London: SAGE Publications, 2002. p. 66–99.

FINNERMORE, Martha; SIKKINK, Kathryn. International Norm Dynamics and Political Change. *International Organization*, Cambridge, v. 52, nº 4, p. 887–917, 1998.

FORTIER, L. Yves; DRYMER, Stephen L. Indirect Expropriation in the Law of International Investment: I Know it when I See it, or Caveat Investor. *ICSID Review*, Washington, v. 19, nº 2, p. 79–110, 2004.

FRIEDMAN, Samy. *Expropriation in International Law*. London: Stevens & Sons, 1953.

GABRIEL, Vivian Daniele Rocha. *A proteção jurídica dos investimentos brasileiros no exterior*. São Paulo: Lex Editora: Aduaneiras, 2017.

GABRIEL, Vivian Daniele Rocha; COSTA, José Augusto Fontoura. O Brasil e a proteção jurídica dos investimentos estrangeiros: da negociação de novos acordos à reflexão sobre o seu cumprimento a partir da arbitragem de investimentos. *Con-Texto Revista de Derecho y Economía*, Bogotá, v.1, nº 46, p. 57–75, 2016. Disponível em: https://revistas.uexternado.edu.co/index.php/contexto/article/view/5237/6353. Acesso em: 13 ago. 2022.

GABRIEL, Vivian Daniele Rocha; COSTA, José Augusto Fontoura. O Mercosul e as controvérsias sobre investimentos. *Revista do Tribunal Permanente de Revisão*, Assunción, v. 3, nº 5, p. 267–284, 2015.

GALVAN, Sara C. Gone Too Far: Oregon's Measure 37 and the Perils of Over-Regulating Land Use. *Yale Law & Policy Review*, New Haven, v. 23, nº 2, p. 587–600, 2005.

GAZZINI, Tarcisio. Drawing the Line Between Non-Compensable Regulatory Power and Indirect Expropriation of Foreign Investment: An Economic Analysis of Law Perspective. *Manchester Journal of International Economic Law*, Manchester, v. 7, nº 3, p. 36–51, 2010.

GERMANY; PALESTINE LIBERATION ORGANIZATION FOR THE BENEFIT OF THE PALESTINIAN AUTHORITY. Agreement Between the Government of the Federal Republic of Germany and the Palestine Liberation Organization for the Benefit of the Palestinian Authority Concerning the Encouragement and Reciprocal Protection of Investments. *In*: ELECTRONIC Database of Investment Treaties (EDIT): base de dados. 2005. Disponível em: https://edit.wti.org/app.php/document/show/9b3c7dfa-5449-4d8b-80c7-b8acc2d167be. Acesso em: 4 jul. 2022.

GILPIN, Robert. *A economia política das relações internacionais*. Brasília: UnB, 2002.

GOLDMAN, Berthold. The Suez Company: An International Company. *Le Monde*, Paris, 4 out. 1956. Disponível em: https://www.trans-lex.org/9/_/goldman-berthold-le-monde-p-3. Acesso em: 5 fev. 2019.

GONÇALVES, Alcindo; COSTA, José Augusto Fontoura. *Governança global e regimes internacionais*. São Paulo: Almedina, 2011.

GUZMAN, Andrew T. The Design of International Agreements. *The European Journal of International Law*, Fisole, v. 16, nº 4, p. 579–612, 2005.

HASENCLEVER, Andreas; MAYER, Peter; RITTBERGER, Volker. Interests, Power, Knowledge: The Study of International Regimes. *Mershon International Studies Review*, Oxford, v. 40, nº 2, p. 177–228, 1996.

HEES, Felipe; CAVALCANTE, Pedro Mendonça; PARANHOS, Pedro. The Cooperation and Facilitation Investment Agreement (CFIA) in the Context of the Discussions on the Reform of the ISDS System. *South Centre Investment Policy Brief*, Geneva, nº 11, p. 1–5, 2018.

HERZ, John H. Expropriation of Foreign Property. *The American Journal of International Law*, [s.l.], v. 35, nº 2, p. 243–262, 1941.

HIGGINS, Rosalyn. The Taking of Property by the State: Recent Developments in International Law. *Recueil des Cours de l'Académie de Droit International*, The Hague, v. III, t. 176, p. 263-392, 1982.

HOFFMANN, Anne K. Indirect Expropriation. *In*: REINISCH, August (org.).*Standards of Investment Protection*. Oxford: Oxford University Press, 2008. p. 151–170.

HUCK, Hermes Marcelo. *Contratos com o Estado*: aspectos de Direito Internacional. São Paulo: Aquarela, 1989.

INDIA; SAUDI ARABIA. Agreement Between the Government of the Republic of India and Government of the Kingdom of Saudi Arabia Concerning the Encouragement and Reciprocal Protection of Investments. *In*: ELECTRONIC Database of Investment Treaties (EDIT): base de dados. 2006. Disponível em: https://edit.wti.org/document/show/35f4e610-cf7a-4d88-85ed-9c67f5af3036?textBlockId=625fd8cf-d831-4af1-b55a-862f438ce36e&page=1. Acesso em: 4 jul. 2022.

INTERNATIONAL CENTRE FOR SETTLEMENT OF INVESTMENT DISPUTES (ICSID). *Amco Asia Corporation and others v. Republic of Indonesia*. ICSID Case nº ARB/81/1. Award. 20 nov. 1984.

INTERNATIONAL CENTRE FOR SETTLEMENT OF INVESTMENT DISPUTES (ICSID). *Bernardus Henricus Funnekotter and others v. Republic of Zimbabwe*. ICSID Case nº ARB/05/6. Award. 22 abr. 2009.

INTERNATIONAL CENTRE FOR SETTLEMENT OF INVESTMENT DISPUTES (ICSID). *Generation Ukraine v. Ukraine*. ICSID Case nº ARB/00/9. Award. 16 set. 2003a.

INTERNATIONAL CENTRE FOR SETTLEMENT OF INVESTMENT DISPUTES (ICSID). *Marvin Roy Feldman Karpa v. United Mexican States*. ICSID Case nº ARB(AF)/99/1. Award. 16 dez. 2002.

INTERNATIONAL CENTRE FOR SETTLEMENT OF INVESTMENT DISPUTES (ICSID). *Siemens AG v. Argentine Republic*. ICSID Case nº ARB/02/8. Award. 6 fev. 2007.

INTERNATIONAL CENTRE FOR SETTLEMENT OF INVESTMENT DISPUTES (ICSID). *Suez, Sociedad General de Aguas de Barcelona, S. A. and Vivendi Universal, S. A. v. Argentine Republic*. ICSID Case nº ARB/03/1. Decision on Liability. 30 jul. 2010.

INTERNATIONAL CENTRE FOR SETTLEMENT OF INVESTMENT DISPUTES (ICSID). *Técnicas Medioambientales Tecmed, S. A. v. The United Mexican States*. ICSID Case nº ARB (AF)/00/2. Award. 29 maio 2003b.

INTERNATIONAL COURT OF JUSTICE (ICJ). *Case concerning the Barcelona Traction, Light and Power Company Limited (Belgium v. Spain)*. Judgement 5 fev. 1970. ICJ Reports, 1970.

INTERNATIONAL COURT OF JUSTICE (ICJ). *Elettronica Sicula SpA (ELSI), United States v Italy*. Judgement 20 jul. 1989. ICJ Reports 1989.

KAZAKHSTAN; NETHERLANDS. Agreement on Encouragement and Reciprocal Protection of Investments Between the Republic of Kazakhstan and the Kingdom of the Netherlands. *Jus mundi*, [s.l.], 2002. Disponível em: https://jusmundi.com/en/document/treaty/en-agreement-on-encouragement-and-reciprocal-protection-of-investments-between-the-republic-of-kazakhstan-and-the-kingdom-of-the-netherlands-kazakhstan-netherlands-bit-2002-wednesday-27th-november-2002. Acesso em: 4 jul. 2022.

KEOHANE, Robert O. International Institutions: Two Approaches. *International Studies Quarterly*, Oxford, v. 32, nº 4, p. 379–396, 1988.

KINGSBURY, Benedict; SCHILL, Stephen. Investor-State Arbitration as Governance: Fair and Equitable Treatment, Proportionality and the Emerging Global Administrative Law. *New York University School of Law, Public Law & Legal Theory Research Paper Series*, New York, nº 09-46, p. 1–56, 2009.

KLOSS, Karla. *Investimentos estrangeiros*: regulamentação internacional e acordos bilaterais. Curitiba: Juruá, 2010.

KOLO, Abba; WAELDE, Thomas. Capital Transfer Restrictions under Modern Investment Treaties. *In*: REINISCH, August (org.).*Standards of Investment Protection*. Oxford: Oxford University Press, 2008. p. 205–243.

KOREMENOS, Barbara. *The Continent of International Law Explaining Agreement Design*. Cambridge: Cambridge University Press, 2016.

KOREMENOS, Barbara; LIPSON, Charles; SNIDAL, Duncan. The Rational Design of International Institutions. *In*: KOREMENOS, Barbara; LIPSON, Charles; SNIDAL, Duncan (org.).*The Rational Design of International Institutions*. Cambridge: Cambridge University Press, 2004. p. 1–39.

KRASNER, Stephen D. Structural Causes and Regime Consequences: Regimes as Intervening Variables. *International Organization*, Cambridge, v. 36, nº 2: International Regimes, p. 185–205, primavera 1982.

KRIEBAUM, Ursula. Regulatory Takings: Balancing the Interests of the Investor and the State. *Journal of World Investment & Trade*, Leiden, v. 8, nº 5, p. 717–744, 2007.

KRIEBAUM, Ursula; REINISCH, August. Property, Right to, International Protection. *In*: MAX Planck Encyclopedia of Public International Law (MPEPIL) [*online*]. Heidelberg:

Max Planck Institute for Comparative Public Law and International Law, 2009. Disponível em: https://opil.ouplaw.com/view/10.1093/law:epil/9780199231690/law-9780199231690-e864. Acesso em: 4 jul. 2022.

KUWAIT; INDIA. *Agreement Between the State of Kuwait and the Republic of India for the Encouragement and Reciprocal Protection of Investment*. 2001. Disponível em: https://investmentpolicy.unctad.org/international-investment-agreements/treaty-files/1569/download. Acesso em: 4 jul. 2022.

LEVESQUE, Celine; NEWCOMBE, Andrew. Canada. *In*: BROWN, Chester (ed.). *Commentaries on Selected Model Investment Treaties*. Oxford: Oxford University Press, 2013. p. 53–130.

LEVY, Daniel de Andrade; MOREIRA, Rodrigo. ICSID in Latin America: Where Does Brazil Stand? *In*: LEVY, Daniel de Andrade; BORJA, Ana Gerdau de; PUCCI, Adriana Noemi (ed.). *Investment Protection in Brazil*. Alphen aan de Rijn: Wolters Kluwer, 2013. p. 17–36.

LOWENFELD, Andreas F. *International Economic Law*. 2. ed. Oxford: Oxford University Press, 2008.

LUTMAR, Carmela; CARNEIRO, Cristiane L. Compliance in International Relations. World Politics. *In*: OXFORD Research Encyclopedia of Politics [*online*]. Oxford: Oxford University Press, 2018. Disponível em: https://edisciplinas.usp.br/pluginfile.php/4424948/mod_resource/content/1/Lutmar%20and%20Carneiro%202018.pdf. Acesso em: 3 mar. 2019.

MAGALHÃES, José Carlos de. *Direito econômico internacional*: tendências e perspectivas. Curitiba: Juruá, 2012.

MELTZ, Robert; MERRIAM, Dwight H.; FRANK, Richard M. *The Takings Issue*: Constitutional Limits on Land-Use Control and Environmental Regulation. Washington: Island Press, 1999.

MERRILS, John G. *International Dispute Settlements*. 4. ed. Cambridge: Cambridge University Press, 2005.

MICELI, Thomas J. *The Economic Theory of Eminent Domain*: Private Property, Public Use. Cambridge: Cambridge University Press, 2011.

MICELI, Thomas J.; SEGERSON, Kathleen. Regulatory Takings: When Should Compensation Be Paid? *The Journal of Legal Studies*, Chicago, v. 23, nº 2, p. 749–776, 1994.

MIKADZE, Kirsten. Uninvited Guests: NGOs, Amicus Curiae Briefs, and the Environment in Investor-State Dispute Settlement. *Journal of International Law & International Relations*, Toronto, v. 12, nº 1, p. 36–81, 2016.

MILES, Kate. *The Origins of International Investment Law*: Empire, Environment and the Safeguarding of Capital. Cambridge: Cambridge University Press, 2013.

MNOOKIN, Robert H.; KORNHAUSER, Lewis. Bargaining in the Shadow of the Laws: The Case of Divorce. *Yale Law Journal*, New Haven, v. 88, nº 5, p. 950–997, 1979.

MORRISON, Alan B. *Fundamentals of American Law*. Oxford: Oxford University Press, 1996.

MUCHLINSKI, Peter. *Multinational Enterprises & the Law*. 2. ed. Oxford: Oxford University Press, 2007.

MUCHLINSKI, Peter. Towards a Coherent International Investment System: Key Issues in the Reform of International Investment Law. *In*: ECHANDI, Roberto; SAUVÉ, Pierre (ed.). *Prospects in International Investment Law and Policy*. Cambridge: Cambridge University Press, 2013. p. 411–442.

MUCHLINSKI, Peter; ORTINO, Federico; SCHREUER, Christoph (org.).*The Oxford Handbook of International Investment Law*. Oxford: Oxford University Press, 2008.

NEDUMPARA, James J. India's Trade and Investment Agreements Striking a Balance between Investor Protection Rights and Development Concerns. *In*: MOROSINI, Fábio; BADIN, Michelle Ratton Sanchez. *Reconceptualizing International Investment Law from the Global South*. Cambridge: Cambridge Univeristy Press, 2018. p. 188–217.

NEUMAYER, Eric; SPESS, Laura. Do Bilateral Investment Treaties Increase Foreign Direct Investment to Developing Countries? *In*: LSE Research Online: base de dados. 2005. Disponível em: http://eprints.lse.ac.uk/archive/00000627. Acesso em: 2 maio 2019.

NEWCOMBE, Andrew. The Boundaries of Regulatory Expropriation in International Law. *ICSID Review*: Foreign Investment Law Journal, Washington, v. 20, nº 1, p. 1–57, 2005.

NICARAGUA; RUSIA. *Acuerdo de Promoción y Protección Recíproca de Inversiones entre el Gobierno de la República de Nicaragua y el Gobierno de la Federación de Rusia*. 2012. Disponível em: http://legislacion.asamblea.gob.ni/Instrumentos.nsf/d9e9b7b996023769 062578b80075d821/f6ddfdd9fa063aec06257e06007047e9?OpenDocument&ExpandSecti on=-1. Acesso em: 4 jul. 2022.

NORTH AMERICAN FREE TRADE AGREEMENT (NAFTA). *Metalclad Corporation v. The United Mexican States*. ICSID Case nº ARB(AF)/97/1. Award. 20 ago. 2000a.

NORTH AMERICAN FREE TRADE AGREEMENT (NAFTA). *Methanex Corporation v. United States of America*. Final Award of the Tribunal on Jurisdiction and Merits. 3 ago. 2005.

NORTH AMERICAN FREE TRADE AGREEMENT (NAFTA). *Pope & Talbot Inc. v. The Government of Canada*. Interim Award. 26 jun. 2000b.

NORTH AMERICAN FREE TRADE AGREEMENT (NAFTA). *S. D. Myers, Inc. v. Government of Canada*. Partial Award. 13 nov. 2000c.

NORWAY. *Agreement between the Kingdom of Norway and ... for the promotion and protection of investments*. 2007. Disponível em: https://investmentpolicy.unctad.org/international-investment-agreements/treaty-files/2873/download. Acesso em: 4 jul. 2022.

ORGANISATION FOR ECONOMIC CO-OPERATION AND DEVELOPMENT (OECD). *Draft Convention on the Protection of Foreign Property*. Paris: OECD Publications, 1962. Disponível em: http://www.oecd.org/investment/internationalinvestmentagreements/39286571.pdf. Acesso em: 4 jul. 2017.

ORGANISATION FOR ECONOMIC CO-OPERATION AND DEVELOPMENT (OECD). "Indirect Expropriation" and the "Right to Regulate" in International Investment Law. *OECD Working Papers on International Investment*, Paris, nº 2004/04, 2004. Disponível em: https://www.oecd.org/daf/inv/investment-policy/WP-2004_4.pdf. Acesso em: 4 jul. 2017.

ORGANISATION FOR ECONOMIC CO-OPERATION AND DEVELOPMENT (OECD). *OECD Benchmark Definition of Foreign Direct Investment*. 4. ed. Paris: OECD, 2008. Disponível em: http://www.oecd.org/daf/inv/investmentstatisticsandanalysis/40193734.pdf. Acesso em: 2 fev. 2019.

ORGANIZAÇÃO DOS ESTADOS AMERICANOS (OEA). Comissão Interamericana de Direitos Humanos (CIDH). *Convenção Americana sobre Direitos Humanos*. Costa Rica, 22 nov. 1969. Disponível em: https://www.cidh.oas.org/basicos/portugues/c.convencao_americana.htm. Acesso em: 3 fev. 2019.

ORTINO, Federico. Refining the Content and Role of Investment 'Rules' and 'Standards': A New Approach to International Investment Treaty Making. *ICSID Review*, Washington, v. 28, nº 1, p. 152–168, 2013.

OYE, Kenneth A. Explaining Cooperation under Anarchy: Hypotheses and Strategies. *In*: OYE, Kenneth A. (org.). *Cooperation Under Anarchy*. Princeton: Princeton University Press, 1986. p. 1–24.

PEARSALL, Judy. *Concise Oxford English Dictionary*. 10. ed. Oxford: Oxford University Press, 2002.

PELC, Krzysztof J.; URPELAINEN, Johannes. When do International Economic Agreements Allow Countries to Pay to Breach? *The Review of International Organizations*, [s.l.], v. 10, nº 2, p. 231–264, 2015.

PERMANENT COURT OF ARBITRATION (PCA). *Guaracachi America and Rurelec v. Bolivia*. PCA Case nº 2011-17, 2014.

PERMANENT COURT OF ARBITRATION (PCA). *Norwegian Shipowners' Claims, Norway v. United States of America*, Judgement 13 out. 1922. PCA Report, 1922.

PERMANENT COURT OF INTERNATIONAL JUSTICE (PCIJ). *Case Concerning Certain German Interests in Polish Upper Silesia, Germany v. Poland*. Judgement 13 set. 1938. PCIJ Report, 1938.

POULSEN, Lauge N. Skovgaard. Bounded Rationality and the Diffusion of Modern Investment Treaties. *International Studies Quarterly*, Oxford, v. 58, nº 1, p. 1–14, 2014.

RATNER, Steven R. Regulatory Takings in Institutional Context: Beyond the Fear of Fragmented International Law. *The American Journal of International Law*, Washington, v. 102, nº 3, p. 475–528, 2008.

REINISCH, August. Expropriation. *In*: MUCHLINSKI, Peter; ORTINO, Federico; SCHREUER, Christoph (org.).*The Oxford Handbook of International Investment Law*. Oxford: Oxford University Press, jun. 2008a. Online publication date: set. 2012. DOI 10.1093/oxfordhb/9780199231386.013.0011. Disponível em: https://www.oxfordhandbooks.com/view/10.1093/oxfordhb/9780199231386.001.0001/oxfordhb-9780199231386-e-11?q=Mexican. Acesso em: 4 jul. 2022.

REINISCH, August (org.).*Standards of Investment Protection*. Oxford: Oxford University Press, 2008b.

REISMAN, William Michael; SLOANE, Robert D. Indirect expropriation and its valuation in the BIT generation. *Faculty Scholarship Series*, New Haven, Paper 1002, p. 115–150, 2004.

RIBEIRO, Marilda Rosado de Sá. As empresas transnacionais e os novos paradigmas do comércio internacional. *In*: DIREITO, Carlos Alberto Menezes; TRINDADE, Antonio Augusto Cançado; PEREIRA, Antonio Celso Alves (org.).*Novas perspectivas do direito internacional contemporâneo*: estudos em homenagem ao professor Celso D. de Albuquerque Mello. Rio de Janeiro: Renovar, 2008. p. 455–492.

RIBEIRO, Marilda Rosado de Sá. Direito dos investimentos e o petróleo. *Revista da Faculdade de Direito da UERJ*, Rio de Janeiro, v. 1, nº 18, p. 1–37, 2010.

RIBEIRO, Marilda Rosado de Sá. Expropriação: Revisitando o tema no contexto dos estudos sobre investimentos estrangeiros. *In*: RIBEIRO, Marilda Rosado de Sá (org.).*Direito internacional dos investimentos*. Rio de Janeiro: Renovar, 2014. p. 127–158.

RIBEIRO, Marilda Rosado de Sá; XAVIER JÚNIOR, Ely Caetano. Introdução. *In*: RIBEIRO, Marilda Rosado de Sá (org.).*Direito internacional dos investimentos*. Rio de Janeiro: Renovar, 2014. p. 1–7.

RIPINSKY, Sergey. Russia. *In*: BROWN, Chester (ed.). *Commentaries on Selected Model Investment Treaties*. Oxford: Oxford University Press, 2013. p. 593–621.

RIPINSKY, Sergey; WILLIAMS, Kevin. *Damages in International Investment Law*. London: British Institute of International and Comparative Law, 2008.

ROBERTS, Anthea. Investment Treaties: The Reform Matrix. *American Journal of International Law (AJIL) Unbound*, Cambridge, v. 112, p. 191–196, 2018.

ROBERTS, Thomas E. United States. *In*: ALTERMAN, Rachelle. *Takings International*: A Comparative Perspective on Land Use Regulations and Compensation Rights. Chicago: American Bar Association, 2010. p. 215–227.

ROSE-ACKERMAN, Susan; ROSSI, Jim. Disentangling Deregulatory Takings. *Virginia Law Review*, Charlottesville, v. 86, nº 7, p. 1435–1495, 2000.

SALACUSE, Jeswald W.; SULLIVAN, Nicholas P. Do Bits Really Work? An Evaluation of Bilateral Investment Treaties and their Grand Bargain. *Harvard International Law*, Cambridge, v. 46, nº 1, p. 67–130, inverno 2005.

SANDERS, Anthony B. Of All Things Made in America Why Are We Exporting the Penn Central Test? *Northwestern Journal of International Law & Business*, Chicago, v. 30, nº 2, p. 339–381, 2010.

SCHEFER, Krista Nadakavukaren. *International Investment Law*: Text, Cases and Materials. 2. ed. Cheltenham: Elgar, 2016.

SCHRIJVER, Nico. *Sovereignty Over Natural Resources*: Balancing Rights and Duties. Cambridge: Cambridge University Press, 1997.

SCHWARZENBERGER, Georg. *Foreign Investments and International Law*. New York: Frederick A. Praeger Publishers, 1969.

SHAW, Malcolm N. *International Law*. 6. ed. Cambridge: Cambridge University Press, 2008.

SIMMA, Bruno. From bilateralism to community interest in international law. *Recueil des Cours de l'Académie de Droit International*, The Hague, v. VI, t. 250, p. 217-382, 1994.

SIMMONS, Beth. International Law and International Relations. *In*: WHITTINGTON, Keith E.; KELEEN, R. Daniel; CALDEIRA, Gregory A. (ed.). *The Oxford Handbook of Law and Politics*. Oxford: Oxford University Press, 2008. p. 187–207.

SIMMONS, Beth. Treaty Compliance and Violation. *Annual Review of Political Science*, [CA, EUA], v. 13, nº 1, p. 273–296, 2010.

SORNARAJAH, Muthucumaraswamy. *The International Law on Foreign Investment*. 2. ed. New York: Cambridge University Press, 2004.

SORNARAJAH, Muthucumaraswamy. *The International Law on Foreign Investment*. 3. ed. New York: Cambridge University Press, 2010.

SORNARAJAH, Muthucumaraswamy. *The International Law on Foreign Investment*. 4. ed. New York: Cambridge University Press, 2017.

SOUTHERN AFRICAN DEVELOPMENT COMMUNITY (SADC). *Mike Campbell (Pvt) Ltd., William Michael Campbell and others v. The Republic of Zimbabwe*. Case nº 2/2007. Judgement 28 nov. 2008. Disponível em: http://www.saflii.org/sa/cases/SADCT/2008/2.pdf. Acesso em: 12 mar. 2019.

STANLEY, Jon A. Keeping Big Brother Out of Our Backyard: Regulatory Takings as Defined in International Law and Compared to American Fifth Amendment Jurisprudence. *Emory International Law Review*, Atlanta, v. 15, nº 1, p. 349–389, 2001.

STERN, Brigitte. In Search of the Frontiers of Indirect Expropriation. *In*: ROVINE, Arthur W. (ed.). *Contemporary Issues in International Arbitration and Mediation*. Leiden: Brill, 2008. p. 29–52. (The Fordham Papers, v. 1).

STERN, Brigitte. *O contencioso dos investimentos internacionais*. Trad. Maria Eugênia Chiampi Cortez. Barueri: Manole, 2003.

STERN, Brigitte. The Future of Investment Law: A Balance Between the Protection of Investors and the States' Capacity to Regulate. *In*: ALVAREZ, José E. et al. *The Evolving International Investment Regime*. New York: Oxford University Press, 2011. p. 174–192.

STIFTER, Lukas; REINISCH, August. Expropriation in the Light of the UNCTAD Investment Policy Framework for Sustainable Development. *In*: HINDELANG, Steffen; KRAJEWSKI, Markus (ed.). *Shifting Paradigms in International Investment Law*: More Balanced, Less Isolated, Increasingly Diversified. Oxford: Oxford University Press, 2016. p. 81–96.

STIGLITZ, Joseph E. *Globalização*: como dar certo. São Paulo: Companhia das Letras, 2007.

STOCKHOLM. Stockholm Chamber of Commerce (SCC). *RosInvestCo Uk Ltd. v. Russian Federation*. SCC Case nº Arb. V079/2005. Final Award. 12 set. 2010.

STOCKHOLM. Stockholm Chamber of Commerce (SCC). *SCC. Mr. Franz Sedelmayer v. The Russian Federation*. Arbitration Award. 7 jul. 1998.

SUBEDI, Surya P. *International Investment Law*: Reconciling Policy and Principle. 3. ed. Oxford: Hart Publishing, 2016.

SWEDEN; CHINA. *Agreement on the Mutual Protection of Investments between the Government of the Kingdom of Sweden and the Government of the People's Republic of China*. 1982. Disponível em: https://investmentpolicy.unctad.org/international-investment-agreements/treaty-files/6044/download. Acesso em: 8 abr. 2019.

SWITZERLAND; MEXICO. *Agreement Between the Swiss Confederation and the United Mexican States on the Promotion and Reciprocal Protection of Investments*. 1995. Disponível em: https://investmentpolicy.unctad.org/international-investment-agreements/treaty-files/2006/download. Acesso em: 4 jul. 2022.

TELLI, Isadora Postal. *Investimento estrangeiro e meio ambiente*: uma análise sobre o tratamento das questões ambientais suscitadas nos casos decididos pelo ICSID entre 2000-2013. 2015. 188 f. Dissertação (Mestrado em Direito) – Faculdade de Direito, Universidade de São Paulo, São Paulo, 2015.

THORSTENSEN, Vera. *OMC – Organização Mundial do Comércio*: as regras do comércio internacional e a nova rodada de negociações multilaterais. São Paulo: Aduaneiras, 2001.

TIBURCIO, Carmen. *The Human Rights of Aliens under International and Comparative Law*. The Hague; Boston: Martinus Nijhoff Publishers, 2001.

TINKER, Catherine. NAFTA: A experiência da América do Norte, dez anos depois: relação entre comércio e proteção do meio-ambiente baseada na cooperação, e não na harmonização do direito ambiental. *Cadernos do Programa de Pós-Graduação em Direito – PPGDir./UFRGS*, Porto Alegre, v. 2, nº 5, p. 572–591, 2014. Disponível em: https://seer.ufrgs.br/ppgdir/article/view/49556. Acesso em: 4 jul. 2022.

TITI, Aikaterini. *The Right to Regulate in International Investment Law*. Baden-Baden: Nomos, 2014.

TRINDADE, Antonio Augusto Cançado. As Nações Unidas e a Nova Ordem Econômica Internacional (com atenção especial aos Estados latino-americanos). *Revista de Informação Legislativa*, Brasília, v. 21, nº 81, p. 213–232, jan./mar. 1984.

TRUITT, John Frederick. *Expropriation of Private Foreign Investment*. Bloomington: Graduate School of Business Division of Research University of Indiana, 1974.

UNITED NATIONS (UN). *Draft Articles on Responsibility of States for Internationally Wrongful Acts*: with commentaries: 2001. 2008. Disponível em: http://legal.un.org/ilc/texts/instruments/english/commentaries/9_6_2001.pdf. Acesso em: 13 mar. 2019.

UNITED NATIONS (UN). International Law Commission. *Responsibility of States for Internationally Wrongful Acts 2001*. Geneva: United Nations, 2001a. Disponível em: http://legal.un.org/ilc/texts/instruments/english/draft_articles/9_6_2001.pdf. Acesso em: 1º maio 2019.

UNITED NATIONS (UN). United Nations Commission on International Trade Law. *Expropriation UNCTAD Series on Issues in International Investment Agreements II*. New York: United Nations, 2012. Disponível em: https://unctad.org/en/Docs/unctaddiaeia2011d7_en.pdf. Acesso em: 10 mar. 2019.

UNITED NATIONS (UN). United Nations Commission on International Trade Law. *Ronald S. Lauder v. Czech Republic*. Award. 3 set. 2001b. (Tribunal constituted under the Arbitration Rules of the United Nations Commission on International Trade Law (UNCITRAL)).

UNITED NATIONS. United Nations Conference on Trade and Development (UNCTAD). *International Investment Agreements*: Key Issues. New York: United Nations, 2005. v. 3. Disponível em: https://unctad.org/system/files/official-document/iteiit200410v3_en.pdf. Acesso em: 30 jun. 2018.

UNITED NATIONS (UN). United Nations Conference on Trade and Development (UNCTAD). Investment Policy Hub. *International Investment Agreements Navigator*. [2022]. Disponível em: https://investmentpolicy.unctad.org/international-investment-agreements. Acesso em: 4 jul. 2022.

UNITED NATIONS (UN). United Nations Conference on Trade and Development (UNCTAD). *The Entry into Force of Bilateral Investment Treaties (BITs)*. New York: United Nations, 2006. (IIA Monitor, nº 3). Disponível em: https://unctad.org/en/Docs/webiteiia20069_en.pdf. Acesso em: 29 jan. 2019.

UNITED NATIONS (UN). United Nations Conference on Trade and Development (UNCTAD). *World Investment Report 2018*: Investment and New Industrial Policies. Geneva: United Nations, 2018.

UNITED KINGDOM (UK); YEMEN. *Agreement Between the Government of the United Kingdom of Great Britain and Northern Ireland and the Government of the Yemen Arab Republic for the Promotion and Protection of Investments*. Disponível em: https://investmentpolicy.unctad.org/international-investment-agreements/treaty-files/2377/download. Acesso em: 4 jul. 2022.

UNITED STATES OF AMERICA (USA). Supreme Court of the United States. *Agins v. City of Tiburon*. 447 U.S. 255, 1980.

UNITED STATES OF AMERICA (USA). Supreme Court of the United States. *Dolan v. City of Tigard*. 512 U.S. 374, 1994.

UNITED STATES OF AMERICA (USA). Supreme Court of the United States. *First English Evangelical Lutheran Church v. County of Los Angeles*, 482 U.S. 304, 1987.

UNITED STATES OF AMERICA (USA). Supreme Court of the United States. *Kelo v. City of New London*. 545 U.S. 469, 2005a.

UNITED STATES OF AMERICA (USA). Supreme Court of the United States. *Lingle v. Chevron U.S.A. Inc*. 544 U.S. 528, 2005b.

UNITED STATES OF AMERICA (USA). Supreme Court of the United States. *Lucas v. South Carolina Coastal Council*. 505 U.S. 1003, 1992.

UNITED STATES OF AMERICA (USA). Supreme Court of the United States. *Palazzolo v. Rhode Island.* 533 U.S. 606, 2001.

UNITED STATES OF AMERICA (USA). Supreme Court of the United States. *Penn Central Transportation Co. v. City of New York.* 438 U.S. 104, 1978.

UNITED STATES OF AMERICA (USA). Supreme Court of the United States. *Pennsylvania Coal Co. v. Mahon.* 260 U.S. 393, 1922.

UNITED STATES OF AMERICA (USA). Supreme Court of the United States. *Tahoe-Sierra Preservation Council, Inc. v. Tahoe Regional Planning Agency.* 535 U.S. 302, 2002.

UNITED STATES OF AMERICA (USA). U. S. Department of State. *Outcomes of Current U.S. Trade Agreements.* [s.d.]. Disponível em: https://www.state.gov/trade-agreements/outcomes-of-current-u-s-trade-agreements/. Acesso em: 4 jul. 2022.

UNITED STATES OF AMERICA (USA). *US Model BIT 2012.* 2012. Disponível em: https://ustr.gov/sites/default/files/BIT%20text%20for%20ACIEP%20Meeting.pdf. Acesso em: 20 mar. 2019.

UNITED STATES OF AMERICA; ALBANIA. *Treaty Between the Government of The United States of America and the Government of the Republic of Albania Concerning the Encouragement and Reciprocal Protection of Investment.* 1995. Disponível em: https://investmentpolicy.unctad.org/international-investment-agreements/treaty-files/39/download. Acesso em: 4 jul. 2022.

VADI, Valentina S. Towards a New Dialectics: Pharmaceutical Patents, Public Health and Foreign Direct Investments. *New York University Journal of Intellectual Property and Entertainment Law*, New York, v. 5, nº 1, p. 113–195, 2015.

VAN AAKEN, Anne. Smart Flexibility Clauses in International Investment Treaties and Sustainable Development: A Functional View. *The Journal of World Investment & Trade*, Leiden, v. 15, nº 5–6, p. 827–861, 2014.

VANDEVELDE, Kenneth J. A Brief History of International Investment Agreements. *U.C. Davis Journal of International Law & Policy*, Davis, v. 12, nº 1, p. 157–194, 2005.

VATTEL, Emer de. *O direito das gentes.* Prefácio e tradução de Vicente Marotta Rangel. Brasília: Editora Universidade de Brasília; Instituto de Pesquisa de Relações Internacionais, 2004.

VIÑUALES, Jorge E. Foreign Investment and the Environment in International Law: An Ambiguous Relationship. *British Yearbook of International Law*, Oxford, v. 80, nº 1, p. 244–332, 2009.

VITORIA, Francisco de. *Relectiones*: sobre os índios e sobre o poder civil. Brasília: FUNAG, 2016.

VIZCAINO, Gabriela P. (ed.). *The Evolving International Investment Regime.* New York: Oxford University Press, 2011.

XAVIER JÚNIOR, Ely Caetano. *A crise do direito internacional dos investimentos*: análise empírica e soluções possíveis. 2018. Tese (Doutorado em Direito Internacional) – Faculdade de Direito, Universidade de São Paulo, São Paulo, 2018.

XAVIER JÚNIOR, Ely Caetano. *Direito internacional dos investimentos*: o tratamento justo e equitativo dos investidores estrangeiros e o direito brasileiro. Rio de Janeiro: Gramma, 2016.

XAVIER JÚNIOR, Ely Caetano. *Direito internacional dos investimentos e o Brasil*: uma perspectiva a partir do padrão de tratamento justo e equitativo. 2014. 279 f. Dissertação (Mestrado em Direito) – Faculdade de Direito, Universidade Estadual do Rio de Janeiro, Rio de Janeiro, 2014.

YANNACA-SMALL, Katia. Interpretation of the Umbrella Clause in Investment Agreements. *OECD Working Papers on International Investment 2006/03*. Paris: OECD Publishing, 2006. Disponível em: https://www.oecd.org/daf/inv/investment-policy/WP-2006_3.pdf. Acesso em: 15 maio 2019.

WAELDE, Thomas; KOLO, Abba. Environmental Regulation, Investment Protection and 'Regulatory Taking' in International Law. *International and Comparative Law Quarterly*, London, v. 50, nº 4, p. 811–848, 2001.

WARNER, Mildred E. Regulatory Takings and Free Trade Agreements: Implications for Planners. *The Urban Lawyer*, New York, v. 41, nº 3, p. 427–433, 2009.

WATSON, Alan. *Legal Transplants*: An Approach to Comparative Law. 2. ed. Athens: The University of Georgia Press, 1993.

WORTLEY, Ben Atkinson. *Expropriation in Public International Law*. Cambridge: Cambridge University Press, 1959.

WORTLEY, Ben Atkinson *et al*. Expropriation in International Law. *Transactions of the Grotius Society*, [Cambridge], v. 33: Problems of Public and Private International Law, p. 25–48, 1947.

ZIEGLER, Andreas R.; GRATTON, Louis-Philippe. Investment Assurance *In*: MUCHLINSKI, Peter; ORTINO, Federico; SCHREUER, Christoph (org.). *The Oxford Handbook of International Investment Law*. Oxford: Oxford University Press, 2008. p. 524–548.